AF548409

Seit Sommer 2020 lässt die feministische Vernetzung »Claim the Space« in Wien keinen Femi(ni)zid mehr unbeantwortet und fordert damit kontinuierlich eine öffentliche Auseinandersetzung ein.

Als Teil davon und anknüpfend an feministische Kämpfe in Lateinamerika und der Karibik diskutiert das Autor*innenkollektiv die Analysen von Femiziden und Feminiziden für den deutschsprachigen Raum. Dabei dient Femi(ni)zid als politischer Begriff der Benennung und Bekämpfung eines breiten Kontinuums patriarchaler Gewalt gegen Frauen, Lesben, inter, nichtbinäre, trans und agender Personen (FLINTA).

Das Buch thematisiert die strukturellen und intersektionalen Gewaltverhältnisse, die den Morden zugrunde liegen. Die Autor*innen nehmen Bezug auf historische und transnationale Protest- und Erinnerungsformen sowie in diesem Kontext angestoßene Debatten und diskutierte Begriffe wie Femi(ni)zid-Suizid oder Transizid. Somit werden Möglichkeiten eines kollektiven, solidarischen Kampfes gegen patriarchale Gewalt – nicht trotz, sondern aufbauend auf unterschiedlichen Erfahrungen – ausgelotet.

Das Wiener Autor*innen-Kollektiv Biwi Kefempom (Bis wir keinen einzigen Femi(ni)zid mehr politisieren müssen) besteht aus Judith Goetz, Cari Maier, Kyra Schmied und Marcela Torres Heredia.

Autor*innenkollektiv Biwi Kefempom

FEMI(NI)ZIDE

Kollektiv patriarchale Gewalt bekämpfen

VERBRECHER VERLAG

Gefördertes Sonderprojekt der HochschülerInnenschaft an der Universität Wien

Gefördertes Sonderprojekt der Österreichischen Hochschüler_innenschaft

Gefördert durch die HochschülerInnenschaft an der Universität Wien

Erste Auflage
Verbrecher Verlag Berlin 2023
www.verbrecherei.de

Lektorat: Johanna Seyfried
Satz: Christian Walter
Druck und Bindung: CPI Clausen & Bosse, Leck

ISBN 978-3-95732-552-5

Printed in Germany

Der Verlag dankt Johanna Barrett und Sylvana Brauer.

INHALT

PROLOG

Keinen Femi(ni)zid mehr unbeantwortet lassen

Während die Auseinandersetzung mit Femi(ni)ziden in Lateinamerika und der Karibik sowie im US-amerikanischen Raum bereits seit mehreren Jahrzehnten kontinuierlich stattfindet, ist im deutschsprachigen Raum eine breite gesellschaftliche Beschäftigung mit dieser Problematik ein eher jüngeres Phänomen. Denn obwohl die Thematisierung von und die Kritik an patriarchaler Gewalt seit langem zentrale Themen feministischer Kämpfe und Bewegungen darstellen, scheint es erst in den letzten Jahren gelungen zu sein, auch hier[1] eine breitere Öffentlichkeit für dieses strukturelle Problem zu sensibilisieren.

Dafür waren sicher unterschiedliche Aspekte von Relevanz, wie etwa die für Aufsehen sorgenden, im europäischen Vergleich überdurchschnittlich hohen Zahlen[2] von verübten Femi(ni)ziden in Österreich.

1 Wir beziehen uns im vorliegenden Text vor allem auf Beispiele aus Österreich bzw. dem deutschsprachigen Raum, unsere Übersetzungsarbeit sowie die konzeptionellen Anregungen können jedoch, stets unter Berücksichtigung lokaler Besonderheiten, auf unterschiedliche Kontexte angewandt werden.

2 Laut polizeilicher Kriminalstatistik wurden 2020 31 Femi(ni)zide in Österreich verübt – häufig von (Ex-)Partnern oder Familienmitgliedern oder Personen, die in einem sonstigen Naheverhältnis zur Ermordeten standen. Noch höher fielen die Zahlen 2018 aus, als mit 41 Femi(ni)ziden ein Höchststand erreicht wurde. Aktuell werden in Österreich monatlich ca. drei FLINTAs ermordet. Während rund ein Drittel der Mordopfer in der Europäischen Union im Jahr 2019 FLINTAs waren, lag der Anteil in

Zudem schärften auch die antifeministischen Maßnahmen durch rechtskonservative und rechtskonservativ-liberale Regierungen in Österreich (etwa die Streichungen von Maßnahmen und Förderungen für Gewaltschutz) sowie die rassistische Vereinnahmung sexualisierter Gewalt die Aufmerksamkeit für das Thema. Eine entscheidende Rolle bei der Politisierung von Femi(ni)ziden kam queer_feministischen[3] Kämpfen und Kollektiven zu, unter anderem dem neuen aktivistischen Zusammenschluss Claim the Space (CTS). So versammel(te)n sich seit Juli 2020 Aktivist*innen nach jedem in Österreich (über Medien) bekannt gewordenen Femi(ni)zid am Wiener Karlsplatz – der sich im Umbenennungsprozess befindet und von CTS vorläufig als ehemaliger Karlsplatz bezeichnet wird. Ziel ist, gemeinsam im öffentlichen Raum laut und sichtbar zusammenzukommen, neue Vernetzungen herzustellen und kollektive Praxisformen in der Bekämpfung patriarchaler Gewalt entstehen zu lassen. Ähnliche Zusammenschlüsse entstanden auch in Graz, Innsbruck und Salzburg sowie in vielen anderen deutschsprachigen Städten.

Wir, die Autor*innen dieses Buchs, haben uns durch die Proteste im Rahmen von Claim the Space kennengelernt. Wir schreiben über diese Erfahrungen, unsere Zugänge und Positionen. Unsere Sprache(n) und unser Nachdenken sind unterschiedlich, was sich im vorliegenden Buch widerspiegelt. Die Entscheidung, diesen Text dennoch als Autor*innenkollektiv Biwi Kefempom (»Bis wir keinen einzigen Femi(ni)zid mehr politisieren müssen«) zu verfassen, steht in enger Verbindung

Österreich bei über 50 Prozent und damit deutlich über dem EU-Durchschnitt (Eurostat 2021). Österreich ist zudem im EU-Vergleich das einzige Land, in dem im Zeitraum von 2016 bis 2018 durchgehend mehr FLINTAs ermordet wurden als Männer.

3 Wir sprechen in diesem Buch von einer queer_feministischen Perspektive und benutzen den Unterstrich, weil wir uns auf Wissen von verschiedenen queer_feministischen Aktivist*innen und Theoretiker*innen beziehen. Damit wollen wir sowohl feministische als auch queere oder queer_feministische Genealogien sichtbar machen. Der Unterstrich lässt Raum für Positionen dazwischen sowie für jene, die anders genannt werden oder die wir (noch) nicht kennen.

mit unseren Überlegungen zu kollektiver Wissensproduktion. Wir haben uns das Ziel gesetzt, das gesammelte (Erfahrungs-)Wissen sowie unsere Diskussionsprozesse zu ihrem jetzigen Stand abzubilden und deren Reflexion über unsere Zusammenschlüsse hinaus zugänglich zu machen. Gerade weil es sich bei CTS um eine breite, heterogene feministische Vernetzung handelt, die sich in ständiger Ausverhandlung und Weiterentwicklung befindet, erheben wir als Autor*innenkollektiv keinesfalls den Anspruch, für diesen Zusammenschluss zu sprechen. Zudem ist die Entscheidung, dieses Buch zu schreiben, nicht in einem kollektiven Prozess bei CTS getroffen worden. Die hier formulierten Analysen und Praxisreflexionen sowie die ausgewählten Schwerpunkte wurden nicht vorab mit CTS abgesprochen, das Kapitel über die Protestformen wurde jedoch zur kollektiven Diskussion gestellt. Dieses Buch wäre ohne diesen Zusammenhang und die vielfältigen feministischen Diskussionen innerhalb der Bewegung und darüber hinaus nicht denkbar.

Wir versuchen, im Sinne einer Perspektive des Feministischen Streiks, wichtige Bezüge sichtbar zu machen und aktiv herzustellen – zu anderen geografischen sowie historischen Kämpfen und Wissensformen, aber ebenso zwischen theoretischen Perspektiven und Konzepten. Dafür formulieren wir einen Übersetzungsversuch des Begriffs Femi(ni)zid in den deutschsprachigen Raum (in seiner analytischen und politischen Dimension). Wir möchten in diesem Buch zudem deutlich machen, welche Bezugspunkte für die persönliche als auch kollektive Suche nach dem Verstehen und Politisieren von Femi(ni)ziden bedeutend waren und sind – ohne Anspruch auf Vollständigkeit. Teil dieser Suche sind für uns neue Formen des Sich-in-Bezug-Setzens mit Feminist*innen, um ausgehend von Differenzen gemeinsame solidarische Beziehungen zu knüpfen.

Femizid – Feminizid – Femi(ni)zid

In diesem Buch beschäftigen wir uns mit unterschiedlichen patriarchalen Gewaltverhältnissen. Das bedeutet, dass wir an vielen Stellen auf konkrete Beispiele Bezug nehmen, sowohl abstrakt als auch durch explizite Beschreibungen von Femi(ni)ziden und anderen Gewalttaten. Die Thematisierung von Gewalt wirkt sehr unterschiedlich, je nach Erfahrungen und Positionalitäten. Daher wollen wir an dieser Stelle eine Triggerwarnung aussprechen.

Als theoretisches und politisches Konzept dient der Begriff Femi(ni)zid dazu, patriarchale Gewalt und die gesellschaftlichen Strukturen, die diese Gewalt auf vielfältige Weise mithervorbringen, zu verstehen und zu politisieren. Wir haben uns auf die Schreibweise *Femi(ni)zid* geeinigt, um auf die unterschiedlichen politischen und lokalen Kontexte und theoretischen Traditionen des Begriffs verweisen zu können. Wir knüpfen mit dieser Schreibweise an den Übersetzungsvorschlag von Aleida Luján Pinelo (2018) sowie die Verwendung durch politische Akteur*innen im deutschsprachigen Raum an, wie CTS, die AG Feministischer Streik Wien und den AK Feministische Geographien Frankfurt.

Der Begriff Femi(ni)zid benennt geschlechtsbezogene Morde, die Bestandteil eines breiten Kontinuums patriarchaler Gewalt sind. Femi(ni)zid verweist darauf, dass diese Morde nicht kontextlos zwischen zwei Individuen verübt werden. Der Begriff versucht vielmehr, den Fokus auf die strukturelle Dimension zu verschieben: Geschlechterverhältnisse sind selbst gesellschaftliche Beziehungen, die auf Macht- und Herrschaftsverhältnissen aufbauen, sie sind binär-hierarchisch strukturiert. Gleichzeitig vermag es der Begriff Femi(ni)zid, spezifische Gewalterfahrungen je nach gesellschaftlicher Positionalität zu konkretisieren. Wir sprechen auch von femi(ni)zidaler Gewalt, um auf die vielfältigen Formen von Gewalt zu verweisen. Nicht immer ist die direkte Tötung von Frauen, Lesben, inter, nichtbinären, trans und agender Personen (FLINTAs) Bedingung für einen Femi(ni)zid. Viele FLINTAs sterben an den Folgen von Gewaltausübung, an der fehlenden (staatlichen) Versorgungsleistung oder durch Abtreibungspolitiken. Femi(ni)zide sind Teil staatlicher und gesellschaftlicher Strukturen, die diese Taten ermöglichen, stützen, hervorbringen oder schützen und verweisen zugleich auf die individuellen Täter, die diese Gewalt ausüben. Wir versuchen, Femi(ni)zide intersektional im gesellschaftlichen Gesamtzusammenhang zu begreifen und zu bekämpfen. Femi(ni)zid ist ein analytischer, aber vor allem auch ein politischer Begriff. Was er benennen kann, muss immer wieder neu verhandelt, verworfen und reflektiert werden.

Frauen, Lesben, inter, nichtbinäre, trans und agender Personen (FLINTAs)

Von femi(ni)zidaler Gewalt sind insbesondere FLINTAs, also Frauen, Lesben, inter, nichtbinäre, trans und agender Personen u. a. aufgrund ihrer gesellschaftlichen Positionalität und der damit einhergehenden Abwertung betroffen. Die Abkürzung FLINTA verwenden wir in den queer_feministischen Protesten von Claim the Space als politischen Begriff im Kampf gegen Femi(ni)zide, da dieser viele Lebensrealitäten miteinander in Bezug setzen kann. FLINTA ist dabei kein abgeschlossener Begriff, er kann sich verändern, erweitern, neue Begriffe können (über die Zeit, in den Kämpfen) gefunden werden. FLINTA stellt demnach einen Versuch dar, vielfältige Lebens- und Begehrensweisen in einer Bezeichnung anzuerkennen. Alle von intersektionalen Ungleichheitsstrukturen geprägten spezifischen Erfahrungen können damit jedoch nicht abgebildet werden. Die genannten Identitätskategorien sind sozial-konstruiert, nicht »natürlich«, sie sind aber materiell wirkmächtig und können gewaltvoll sein.

Die spezifischen Identitätskategorien helfen uns, unterschiedliche Erfahrungen von Gewalt expliziter zu sehen und zugleich deren Gemeinsamkeiten für einen politischen Kampf zu erkennen. Auch im Gespräch miteinander und im gemeinsamen politischen Kampf unterstützen sie uns, gegenseitig von unseren jeweiligen Erfahrungen zu lernen, Verständnis füreinander zu entwickeln und einen solidarischen, Macht- und Herrschaftsstrukturen reflektierenden Raum zu schaffen, um Differenzen nicht zu negieren. In unserem Verständnis bewegt sich eine queer_feministische Perspektive stets zwischen der (lebenswichtigen) Anerkennung von Identitäten und dem Ziel, Identitätslogiken zu sprengen. Der Zwang zur Identität geht auch mit Gewalt einher. So verstehen wir queer auch, wie Bini Adamczak es formuliert, »als Begierde [...] nicht dermaßen identifiziert zu werden« (2017, 218).

Viele Texte und Überlegungen, die wir in unserem Buch aufgreifen, gehen von einem binären Geschlechterverständnis aus und beziehen sich ausschließlich auf Frauen und Männer. Um Übersetzungen nicht inhaltlich zu verfälschen, haben wir uns an manchen Stellen dazu entschieden, die originalen Bezugnahmen zu übernehmen. Stellenweise haben wir jedoch beschlossen, indirekte Übersetzungen zu verändern und von FLINTA zu sprechen, beispielsweise wenn wir bestimmte Überlegungen auf unsere politische Praxis beziehen.

Ein weiteres Buch über Femi(ni)zide?

Vor dem Hintergrund der gestiegenen Aufmerksamkeit für Femi(ni)zide entstanden innerhalb kurzer Zeit einige Publikationen, die sich schwerpunktmäßig mit der Thematik im deutschsprachigen Raum auseinandersetzen und unterschiedliche Zugänge anbieten. Die Bücher »Alle drei Tage« (Backes/Bettoni 2021), »Femizide: Frauenmorde in

Deutschland« (Cruschwitz/Haentjes 2021) und »Heimat bist du toter Töchter« (Widler 2022) beschäftigen sich aus einer eher journalistischen Perspektive mit Femi(ni)ziden und versuchen ausgehend von Interviews mit Expert*innen, Überlebenden und Angehörigen, die Motive der männlichen Gewalttäter zu rekonstruieren. Das Buch »AktenEinsicht: Geschichten von Frauen und Gewalt« (Clemm 2020) hingegen beschäftigt sich anhand von Beispielen aus betroffenenzentrierter und gesellschaftskritischer Perspektive mit der juristischen Behandlung von patriarchaler und femi(ni)zidaler Gewalt. Auch in politischen Zusammenhängen erschienen in den letzten Jahren einige Broschüren und Zines zum Thema wie beispielsweise »#keinemehr – Femizide in Deutschland« (Dyroff et al. 2020), »Feminizide bestreiken« (Freundinnen* der AG Feministischer Streik 2021) oder »Nehmt ihr uns eine*, antworten wir alle! Dokumentation des bisherigen Gedenkens an (uns bekannte) Feminizide« (Claim the Space 2021). Hinzu kommen einige Übersetzungen von Schlüsseltexten der lateinamerikanischen Femi(ni)zid-Debatten wie beispielsweise Rita Segatos Schriften »Die Verbrechen des zweiten Staates«, »Wider die Grausamkeit« sowie »Femizid. Der Frauenkörper als Territorium des Krieges« (2015, 2021, 2022), Verónica Gagos »Für eine feministische Internationale: wie wir alles verändern« (2021) oder »Verbrennt eure Angst!« (2021) vom Kollektiv Las Tesis. Bei den erwähnten Übersetzungen handelt es sich nur um eine kleine Auswahl aus der Fülle von Publikationen, die seit den 1990er Jahren vor allem in Lateinamerika und der Karibik[4]

4 Es gibt verschiedene Bezeichnungen für diese Region, die jeweils in einen politischen und historischen Kontext eingeordnet werden müssen. *Amerika* zum Beispiel war das Produkt eines Begriffs aus dem deutschen Sprachraum, der aus der von Martin Waldseemüller herausgegebenen und 1507 veröffentlichten Neuausgabe der »Geographie von Ptolemäus« stammt. Waldseemüller ließ sich von seinem Kollegen Matthias Ringmann inspirieren, der in sein Tagebuch schrieb, dass Amerigo Vespucci der erste gewesen sei, der erkannt hätte, dass die Ostküste des heutigen Südamerikas, die er erforschte, kein Teil Asiens, sondern ein eigener Kontinent sei, daher der Name *Amerika*. Erst etwas später, im 19. Jahrhundert, wurde der Begriff *Lateinamerika* geprägt, der in

veröffentlicht wurden und sich mit der Politisierung von Femi(ni)ziden beschäftigen.[5]

Mit Bezug auf globale und historische Kämpfe und die Praxis von Claim the Space verknüpfen wir im vorliegenden Buch unterschiedliche Ebenen von Theorie und Praxis. Unsere Auseinandersetzung zielt nicht darauf ab, Policy-Empfehlungen[6] für politische Akteur*innen zu erarbeiten oder einzelne Femi(ni)zide individual-psychologisch zu analysieren. Uns reicht es nicht, die Gründe für die gewaltsame Ermordung von FLINTAs in den individuellen Biografien der Täter zu suchen oder

Europa entstand und in enger Verbindung mit der Expansion europäischer Kolonialmacht steht, insbesondere mit den französischen Bestrebungen in Übersee. Es gibt weitere Begriffe, die die eigenen Denktraditionen des Kontinents aufgreifen, wie z. B. *Nuestra América* (Unser Amerika), das der kubanische Denker José Martí Ende des 19. Jahrhunderts vorgeschlagen hat und das eine politische und theoretische Distanz zu den imperialen Bestrebungen Europas und der USA auf dem Kontinent vorsieht. Im Zuge des 500. Jahrestags der »Eroberung« des Kontinents im Jahr 1992 gewann der Begriff *Abya Yala* (Land voller Reife) an Bedeutung, um eigene Namensformen und Denktraditionen zu beanspruchen. Der Begriff stammt aus der Sprache der Kuna, welche die Gebiete des heutigen Panamas und Kolumbiens besiedeln. Im Bewusstsein dieser Bedeutungen werden wir in diesem Buch die Bezeichnung *Lateinamerika und die Karibik* verwenden, sowohl als geografische Region als auch als epistemologischen und politischen Ort sowie in Anerkennung der Existenz von Traditionen des kritischen Denkens nicht nur in der kontinentalen Region, sondern ebenso im karibischen Raum.

5 Die Monographien und Sammelbände greifen unter anderem Begriffsdebatten (Bejarano/Fregoso 2010; Lozano 2019; Russell 2001, 2011; Warren 1985), juristische Aspekte – Femi(ni)zid als Straftatbestand, Debatten an Internationalen Gerichtshöfen – (Bejarano/Fregoso 2010; Beltrán Leyva 2020; Dayan 2018; Huertas Díaz 2020), die Rolle des Staates (Bejarano/Fregoso 2010; Rodríguez et al. 2020; Segato 2010), Möglichkeiten, Femi(ni)zide statistisch zu erfassen oder den Zusammenhang zwischen Staatsbürger*innenschaft, Drogenkartellen, ökonomischer Ausbeutung und Femi(ni)ziden (Bejarano/Fregoso 2010; Lozano 2019; Wright 2011) auf.

6 Im Kontext der Femi(ni)zid-Proteste werden zwar immer wieder produktive Vorschläge formuliert, von denen wir überzeugt sind, dass sie gegen patriarchale Gewalt wirksam sein könnten, beispielsweise ein bedingungsloses Grundeinkommen, das materielle Abhängigkeiten senkt, oder offene Nationalstaatsgrenzen, die einen von Aufenthaltstiteln entkoppelten Schutz von von Gewalt Betroffenen ermöglichen. Diese »Lösungsansätze« finden zwar Eingang in unsere Überlegungen, machen jedoch nicht den Schwerpunkt dieses Buches aus.

Femi(ni)zide und patriarchale Gewalt zu pathologisieren oder auf das »Andere« zu projizieren. Wir wollen die Fundamente der patriarchalen bürgerlich-kapitalistischen Gesellschaft, die diese Gewalt hervorbringt, in den Blick nehmen und einer radikalen, queer_feministischen, dekolonialen und gesellschaftskritischen Analyse unterziehen.

Zum Aufbau

Im ersten Kapitel stellen wir in Grundzügen dar, wie die globale Bewegung, deren Kämpfe gegen patriarchale Gewalt und Femi(ni)zide in Lateinamerika und der Karibik ihren Ausgang nahmen, entstanden ist. Diese geht mit der juristischen Etablierung des Begriffs sowie unzähligen feministischen Vernetzungen und Protesten einher – und hat dadurch auch wichtige Impulse für den europäischen Kontext gegeben: »Ni una menos« wurde zu einem globalen Aufschrei. Im zweiten Kapitel skizzieren wir unsere Zugänge und Positionalitäten an den Grenzen von Autor*innenschaft, Wissenschaft und Aktivismus. Wir reflektieren unsere methodologischen und epistemischen Instrumentarien in Anlehnung an die Perspektive des Feministischen Streiks und explizieren, was das Konzept Femi(ni)zid als analytischer und theoretischer Zugang für uns ermöglicht. Wir diskutieren, ob und inwiefern sich die Überlegungen und Praxisformen aus Lateinamerika und der Karibik für unsere Kämpfe hierzulande unter Berücksichtigung dekolonialer und gesellschaftstheoretischer Perspektiven adaptieren bzw. übersetzen lassen. Anhand dieser reflexiven Übersetzungsarbeit wollen wir uns Begriffe und Konzeptualisierungen nicht einfach aneignen, sondern diese für den deutschsprachigen Kontext anwendbar machen. Mit diesen Bezugnahmen versuchen wir, Verbindungen zwischen Wissen, Kämpfen und Theorien aufzugreifen und weiterzuknüpfen. Im dritten

Kapitel formulieren wir unsere Überlegungen zur Übersetzung des Begriffs Femi(ni)zid für den deutschsprachigen Kontext und konkretisieren Femi(ni)zide im Kontinuum patriarchaler Gewalt. Dabei greifen wir aktuelle, zeitdiagnostische Analysen von Femi(ni)ziden auf und verdeutlichen, warum wir Femi(ni)zide nicht als spezifische Krisenerscheinung oder als Problem von »Anderen« auffassen. Stattdessen verstehen wir sie als Teil der gewaltvollen gesellschaftlichen Normalität, in der Geschlechterverhältnisse über Kontroll- und Besitzvorstellungen hergestellt und abgesichert werden. Ein Blick auf intersektionale Gewaltverhältnisse ermöglicht dabei ein komplexes Verständnis von Verletzlichkeiten und Differenzen. Im vierten Kapitel stellen wir Verbindungen zwischen unterschiedlichen feministischen Praxen her. Im Versuch, feministisches Bewegungswissen niederzuschreiben, zeichnen wir historische Protestformen gegen Femi(ni)zide und patriarchale Gewalt nach, verknüpfen vielfältige Kämpfe gegen femi(ni)zidale Gewalt und gehen besonders auf die Praxis der Wiener Vernetzung Claim the Space ein. Dabei spielen Fragen feministischer Raumnahme, des Verhältnisses von Öffentlichem und Privatem, der Erinnerung und Ritualisierung des Gedenkens an von femi(ni)zidaler Gewalt Betroffene eine zentrale Rolle. Im fünften Kapitel »Alles Femi(ni)zid?« ist es uns ein Anliegen, das zuvor entwickelte analytische und politische Konzept einer Reflexion zu unterziehen. In unserer Praxis in Claim the Space stoßen wir auf zahlreiche Widersprüche und Herausforderungen: Es hat sich gezeigt, dass viele Aspekte unserer Kritik erst im Prozess sichtbar und präzisiert werden konnten. Dementsprechend gehen wir kritisch auf Zählungen und die von ihnen produzierten Ein- und Ausschlüsse ein und diskutieren unterschiedliche Begriffe, die wir im Kontext femi(ni)zidaler Gewalt verorten. Wir fragen nach (Un)Sichtbarkeiten und versuchen mit Rückgriff auf weitere begriffliche Debatten, wie beispielsweise zu Transiziden oder Femi(ni)zid-Suiziden, zu reflektieren, welche konkreten Erfahrungen mit dem Begriff Femi(ni)zid (nicht) gefasst werden können und wo wichtige Erweiterungen und Verschiebungen notwendig sind.

So soll das vorliegende Buch Anstoß und Inspiration für weitere, möglicherweise an unsere Erfahrungen anknüpfende Kämpfe gegen patriarchale Gewalt sein. Diese Debatten sind keineswegs abgeschlossen, und auch wir haben keine endgültigen Antworten auf die komplexen Fragen, die wir aufwerfen, gefunden. Um unserer Utopie einer Gesellschaft ohne Gewalt, in der alle Identitäten und Begehrensformen Platz haben, in der alle Menschen angstfrei verschieden sein können, ein Stück näher zu kommen, braucht es, so sind wir überzeugt, vor allem den Austausch von Erfahrungen, eine Verbindung unterschiedlicher Kämpfe sowie Debatten.

Wir verstehen dieses Buch daher als einen Debattenbeitrag, der im besten Fall zu Diskussionen, Widerspruch, Kritik und Auseinandersetzung anregen, nicht jedoch in einer akademischen Beschäftigung verbleiben, sondern zum Kampf gegen patriarchale Gewalt und Femi(ni)zide anstiften soll.

Danksagung

»Femi(ni)zide – Kollektiv patriarchale Gewalt bekämpfen« wäre nicht möglich gewesen ohne die vielfältigen Kämpfe, die Feminist*innen weltweit gegen patriarchale Gewalt führen und auf deren Erfahrungen, Analysen und Praxisformen wir aufbauen konnten. Es wäre auch nicht denkbar ohne die Unterstützung verschiedenster Personen. Danken wollen wir an dieser Stelle daher all unseren Mitstreiter*innen am ehemaligen Karlsplatz sowie Genoss*innen und Freund*innen, die zahlreiche der hier abgebildeten Reflexionsprozesse angeregt und begleitet haben, Verena, Lili, Terre und Ines für das hilfreiche Feedback und Lektorat, unseren Interviewpartner*innen Nurcan, Martx und Susana, Berta und Polly, Ursula Häusler, Andrea Brem, Irmtraut Karlsson,

Maria Rösslhumer und Bettina Zehetner dafür, dass sie uns wichtige Einblicke in vergangene Protestformen gegen Femi(ni)zide und patriarchale Gewalt gegeben haben, Jamila für die Aufzeichnungen und Hanna, Jule und Romina für die Transkriptionen der Interviews.

Nicht zuletzt möchten wir auch dem Verlag sowie unseren Fördergeber*innen dafür danken, dass sie dieses Buch ermöglicht haben.

1. DAS ENTSTEHEN EINER GLOBALEN BEWEGUNG

Protokolle der Angst

Die Auseinandersetzung mit Femi(ni)ziden ist kein akademisches Privileg, sondern eine gesellschaftliche Notwendigkeit, die sich jedes Mal zeigt, wenn irgendwo auf der Welt erneut eine Frau, Lesbe, inter, nichtbinäre, trans oder agender Person (FLINTA) ermordet wird. Die traurige Tatsache, dass FLINTAs tagtäglich ermordet werden, hat uns dazu veranlasst, über die strukturellen und kontextspezifischen Bedingungen, die Femi(ni)zide ermöglichen, nachzudenken und sie zu hinterfragen. Die Alltäglichkeit von Femi(ni)ziden führt dazu, dass feminisierte und/oder rassifizierte Menschen in den unterschiedlichen Kontexten von Angst begleitet werden. Diese tägliche Erfahrung bringt das Erlernen sozialer Mechanismen mit sich, die als *Protokolle der Angst* bezeichnet werden können: »Komm nicht zu spät nach Hause!«, »Sprich mit niemandem!«, »Schau hinter dich, wenn du gehst!« lauten warnende Phrasen, die eher die Grenzen als die Möglichkeiten der betroffenen Menschen aufzeigen. Die damit verbundenen Denkweisen prägen unser Sprechen über Gewalt und unsere Beziehungen. Sie zeigen ihre Wirksamkeit durch die Verkörperung und Verinnerlichung bei FLINTAs, so dass keine externen Einflüsse erforderlich sind, um im Alltag ständig nach potenziellen Drohungen oder Täter*innen in der Umgebung zu suchen. Erzählungen über Gewalt untermauern stetig diese Protokolle: Statt einer grundlegenden Hinterfragung der wirkenden gesellschaftlichen Strukturen dienen diese Narrative der Erzeugung von Angst und der Moralisierung von Verhalten und Körpern. Diese Protokolle sind zwar allgegenwärtig, aber sie schützen uns nicht, denn bei jeder unglücklichen Verkettung von Ereignissen kann das Unaussprechliche geschehen: Unsere Körper werden ungewollt berührt; Autoritätspersonen überschreiten ihre Kompetenzen und Grenzen; Äußerungen zwingen uns zur Rechtfertigung; Freund*innen und Bekannte unterstellen etwas, womit wir nicht gerechnet hätten; ein ungutes Gefühl beim Nachhausekommen; das Gefühl vermittelt zu bekommen, nichts wert zu sein; nach der Arbeit, am Ende einer Party oder auf der Straße spricht uns eine Person an; die Blicke bringen uns in unangenehme Situationen – Erfahrungen, die unser Leben gefährden können. Die Angst wird zur Gewohnheit, sie wird normalisiert und Teil des Alltags.[7]

Viele Stimmen intervenieren. Sie weisen darauf hin, dass diese Angst und diese Gewalt nicht normal sind bzw. niemals normal sein sollten. Diese Gewalt kann hinterfragt, verstanden und vor allem bekämpft werden. Das ist die Aufgabe, die sich verschiedene feministische Bündnisse auf der ganzen Welt gestellt haben: diese Regime der Normalisierung von Gewalt in Frage zu stellen und Strategien zu entwickeln, der Normalisierung Alternativen entgegenzustellen. So haben einige feministische Kollektive mit der Politisierung von Femi(ni)ziden sowie patriarchaler Gewalt Interpretationsrahmen geschaffen, die die Überschneidungen der patriarchalen Strukturen und deren Kombinationen mit anderen Formen von Ausgrenzung und Gewalt zusammendenken.

7 Diese Perspektive auf die Protokolle der Angst ist eng mit den persönlichen Erfahrungen einer der Autor*innen dieses Buchs verbunden. Sie hat sich aus ihrer Sozialisation in Kolumbien sowie aus den verschiedenen Räumen der Auseinandersetzung diesbezüglich mit anderen lateinamerikanischen Feminist*innen ergeben. Aber alle Autor*innen des Buches können sich in unterschiedlicher Weise und aus unterschiedlichen Kontexten heraus in diesen Erfahrungen wiederfinden.

Diese werden genutzt, um intersektionalen Gewaltverhältnissen entgegenzuwirken. Die Kombination dieser feministischen Strategien ist lebensspendender Wind geworden. Es ist dieser Wind, der in verschiedenen Ecken der Welt, ebenso im deutschsprachigen Raum, die Praxis der Politisierung von Femi(ni)ziden hervorgebracht hat. Er ist die Inspiration, die auch das Schreiben der vorliegenden Seiten beeinflusst hat. Er ist vom tiefen Wunsch angetrieben, alles zu verändern, wie der kraftvolle Ruf des großen Marsches von Ni una menos in Argentinien im Jahr 2017 lautete, der in die Geschichte der feministischen Mobilisierungen eingegangen ist. Ein Wunsch, der als kollektiver Wille in den Stimmen von Millionen FLINTAs auf der ganzen Welt weitergegeben wird. Die Politisierung der verschiedenen Formen vergeschlechtlichter Gewalt kann in den Ausdrucksformen und Strategien der lateinamerikanischen Feminismen eine große Inspirationsquelle finden – vor allem für jene, die auf der Suche nach emanzipatorischen Wegen sind und sich gegen die verschiedenen und verwobenen Unterdrückungssysteme richten.

Die Politisierung von Femi(ni)ziden in Wien sowie allgemeiner im deutschsprachigen Raum greift wichtige Ideen aus Lateinamerika und der Karibik sowie anderorts auf. Unterschiedliche theoretische Überlegungen und Strategien auf lokaler Ebene sowie persönliche Erfahrungen von Aktivist*innen aus diesen Zusammenhängen fanden Eingang in einen kollektiven Prozess, in dem neue feministische Praxen entstanden. Durch diese Verbindungen schaffen wir gemeinsame Mittel, um auf die lokalen Formen und Debatten über Geschlechterverhältnisse zu reagieren, diese zu hinterfragen und herauszufordern. Dieses Kapitel beruht auf der Anerkennung der Tatsache, dass jede politische Praxis von vorangegangenen Momenten und Kämpfen beeinflusst wird. Daher möchten wir deutlich machen, welche Bezugspunkte für die persönliche sowie kollektive Suche im Zusammenhang mit dem Verstehen und dem Politisieren von Femi(ni)ziden bedeutend waren und sind. Die Identifizierung dieser Einflüsse soll ermöglichen, einen Beitrag zur Entwicklung feministischer Genealogien zu leisten, indem wir ihre historischen Verläufe explizit machen und an der Erarbeitung einer Geschichtsschreibung mitwirken, die feministische Auseinandersetzungen mit Geschlechterverhältnissen berücksichtigt.

Die Beschäftigung mit dem Werdegang der Kämpfe erfordert zudem eine kritische Auseinandersetzung mit den alltäglichen Dynamiken, die sich aus der Reproduktion von Strukturen der Ungleichheit in einigen Kontexten in Lateinamerika und der Karibik ergeben.

Entstehungskontext eines Begriffs

Die Benennung dieser extremen Form von patriarchaler Gewalt fand und findet an unterschiedlichen Orten statt. Obwohl der Begriff Femizid (*Femicide*) und die ersten theoretischen Konzeptualisierungen in der englischsprachigen Debatte entstanden sind, haben sie in Lateinamerika und der Karibik vor allem mit der Begriffserweiterung als Feminizid (*Feminicidio*) eine weite Verbreitung gefunden.

Der Begriff *Femicide* wurde zunächst im englischen Sprachraum geprägt und verbreitet. Zum ersten Mal wird er in einem Buch von John Corry (1801) mit dem Titel »A Satirical View of London at the Commencement of the Nineteenth Century« verwendet, in dem ein Mord an einer Frau begangen wird.

1976 führte Diana Russell, Expertin und Aktivistin zum Thema Gewalt gegen Frauen, den Begriff vor dem Internationalen Tribunal für Verbrechen gegen Frauen[8] ein, um das Bewusstsein für Gewalt und Dis-

8 Das Tribunal wurde unter anderem von Simone de Beauvoir ins Leben gerufen, die in ihrer Eröffnungsrede sagte: »[D]ieses Feministinnen Treffen in Brüssel ist ein Versuch, uns dazu zu bringen, das Schicksal, das in unseren Händen liegt, selbst in die Hand zu nehmen« und ergänzte: »Ich begrüße dieses Tribunal als den Beginn einer radikalen

kriminierung gegen Frauen zu schärfen. Sie wollte damit benennen, dass es nicht zufällig ist, wer wen ermordet und in welchem Verhältnis Täter und Betroffene zueinander stehen (Russell / Van de Ven 1977). Diese Verwendung des Begriffs war ein historisches Ereignis und von entscheidender Bedeutung für die Entwicklung, die das Konzept Jahrzehnte später nehmen wird. Mary Anne Warren spricht in ihrem 1985 erschienenen Buch »Gendercide: The Implications of Sex Selection« (Warren 1985) von der systematischen Ermordung von Angehörigen eines bestimmten Geschlechts, wobei sie in dieser Veröffentlichung auch auf Femizide Bezug nimmt. Der Begriff wurde mehrfach von Russell (2001) weiterentwickelt, sowohl individuell in dem Buch »Rape in Marriage« (Russell 1982) als auch zusammen mit Jill Radford (Radford/Russell 1992) und Jane Caputi (Caputi/Russell 1990). Diese Publikationen stellen heute unumgängliche theoretische Referenzen in der Femi(ni)zidforschung dar.

Entscheidend für die Verbreitung und Präzisierung des Begriffs war seine Einführung in die Debatten in Mexiko, die im Zuge der Analysen und feministischen Kämpfe im Zusammenhang mit dem massenhaften Verschwinden und der Ermordung von Mädchen und Frauen in Ciudad Juárez in den 1990er Jahren erfolgten (Huertas Díaz 2020, 27). In diesem Rahmen griff die mexikanische Anthropologin, Wissenschaftlerin und Aktivistin Marcela Lagarde[9] das Konzept des Femizids für den mexikanischen Kontext auf, indem sie den Begriff übersetzte und ihn als *feminicidio* 1997 zum ersten Mal in die spanischsprachige wissenschaftliche

Dekolonisierung der Frauen« (Russell/Van de Ven 1977, 5). Rund 2.000 Frauen aus 40 Ländern legten Zeugnis ab und dokumentierten die unterschiedlichen Umgangsformen mit Frauenrechten und die verschiedenen Formen geschlechtsbasierter Gewalt.

9 Marcela Lagarde y de los Ríos war Abgeordnete des Partido de la Revolución Democrática (PRD) und spätere Präsidentin einer Spezialkommission (2003–2006), der Comisión Especial para Conocer y Dar Seguimiento a las Investigaciones Relacionadas con los Feminicidios en la República Mexicana y a la Procuración de Justicia Vinculada. Dort arbeitete sie intensiv daran, Feminizide in der gesamten mexikanischen Republik genauer zu untersuchen und zu dokumentieren. Während ihrer Amtszeit stand das Thema ganz oben auf der Tagesordnung des mexikanischen Parlaments.

Debatte einführte. Die Gründe für diese Anpassung sind auf den spezifischen Kontext der Diskussionen in Mexiko zurückzuführen. Aus Lagardes Sicht war es notwendig, auf die Besonderheiten von Geschlecht hinzuweisen und damit nicht nur eine Nuancierung, sondern auch einen Paradigmenwechsel im Verständnis von geschlechtsbasierter Gewalt zu bewirken. Es ging darum aufzuzeigen, dass es sich bei *feminicidio* zum einen um Verbrechen an Frauen und Mädchen handelt, und zum anderen, dass diese Verbrechen unter bestimmten sozialen Bedingungen ermöglicht und begünstigt werden (Lagarde 2006, 12). Diese Taten werden also »von Männern gegen Frauen begangen, verursacht durch die soziale, sexuelle, rechtliche, wirtschaftliche, politische, ideologische und jede andere Art von Vorherrschaft der Männer über die Frauen unter den Bedingungen der Ungleichheit, Unterordnung, Ausbeutung oder Unterdrückung, und mit der Besonderheit der Ausschließung« (Lagarde 2006, 221). Auch die Involviertheit des Staates wird hier bereits betont sowie die Analyse von Femi(ni)ziden aus Perspektive der Menschenrechte, indem sie die Taten als »Crime against humanity« (Lagarde 2010, xv) bezeichnete. Aus der Sicht von Lagarde, die sich auf die Untersuchungen und Besonderheiten der Femi(ni)zide in Ciudad Juárez bezieht, ist die Straflosigkeit ein viel entscheidenderes Element als noch bei Russell. Denn einerseits ermöglicht die Straflosigkeit die Reproduktion von Gewalt, und andererseits offenbart sie die Verantwortung des Staates bei geschlechtsbasierten Verbrechen, sei es durch Handeln (wie Verschwindenlassen von Beweisen) oder Versäumnisse. Dementsprechend ist Lagarde zufolge »Feminizid ein Verbrechen des Staates« (Lagarde 2017, 361).

Mit Bezug auf den Begriff *feminicidio* begannen feministische Aktivist*innen sowie auch Angehörige der Verschwundenen in Ciudad Juárez nach Deutungs- und Erklärungsmustern der Taten zu suchen, um sie besser verstehen zu können. Dabei wurde eine breitere politische Öffentlichkeit für die genderspezifischen Komponenten dieser Morde sensibilisiert und mit veränderten Begriffen und einem neuen Interpretationsrahmen Alternativen zu dieser gesellschaftlich weit verbreiteten Gewalt aufgezeigt. Die Übersetzung des Sammelbands »Femicide.

The Politics of Woman Killing« (Radford/Russell 1992) ins Spanische im Jahr 2006 durch Lagarde unter dem Titel »Feminicidio: una perspectiva global« (Radford/Russell 2006) war Teil der Strategie zur Weiterverbreitung der Debatte in ganz Mexiko und Lateinamerika sowie der Karibik.

Die Konzeptualisierungen dieser Begriffe wurden demnach auf der Grundlage lokaler Erfahrungen sowie unter Berücksichtigung bisheriger theoretischer Überlegungen erarbeitet, die durch das gemeinsame Handeln verschiedener Akteur*innen entstanden sind: Menschenrechtsverteidiger*innen, Jurist*innen, Forscher*innen, Zeug*innen, Überlebende, Familienangehörige und Aktivist*innen, die aus einer feministischen Perspektive versuchen, Kämpfe aus unterschiedlichen gesellschaftlichen Bereichen miteinander zu verbinden. Auf diese Weise konnte in der Region ein Rahmen für das Verständnis ihrer spezifischen Erfahrungen geschaffen werden (Bejarano/Fregoso 2010, 4). Die Ausweitung der gesellschaftlichen Diskussionen über Femi(ni)zide ermöglichte zudem eine verstärkte Präsenz in den Medien, um anschließend zum Gegenstand von Reflexionen in der juristischen, künstlerischen, akademischen und aktivistischen Sphäre zu werden (Atencio 2015, 11).

Strategien zur Politisierung von Femi(ni)ziden

Die Politisierung von Femi(ni)ziden ist ein Kampf auf mehreren Ebenen. Sie beginnt mit der Identifizierung und Infragestellung von rechtfertigenden Narrativen misogyner Gewalt durch patriarchale Institutionen. Ein solches Narrativ bildet die Darstellung der strukturellen Gewalt als Einzelfall oder als individualisierte Erfahrung. Dazu dienen verharmlosende Erklärungsmuster: Es wird beispielsweise behauptet, dass die besonderen Umstände der persönlichen Situation der FLINTA zu ihrem Mord geführt hätten. Oder, dass die Betroffenen die gewalttätigen Handlungen selbst provoziert hätten. Etiketten wie »Verbrechen aus Leidenschaft«, »häusliche Gewalt«, »emotionale Instabilität«, »Schuldverbrechen«, »Alkoholismus« oder rassistische Argumentationen, die auf die Herkunft des Angreifers referenzieren, um Femi(ni)zide zu erklären, sind Ausdruck dieser Strategie. Auf diese Weise entstehen Rechtfertigungen von Gewalttaten, gleichzeitig wird die Verantwortung den Betroffenen zugeschoben (Radford/Russell 2006, 30). Damit wird der Schutz und die Straffreiheit der Täter garantiert und die Mitschuld der unterstützenden Institutionen aufrechterhalten (ebd., 667). Strukturelle Unzulänglichkeiten, die ein solches Ausmaß an Gewalt ermöglichen, bestehen so fort.

Feministische Bewegungen richten ihren Kampf gegen diese Formen der Individualisierung. Dies setzt voraus, dass die Verschleierung als Einzelfall aufgelöst wird und somit die strukturellen Zusammenhänge der Gewalt analysiert werden können. Diese Zusammenhänge umfassen die Materialität einer ungleichen und exklusiven Ordnung, die symbolische Sphäre der Repräsentation und den Umgang mit sozialen (sexistischen, heteronormativen, kolonialen, klassenbezogenen, ableistischen) Strukturen.

Ein weiteres Ziel dieser feministischen Politisierung besteht darin, Femi(ni)ziden Sichtbarkeit zu verleihen und sie somit zum Teil öffentlicher Aushandlungen zu machen (Messuti 2015, 31). Diese Öffentlichkeit für das Thema wurde erst von Feminist*innen über eine Sensibilisierung geschaffen und zielt darauf ab, Femi(ni)zide als Problem von allgemeinem Interesse zu betrachten (Segato 2010).

Die Debatten rund um *Femi(ni)cidio, Femi(ni)zid* oder *Feminizid-Femizid*[10] breiteten sich Ende der 1990er Jahre in Lateinamerika und

10 Hinter diesen Schreibvarianten steht der Versuch, die Existenz beider Varianten der Benennung und Verwendung dieser Kategorien zu erfassen und anzuerkennen und die Besonderheiten je nach Rezeption, Bearbeitung und Anpassung dieser Kategorie in verschiedenen Kontexten zu berücksichtigen.

der Karibik angesichts der Umstände und des Ausmaßes geschlechtsbezogener Gewalt in der Region großflächig aus. Von Aktivist*innen und Frauengruppen wurde Feminicidio erstmals in den 1980er Jahren in der Dominikanischen Republik verwendet, um Kampagnen zur Beendigung der Gewalt gegen Frauen zu fördern (Bejarano/Fregoso 2010, 5). Spätestens in den 1990er Jahren und zu Beginn des 21. Jahrhunderts gewann diese Kategorie zunehmend an Bedeutung, um Initiativen aus dem aktivistischen, juristischen und akademischen Bereich zu bündeln. Dabei wurden auch strukturelle Bedingungen wie Arbeit, Migration, Alter, ethnische Zugehörigkeit oder sozioökonomische Bedingungen miteinbezogen. Die Femi(ni)zide in Ciudad Juárez im Bundesstaat Chihuahua im Norden Mexikos wurden aufgrund ihrer Tragweite und ihrer Merkmale, wie zum Beispiel die Brutalität der Morde und die Komplizenschaft verschiedener Institutionen, zu einem unausweichlichen Bezugspunkt (Bejarano/Fregoso 2010). Daraus ergaben sich wichtige theoretische, politische und rechtliche Grundlagen. Der rechtliche Bereich ist in Lateinamerika und in der Karibik von strategischer Bedeutung und dient vor allem dem Zweck, die verschiedenen Kämpfe und Debatten über vergeschlechtlichte Gewalt voranzutreiben.

Von den Protesten zum Gesetz und wieder zurück: Gesetze gegen femi(ni)zidale Gewalt

In Lateinamerika und der Karibik hat der Kampf um die Politisierung von Femi(ni)ziden eigene Strategien hervorgebracht, die darauf abzielen, gesetzliche Rahmen zu schaffen. Die Ziele dieser juristischen Intervention sind vielfältig: Sie sollen die Gesellschaft für das Ausmaß und die Folgen dieser Gewalttaten sensibilisieren, Instrumente zum Verständnis ihrer vielfältigen Dimensionen schaffen und politische Präventivmaßnahmen zu ihrer Verringerung oder Verhinderung festlegen (Saccomano 2017, 51). Eine der bahnbrechendsten Rechtsquellen in dieser Region ist das »Interamerikanische Übereinkommen zur Verhütung, Bestrafung und Beseitigung von Gewalt gegen Frauen«[11] (»Convención Interamericana para Prevenir, Sancionar y Erradicar la Violencia contra la Mujer«), das auch als »Übereinkommen von Belém do Pará« (»Convención Belém do Pará«) bekannt ist, so der Name des Ortes, an dem es am 9. Juni 1994 verabschiedet wurde. Das Übereinkommen wurde von der Interamerikanischen Frauenkommission (CIM) der Organisation Amerikanischer Staaten (OAS) ins Leben gerufen und war der erste internationale Vertrag, der sich speziell mit dem Thema Gewalt gegen Frauen befasste. Seine Besonderheit besteht darin, einen Beitrag zur Klärung der Ursachen der Gewalt gegen Frauen zu leisten und übergreifende Vorschläge der jeweiligen Staaten zur Schaffung von Strategien zur Prävention, Untersuchung und Bekämpfung dieser Gewalt zu erwirken (Medina Rosas 2010, 7). Das Übereinkommen wurde von 32 der 35 OAS-Mitglieder ratifiziert, mit Ausnahme von Kuba, Kanada und den Vereinigten Staaten.

Diese Konvention ist ein grundlegender Bezugspunkt für nachfolgende Gesetzgebungsverfahren im Bereich vergeschlechtlichte Gewalt. Sie fungiert auch als grundlegende Referenz für die strafrechtliche Anerkennung von Femi(ni)ziden – einer weiteren Strategie der feministischen legislativen Initiativen in Lateinamerika und der Karibik, die die Verabschiedung von Gesetzen oder Reformen der Strafgesetzbücher und die Einführung von Femi(ni)zid als spezifisches Verbrechen in 17 Ländern[12] erreicht haben. In verschiedenen Kontexten gab es aller-

11 OAS (1994): »Inter-American convention on the prevention, punishment and eradication of violence against women ›Convention of Belem do Para‹«. URL: https://www.oas.org/juridico/english/treaties/a-61.html. (Sofern nicht anders angeführt, erfolgte der letzte Zugriff auf alle Websites am 18.08.2022.)

12 Costa Rica (2007), Venezuela (2007), Dominikanische Republik (2007), Kolumbien (2008), Guatemala (2008), Chile (2010), El Salvador (2010), Nicaragua (2012), Argentinien (2012), Mexiko (Federal) (2012), Bolivien (2013), Honduras (2013), Panama (2013), Peru (2013), Brasilien (2015), Ecuador (2014), Uruguay (2017). In einigen Ländern wurde der Begriff Femizid verwendet (Chile, Ecuador, Guatemala, Honduras, Nicaragua, Panama und Uruguay), während in anderen von Feminizid die Rede ist (Bolivien, Brasilien, Kolumbien, Costa Rica, Dominikanische Republik, El Salvador, Mexiko, Peru).

dings Schwierigkeiten bei der Schaffung und Umsetzung dieser Gesetzgebungen. Daher wurde beispielsweise das lateinamerikanische Musterprotokoll für die Untersuchung geschlechtsspezifischer Morde[13] erstellt, um den mit ihrer Anwendung betrauten Justizbeamt*innen Leitlinien zur Verfügung zu stellen. Die strafrechtliche Strategie sieht eine Erhöhung des Strafmaßes für Personen vor, die aufgrund des Delikts Femi(ni)zid verurteilt werden, da es sich um ein schwerwiegendes Verbrechen[14] handelt. Viele Feminist*innen und Theoretiker*innen kritisieren diese Perspektive allerdings, da sie zumeist lediglich auf eine Anhebung der Dauer der Haftstrafen abzielt. Dadurch wird das Strafvollzugssystem zur (einzigen) Maßnahme in der Auseinandersetzung mit vergeschlechtlichter Gewalt und dem damit verbundenen komplexen System hierarchischer sozialer Beziehungen (Huertas Díaz 2020, 21; Zafaroni 2009). Darüber hinaus sollte die Wirksamkeit des Strafrechts als Instrument zur Bekämpfung vergeschlechtlichter Gewalt angesichts der paradoxen Zunahme (ECLAC 2021) femi(ni)zidialer Gewalt in Lateinamerika und der Karibik trotz des bestehenden Rechtsrahmens hinterfragt werden.

13 Das »lateinamerikanische Musterprotokoll für die Untersuchung von Morden an Frauen aus geschlechtsspezifischen Gründen (femicide/feminicide)« – »Modelo de protocolo latinoamericano de investigación de las muertes violentas de mujeres por razones de género (femicidio/feminicidio)« ist ein praktisches Instrument, das von den Personen angewendet werden soll, die für die Durchführung der Ermittlungen und die Strafverfolgung dieser Taten verantwortlich sind. Sein Hauptziel ist es, den in der Justiz tätigen Personen, den Gerichtsmediziner*innen und anderen Fachleuten, einschließlich derjenigen, die am Tatort, im gerichtsmedizinischen Labor, bei der Befragung von Zeug*innen und Verdächtigen, bei der Fallanalyse, bei der Formulierung der Anklageschrift oder vor Gericht tätig sind, Orientierungshilfen und Handlungsanweisungen zur Verbesserung ihrer Praxis zu geben (UN Women / Office of the High Commissioner for Human Rights (2014): »Latin American Model Protocol for the investigation of gender-related killings of women (femicide/feminicide)«. URL: https://www.unwomen.org/en/digital-library/publications/2014/8/modelo-de-protocolo-latinoamericano).

14 Bevor es zur Anerkennung von Femi(ni)zid und Travestizid als Straftaten in Strafgesetzbüchern kam, wurden die Morde an FLINTAs als Tötungsdelikte verfolgt. Nicht selten hatten Begründungen, die sich auf die persönlichen Umstände des Täters beziehen oder eine unbeabsichtigte Tat unterstellen, Strafmilderungen zur Folge.

Internationalisierung und regionale Strategien

Juristische Auseinandersetzungen mit dem Strafrecht und seiner Wirksamkeit beeinflussen auch gesellschaftliche Debatten. Es geht zum einen um die soziale Festlegung von Normen, um die Frage nach deren Wirksamkeit sowie um die Möglichkeit der Verbreitung und des Gebrauchs des Gesetzestextes (Segato 2007, 35). Darüber hinaus kann dieser von feministischen Bewegungen genutzt werden: Sie fordern die Durchsetzung des Rechts und die Veränderung der patriarchalen Verhältnisse, und sie kritisieren staatliche Institutionen, die sich als unfähig erweisen, Personen vor Femi(ni)ziden zu schützen. Diese Bestrebungen zielen außerdem auf die Schaffung eines internationalen Abkommens gegen diese Verbrechen und zur Verteidigung der Menschenrechte von Frauen (in den letzten Jahren wurden besonders wichtige Perspektiven von trans, afro und indigenen Gruppen intensiv diskutiert) ab, um den feministischen Kämpfen gegen diese Verbrechen einen internationalen Rechtsrahmen zu geben und die Sichtbarkeit der Diskussion zu erhöhen (ebd., 39).

Die Politisierung von Femi(ni)ziden als rechtliche Kategorie fand parallel zu einer Internationalisierung der Kämpfe sowie zur Entstehung und Stärkung von feministischen Netzwerken statt, die sich in den lateinamerikanischen und karibischen Gesellschaften seit Jahrzehnten gebildet haben. So wurde das Comité de América Latina y el Caribe para la Defensa de los Derechos de las Mujeres (Lateinamerikanisches und Karibisches Komitee für die Verteidigung der Frauenrechte, CLADEM) gegründet, um internationale Strategien auf rechtlicher Ebene zu formulieren. Es handelt sich um ein internationales, feministisches Netzwerk von Nichtregierungsorganisationen (NGOs) und aktivistischen Frauengruppen, deren Gründungsidee auf der dritten Weltfrauenkonferenz der Vereinten Nationen in Nairobi (1985) entstanden ist und 1987 in San José, Costa Rica, formalisiert wurde. Seit seiner rechtlichen Konstituierung 1989 in Lima, Peru, setzt sich CLADEM für die volle Verwirklichung der Rechte von Frauen ein und richtet seine Bemühungen auf die Verbesserung der sozialrechtlichen Situation von Frauen aus. CLADEM will eine traditionelle patriarchale Bastion – die Judikative – als Instrument für gesellschaftliche Veränderungen nutzen und das Recht nicht nur transformieren, sondern es aus einer feministischen Perspektive neu definieren (Enríquez Riascos 2009, 31).

Eine zentrale feministische Anlaufstelle ist zweifellos das Encuentro Feminista de Latinoamérica y el Caribe (Feministisches Treffen von Lateinamerika und der Karibik, EFLAC). Es handelt sich um ein transnationales Treffen, das seit 1981 alle zwei, drei oder vier Jahre stattfindet. Damit wurden Räume für politische Reflexionen aus verschiedenen organisatorischen Kontexten geschaffen, in denen Unterschiede und vielfältige Strategien der Bewegung diskutiert und politische Positionen entworfen werden. Das Ziel dieser Diskussionen ist es, Allianzen zu schaffen, diese zu erweitern und zu stärken, um Rassismus, Sexismus und LGBTIQ+-Feindlichkeit sowie autoritären, konservativen und neoliberalen Bestrebungen entgegenzutreten. Sie haben auch in hohem Maße dazu beigetragen, feministische Positionen und Strategien zu pluralisieren, indem sie »se van ennegreciendo, indigenizándo, cholificando, transgenerizándo, lesbianizando, ›des-normalizando‹« (»schwarz gemacht, indigenisiert, cholicisiert, transgenderisiert, lesbisch gemacht und ›de-normalisiert‹ werden«) (EFLAC 2014).[15] Dieser Rahmen der

15 Dieses Zitat bezieht sich auf die Fähigkeit der Feminismen, Transformationsräume zu erweitern, indem sie verschiedene Stimmen aus bisher oft ignorierten Positionen einbeziehen. Dabei wird eine Reihe von Positionen angeführt, die im lateinamerikanischen Feminismus einen immer wichtigeren Platz eingenommen haben. Es wird suggeriert, dass die Feminismen »schwarz« werden sollen, also, dass die Genealogien und Kritiken der afro und karibischen Feminismen anerkannt, rezipiert und verbreitet werden. Ebenso »indigenisieren« sich die Feminismen, indem sie die Denkweisen aufzeigen, die auf den Erfahrungen indigener Gemeinschaften beruhen. Die Positionen der cholas werden auch sichtbarer: Chola/cholo/chole bezieht sich auf vom ländlichen in den städtischen Kontext zugewanderte Menschen. Lange Zeit ging mit dieser Bezeichnung eine abwertende Konnotation einher, doch in den vergangenen Jahren haben Gruppen von cholas Initiativen gestartet, um dieser Idee neue Bedeutung zu verleihen. Die parallel

Begegnung hat wichtige Daten im Kalender feministischer Kämpfe hervorgebracht – Daten, die anschließend in internationale Netzwerke ebenso wie in lokale politische Agenden integriert wurden. Dies gilt beispielsweise für den 25. November, den »Internationalen Tag zur Beseitigung von Gewalt gegen Frauen«. Dieser Datumsvorschlag entstand nach der ersten EFLAC-Tagung 1981 in Bogotá, Kolumbien. Das Datum wurde gewählt, um der Ermordung der drei Mirabal-Schwestern (Minerva, Patria und María) zu gedenken, die 1960 in der Dominikanischen Republik gegen die Diktatur von Rafael Trujillo aktiv gewesen waren (CEPAL 2010). Der 28. September, der »Tag für die Entkriminalisierung des Schwangerschaftsabbruchs«, wurde auf der fünften EFLAC-Tagung 1990 in Argentinien vorgeschlagen. Der Grund für die Wahl dieses Tages steht in Zusammenhang mit der historischen Forderung nach körperlicher Freiheit, die von der brasilianischen Delegation in Bezug auf den 28. September 1871 erhoben wurde, dem Tag, an dem in Brasilien das »Lei do Ventre Livre« (Gesetz über die Freiheit des Mutterleibs) erlassen wurde, wonach alle Söhne und Töchter von Sklavinnen als frei anerkannt wurden. Dieses Gesetz galt für alle, die am oder nach dem Tag der Verabschiedung des Gesetzes auf die Welt kamen (LatFem 2017).

Diese wichtigen Daten wurden im Rahmen der EFLACs vorgeschlagen und anschließend von internationalen Organisationen unterstützt, wodurch sie Einfluss auf die internationale feministische Agenda gewinnen konnten. Sie haben auch die diskursive und symbolische Grundlage für Bewegungen geschaffen, die später große Ausmaße annehmen sollten, indem sie verschiedene feministische Kampffelder zusammen-

dazu begonnene Auseinandersetzung mit den kontextualisierten Positionen der cholas wird als »cholisiert« bezeichnet. Auch die Positionen von Lesben und trans Personen gewinnen immer mehr an Sichtbarkeit, ausgehend von ihren Erfahrungen, Positionen und spezifischen Forderungen. Schließlich wird in diesem Zitat der Begriff »de-normalisiert« in Anführungszeichen gesetzt verwendet, um mit einer feministischen Normativität zu brechen, die die Möglichkeiten, Feminismen zu verstehen und zu erleben, auf eine sehr begrenzte und eingeschränkte Weise konzipiert und sich auf ein homogenes Konzept des politischen Subjekts stützt.

brachten und kontextspezifische Erfahrungen berücksichtigten. Das ist es, was Verónica Gago als die »erweiterte Geografie« (Gago 2021, 25) bezeichnet: jenes breite Bewusstsein, das sich auf verschiedene Territorien erstreckt und es ermöglicht, gemeinsame Bezugspunkte zu identifizieren und zu analysieren. Dadurch können feministische Arbeitsfelder formuliert und ein analytisches Framing geschaffen werden, das unter Berücksichtigung spezifischer Unterdrückungserfahrungen eine Grundlage zur gesellschaftlichen Veränderung bildet.

Die Politisierung von Femi(ni)ziden von Mexiko bis Argentinien

Ciudad Juárez

Das systematische Verschwinden von als Frauen gelesenen Personen an der nordmexikanischen Grenze zu den USA, in Ciudad Juárez im Bundesstaat Chihuahua, ist seit 1993 ein nationales und internationales Thema (Monárrez Fragoso 2010, 361). Bei vielen der verschwundenen Personen ist der Verbleib nach wie vor unbekannt. Eine große Zahl der Betroffenen wurde ermordet und auf Brachflächen außerhalb der Stadt Ciudad Juárez abgelegt. Die meisten von ihnen wiesen Spuren verschiedener Formen von körperlicher und sexualisierter Gewalt auf. Zudem handelte es sich meist um verarmte, junge, dunkelhaarige, als Frauen gelesene Personen, die in Familien mit geringen wirtschaftlichen und politischen Ressourcen aufgewachsen sind.

In diesem geografischen Raum sind die sozialen Verhältnisse von der Globalisierung und neoliberalen Deregulierungs- und Arbeitsauslagerungsmechanismen geprägt. Eingeleitet wurden diese Entwicklungen durch die Unterzeichnung des Nordamerikanischen Freihandelsabkommens (North American Free Trade Agreement, NAFTA) im Jahr 1994, eines Wirtschaftsabkommens, das eine Freihandelszone zwischen Kanada, den Vereinigten Staaten und Mexiko errichtete und die Kosten für den Handel zwischen den drei Ländern senkte. Verschiedene Autor*innen (Bejarano/Fregoso 2010; Cobo 2011; De Pozzio 2010) sowie journalistische und audiovisuelle Produktionen[16] über Femi(ni)zide in Ciudad Juárez weisen darauf hin, dass die Umsetzung von NAFTA viele der Voraussetzungen geschaffen hat, die einen Anstieg von Femi(ni)ziden in diesem Gebiet begünstigten: Es hatte tiefgreifende Auswirkungen auf den mexikanischen Agrarsektor und führte zu Arbeitsplatzverlust, massiver Landflucht in die städtischen Zentren und in die industrielle Produktion. Ciudad Juárez und seine wachsende Textilindustrie in Form ausgelagerter Maquiladora-Produktionen profitierten von den wirtschaftlichen Gegebenheiten des Freihandels durch die Schaffung von Niedriglohnjobs, die von FLINTA-Arbeitskräften in Anspruch genommen wurden. Auf diese Weise schuf die neoliberale Politik einerseits die Voraussetzungen für die Entstehung von Arbeitsformen, die von spezifischen intersektionalen Ungleichheiten durchzogen sind, und andererseits entstand eine Bevölkerungsschicht von jungen, als Frauen gelesenen Personen, die in hohem Maße wirtschaftlichen und rechtlichen Unsicherheiten ausgesetzt sind. Es wird deutlich, wie eng ökonomische und patriarchale Unterdrückung zusammenhängen (Cobo 2011, 168).

Eine Kombination von Faktoren, darunter die Zunahme der organisierten Kriminalität, hat dazu geführt, dass Ciudad Juárez zwischen 2008 und 2010 als die gewalttätigste Stadt der Welt eingestuft wurde (Ortega 2010). Männer, Frauen sowie andere Geschlechtsidentitäten sind jedoch unterschiedlich von Gewalt betroffen. Während als männ-

16 Vgl. folgende Dokumentarfilme: Lourdes Portillo (2001): Señorita extraviada; Steev Hise (2006): On the Edge: The Femicide in Ciudad Juarez.

lich gelesene Personen zumeist erschossen werden, werden als Frauen gelesene Personen und LGBTIQ+ vermehrt verschleppt, gefoltert, vergewaltigt und dann ermordet. In Ciudad Juárez werden die von Gewalt betroffenen FLINTA »von der Kluft, in der sich monetäre und symbolische Ökonomie, die Kontrolle über Ressourcen und die Macht des Todes artikulieren, verschlungen« (Segato 2013, 12).

Neben dieser Komplexität der sozioökonomischen Verhältnisse gab es noch einen weiteren Faktor, mit dem die Angehörigen der Verschwundenen immer wieder konfrontiert waren: die Rolle einer nicht funktionierenden Justiz. Dies äußert sich nicht nur in der mangelnden Aufklärung der Fälle von Vermissten und Morden, sondern auch indem die zuständigen Stellen die Aufklärung und Untersuchung bzw. die Strafverfolgung behindern. Aus diesem Grund haben die Angehörigen von drei Frauen (Claudia Ivette González, Esmeralda Herrera Monreal und Laura Berenice Ramos Monárrez), deren Leichen am 6. November 2001 in einem Baumwollfeld in Ciudad Juárez gefunden wurden, den mexikanischen Staat vor dem Interamerikanischen Gerichtshof für Menschenrechte (IACHR) verklagt. Begründet wurde die Anklage damit, dass die mexikanische Justiz nicht auf das systematische Verschwinden von den als Frauen gelesenen Personen reagiert hatte und schwerwiegende Defizite bei der Bearbeitung der Beschwerden und der Fallaufklärung vorlagen. Deswegen fällte der Gerichtshof am 16. November 2009 eine bahnbrechende Entscheidung: Er verurteilte den mexikanischen Staat im »Fall des Baumwollfelds« (El caso del campo algodonero)[17] und schuf damit auf internationaler Ebene einen Präzedenzfall. Mit dem Urteil erhielt Mexiko zudem Empfehlungen zur Eindämmung und Bekämpfung dieser Formen von Gewalt vom IACHR.

17 Die IACHR befand den mexikanischen Staat für die Verletzung folgender in der »Amerikanischen Menschenrechtskonvention« festgelegter Rechte verantwortlich: Artikel 1 (Verpflichtung zur Achtung der Rechte), Artikel 2 (Pflicht zur Verabschiedung innerstaatlicher Rechtsvorschriften), Artikel 4 (Recht auf Leben), Artikel 5 (Recht auf persönliche Integrität), Artikel 8 (gerichtliche Garantien), Artikel 11 (Recht auf Ehre und Würde), Artikel 19 (Recht des Kindes), Artikel 25 (gerichtlicher Schutz).

Die Benennung und Thematisierung von vergeschlechtlichter Gewalt war auf verschiedenen Ebenen ein umstrittener Prozess. Neben der juristischen, die von Prozessen vor internationalen Gerichten, der Forderung nach der Schaffung von rechtlichen Rahmenbedingungen zum Schutz, zur Vorbeugung und zur Bestrafung der Gewalt des strukturellen Systems der Ungleichheit gegen FLINTAs geprägt war, wurden auch in anderen Lebensbereichen Strategien entwickelt. So fanden sich Familienangehörige, Verwandte und Aktivist*innen aus Ciudad Juárez zu kollektiven Aktionen zusammen »die eine Reihe von Strategien vorschlagen, um das Regime des Grauens und des Todes zu enthüllen und sich dagegen aufzulehnen« (Salazar Gutiérrez 2017, 151). In Ciudad Juárez entwickelte sich ein politischer Streit über die symbolische Ordnung und die sichtbaren Erinnerungsformen sowohl im urbanen wie im ländlichen Raum, in dem die Morde stattfanden oder in dem die Leichen der Verschwundenen gefunden wurden.

Infolge der Straflosigkeit für Femi(ni)zide bildeten sich Aktivist*innengruppen, um autonome, vom Staat unabhängige Strategien zu entwickeln. Auf diese Weise entstanden an unterschiedlichen Orten in Ciudad Juárez verschiedene Formen öffentlicher Thematisierungen, darunter pinke Holzkreuze, die zunächst in Chihuahua verwendet und später zu einem internationalen Symbol für die Anprangerung von Femi(ni)ziden wurden.[18] Ein weiteres Symbol, das man vor allem an den Bushaltestellen entlang der Hauptbuslinien in Ciudad Juárez findet, sind schwarze Kreuze auf rosa Hintergrund. Sie markieren den Ort, an dem eine vermisste als Frau oder Mädchen gelesene Person zuletzt lebend gesehen wurde. Die Kreuze werden seit 1998 von der Organisation Voces sin Eco (Stimmen ohne Echo) gemalt, einer Gruppe, die sich aus Angehörigen zusammensetzt und auf die mangelnde Reaktion der Be-

18 Zerega, Georgina (2019): »México recupera el símbolo de las muertas de Juárez para protestar contra la violencia de género«. In: *El País*. URL: https://elpais.com/sociedad/2019/11/25/actualidad/1574695630_177774.html [letzter Zugriff: 14.6.2022].

hörden und der Justiz auf Gewalttaten aufmerksam macht. Die Organisation Nuestras Hijas de Regreso a Casa (Unsere Töchter zurück nach Hause) setzt sich für die Anprangerung und Verhinderung von Femi(ni)ziden in Ciudad Juárez und gegen geschlechtsbezogene Gewalt im Land ein. Ihre Aktivitäten begannen im Jahr 2001 nach dem Mord an Lilia Alejandra García Andrade. Eine Strategie der Unterstützung von Angehörigen der Ermordeten bildeten künstlerische Aktionen als Interventionen im öffentlichen Raum. Dazu sammelten die Aktivist*innen eigenständig finanzielle Mittel, um Wandbilder an den Häusern von Angehörigen der verschwundenen (jungen) als Frauen gelesenen Personen anzubringen (Salazar Gutiérrez 2017, 158). Außerdem finden sich an den Häuserfassaden in Ciudad Juárez zahlreiche Inschriften wie »Ni una mas« (Keine einzige mehr) oder »Justicia« (Gerechtigkeit). All diese Aktionen dienen dazu, die Aufmerksamkeit der Medien auf die Gewalt zu lenken und zur Sensibilisierung der Öffentlichkeit beizutragen. Sie fungieren auch als Möglichkeit, Femi(ni)zide und das Verschwindenlassen als Verbrechen des Staates anzuprangern. Gleichzeitig sind sie eine Aufforderung, das kollektive Gedächtnis zu aktivieren und eine politische Haltung gegen femi(ni)zidale Gewalt einzunehmen (Arandia Mondragón 2020).

Die systematische Erfassung von Femi(ni)ziden war und ist ein weiterer Bereich, mit dem Aktivist*innen versuchen, die Fälle weiterzuverfolgen, eine gesellschaftliche Diskussion zu diesem Thema anzustoßen, das Ausmaß der Gewalt aufzuzeigen und die Argumentation für die Denunzierung dieser Gewalttaten auf nationaler und internationaler Ebene zu unterstützen. Aktivist*innen wie Esther Chávez Cano leisteten mit ihrem journalistischen Engagement Pionier*innenarbeit und trugen Informationen über jede Ermordete von Juárez zusammen.[19] Sie recherchierte, wie sich die Morde ereigneten, wo und von wem sie gefunden

19 Herrera, Brenda (2022): »Esther Chávez Cano, pionera del feminismo en ciudad Juárez«. In: *El Heraldo de Juárez*. URL: https://www.elheraldodejuarez.com.mx/local/juarez/esther-chavez-cano-pionera-del-feminismo-en-ciudad-juarez-7922384.html

wurden, welche Maßnahmen die Behörden ergriffen und wer ihre Angehörigen waren. Julia Monárrez Fragoso, Professorin am El Colegio de la Frontera Norte in Juárez, begann mit der Systematisierung und Analyse der in einer Datenbank gesammelten Femi(ni)zide, die in dieser Stadt zwischen 1993 und 2005 verübt wurden. Diese Datenbank berücksichtigte das Motiv des Täters und die Verwandtschaftsbeziehung, um die verschiedenen Tötungsarten zu kategorisieren (Monárrez Fragoso 2010, 361 f.). Seit Januar 2016 hat die aus der Hauptstadt des Landes stammende Geophysik-Ingenieurin María Salguero die Funktion Google Alerts so konfiguriert, dass auf einer interaktiven Karte die Informationen über Morde an Frauen in Mexiko seit Januar 2016 angezeigt werden. Das Projekt begann mit der Website »Los feminicidios en México« (»Die Feminizide in Mexiko«)[20] und erfasst Tausende von Femi(ni)ziden pro Jahr. Die angezeigten Fälle haben ein Aktenzeichen und einen Hashtag mit dem Namen der betroffenen Person, falls bekannt, und falls nicht, den Hashtag *#FeminicidioSinIdentificar* (nicht identifizierter Feminizid). Dies erleichtert die Suche nach Vermissten sowie konkreten Zahlen. Die Daten werden des Weiteren laufend aktualisiert, wenn sich der Fallstatus ändert oder neue Informationen bekannt werden, die zum besseren Verständnis des Sachverhalts beitragen. Da staatliche Statistiken fehlen und die Politik mangelndes Interesse daran hat, gegen Femi(ni)zide vorzugehen, muss diese Arbeit weiterhin von engagierten Aktivist*innen und Wissenschaftler*innen fortgesetzt werden.

20 María Salguero (2016): »Feminicidios in México«. URL: https://feminicidiosmx.crowdmap.com/

Von Frauentreffen bis zur Erweiterung der feministischen Bündnisse in Argentinien

Weitere Ansätze zur Herausbildung feministischer Strategien zur Politisierung von patriarchaler Gewalt finden sich in Argentinien, wo die Genealogie der feministischen Kämpfe ebenfalls auf wichtige historische Referenzen zurückgeht. Das Encuentro Nacional de Mujeres (Nationale Frauentreffen, ENM), das seit 1986 in diesem Land organisiert wird, ist eine davon. Dieses dreitägige Treffen wird jedes Jahr nach den Grundprinzipien der *autonomia* (Autonomie), *horizontalidad* (Horizontalität) und *autogestión* (Selbstverwaltung) organisiert. Das Programm besteht aus einer Vielzahl von Workshops, die von den Teilnehmer*innen selbst organisiert werden, ohne klassische Vortragskonzepte oder spezifische Expert*innen und in denen eine Vielzahl von Themen diskutiert wird. Am Ende der Veranstaltung findet eine Feier, ein Marsch und ein Schlussakt statt, bei dem der nächste Tagungsort gewählt wird und die Schlussfolgerungen der einzelnen Workshops vorgestellt werden.

Die Autorinnen Paula Lorenzo und Amanda Alma veröffentlichten 2010 das Werk »Frauen, die sich treffen: eine historische Aufarbeitung der nationalen Frauentreffen in Argentinien, 1986–2005«[21], um die Erinnerung an die 20 ENMs, die im Laufe dieses Zeitraums stattfanden, festzuhalten. Durch die historische Erzählung der Ereignisse, der Diskussionen und Akteur*innen der ENMs, wurde Erinnerungsarbeit auch als Möglichkeit der Reflexion von Abwesenheiten etabliert. Dafür wurden Zeug*innenaussagen der Protagonist*innen von Schlüsselmomenten der Organisationsprozesse gesammelt. So schreiben die Autor*innen über ihre Initiative: »Als wir anfingen zu sagen, dass wir diese Arbeit über die Begegnungen machen wollten, erkannten wir die Bedeutung und Transzendenz unserer Aufgabe. Wir haben verstanden, dass die Systematisierung dieser Erfahrungen ein Mittel ist, um über unsere

21 Originaltitel im Spanischen: »Mujeres que se encuentran: una recuperación histórica de los Encuentros Nacionales de Mujeres en Argentina, 1986–2005«.

eigene Geschichte nachzudenken« (Alma/Lorenzo 2009, 9). Die Historisierung von ENMs ermöglicht es, eine Verbindungslinie zwischen historischen Einflüssen und Kämpfen zu ziehen und Horizonte für den weiteren Weg aufzuzeigen.

Auch die ENMs sind das Ergebnis früherer Einflüsse. Die bereits erwähnten Treffen in Nairobi 1985 und die ersten Treffen der EFLAC, insbesondere das 1985 in Bertioga, Brasilien, veranstaltete feministische Treffen für Lateinamerika und die Karibik, waren für die Teilnehmer*innen der argentinischen Delegation eine große Inspiration. Im Anschluss daran begannen sie mit der Organisation des ersten Treffens in Buenos Aires (ebd., 9) und brachten ihre bisher gesammelten Erfahrungen ein, die auch die neu entstehende Praxis maßgeblich beeinflusste. So wurde beispielsweise die Idee von selbstorganisierten Workshops übernommen: Diese werden von den Teilnehmer*innen selbst konzipiert und durchgeführt und somit nicht von einer Organisation vorgegeben (ebd., 37 f.). Dieser Prozess ist ein Beispiel dafür, dass in feministischen Organisationsräumen kollektive Erfahrungen und Diskurse entstehen, die das strategische Repertoire der feministischen Bewegung erweitern.

Die Teilnehmer*innen der Frauentreffen in Argentinien brachten neue Praxen und Diskurse aus ihrer Geschichte ein, unter anderem die ersten grünen Tücher, die zu strategischen Symbolen der nationalen und später internationalen Bewegung für das Recht auf Schwangerschaftsabbrüche wurden. Dies geschah auf dem XVIII. Nationalen Frauentreffen in Rosario im Jahr 2003, bei dem das Thema an Bedeutung gewann. Das zeigte sich u. a. beim großen Aufmarsch: Durch die starke Präsenz der Tücher wurde die sogenannte *marea verde* (grüne Welle) ausgelöst, die die Straßen grün färbte und auch auf internationaler Ebene eine Bewegung hervorbrachte, die sich für reproduktive Rechte und Rechte für Frauen sowie alle Gebärfähigen einsetzt. Dieses Symbol wurde von der Gruppe Católicas por el Derecho a Decidir (Katholik*innen für das Recht auf Selbstbestimmung) verteilt (ebd., 144). Seit diesem Treffen wurden jedes Jahr 8.000 grüne Tücher im ganzen Land verteilt und im Jahr 2018 sogar 200.000 Stück produziert. Inzwischen sind die

Tücher so wichtig und populär, dass Straßenverkäufer*innen sie an Tagen, an denen feministische Mobilisierungen stattfinden, verkaufen (Muzi 2018).

Das Tuch ist ein historisches Symbol der Proteste in Argentinien, ein Sinnbild, das an die Mütter der Plaza de Mayo erinnert – die Frauenbewegung, die Informationen über ihre verschwundenen Söhne und Töchter forderte und dazu beitrug, die Verbrechen der Militärdiktatur in einem politischen Klima der Unterdrückung anzuprangern. Bei der Demonstration vom 30. April 1977, der ersten von Hunderten, wurde das Tuch als Kopfbedeckung getragen, um sich von der Masse abzuheben. Sowohl das Material als auch die weiße Farbe erinnerten an die Windeln vermisster Kinder und im Laufe der Jahre, auch andere Verwandte, auf die später die Namen derjenigen, die während der Diktatur verschwunden waren, gestickt wurden. Die Mütter beschlossen, diese Kopftücher bei ihren wöchentlichen Treffen und Demonstrationen auf der Plaza zu tragen, und sie tragen sie bis heute (Ginzberg 2003, 70). Auf diese Weise wurde dieses Symbol im Gedächtnis der nationalen Mobilisierungen dauerhaft verankert und in spätere Proteste integriert. Die Verwendung von Tüchern entwickelte sich Jahre später zur Praxis des *Pañuelazos* als Form des Massenausdrucks, bei dem die Teilnehmer*-innen eines Marsches ihre Tücher in die Länge ziehen, um so den Platz mit der Farbe und der Botschaft der Demonstrant*innen zu füllen (Gago 2021, 123).

Die ENMs haben zahlreiche Diskussionen angestoßen, in denen unterschiedliche Akteur*innen auf die Notwendigkeit aufmerksam gemacht haben, feministische Kämpfe inklusiver und transversaler zu gestalten. In Trelew, Argentinien, zum Beispiel endete das Treffen 2018 mit einer Demonstration gegen Travestizide und Transfemi(ni)zide. Damit wurde zum ersten Mal in der Geschichte der nationalen Frauentreffen aktiv die Gewalt an trans Personen aufgegriffen und auf die offizielle Tagesordnung gesetzt. Das Thema Travestizid war im Prozess um die Ermordung von Diana Sacayan 2015 Gegenstand eines Gerichtsverfahrens geworden. Dabei stellte das Gericht fest, dass es sich bei der

Tat um ein Hassverbrechen und um vergeschlechtlichte Gewalt gehandelt hatte, woraufhin zum ersten Mal das Wort *Travestizid* in Gerichtsprotokollen in Argentinien verwendet wurde. Der Demonstrationszug am Ende des Frauentreffens war der größte zum Gedenken an die durch Hassverbrechen ermordeten Compañeres Trans und Travestis der Geschichte des Landes. Zugleich wurde die Umsetzung der Trans-Arbeitsquote gefordert (Ludueña 2018).

Bei diesen Treffen haben Debatten, die die Unsichtbarmachung von gesellschaftlichen Gruppen thematisieren, Tradition. Dies kommt unter anderem in der Diskussion über den Namen der Konferenzen selbst zum Ausdruck. Mit dem Argument, dass die derzeitige Formulierung – Frauentreffen – exkludierend sei und die Vielfalt der Kämpfe und der verschiedenen Kollektive auf dem Treffen und im Land nicht widerspiegle, wurde von den Teilnehmer*innen folgende Namensänderung vorgeschlagen: »Plurinationale Treffen von Frauen, Lesben, Transen[22], Transvestiten, Bisexuellen, Intersexuellen und Nicht-Binären« (LatFem 2019). Auch wenn das Organisationskomitee den neuen Namen noch nicht formal übernommen hat, gewinnt diese Umbenennungsforderung zahlreicher Gruppen zunehmend an Einfluss und setzt sich in Workshops und Versammlungen innerhalb des Treffens durch.

22 Wir übernehmen die Begriffe aus dem spanischsprachigen Kontext, wo sie politische Selbstbezeichnungen darstellen. Hingegen werden die Begriffe »Transe« sowie »Transvestit« im deutschsprachigen Raum vorwiegend pejorativ, also abwertend, verwendet, weshalb wir ihrer Verwendung im deutschsprachigen Raum kritisch gegenüberstehen.

Ni una menos von Argentinien in die Welt

Seit 2015 sind die Proteste gegen patriarchale Gewalt in Argentinien enorm gewachsen. Eine Bewegung von ungeahntem Ausmaß entstand unter einem Motto, das später zu einem weltweiten Ruf werden sollte: »Ni una menos« (Keine* einzige* weniger). Dieser Slogan greift den Satz »Ni una mujer menos, ni una muerte más« (»Keine Frau weniger, kein einziges Todesopfer mehr«) auf, der 1995 von der mexikanischen Schriftstellerin, Dichterin und Aktivistin Susana Chávez geschrieben wurde. Sie selbst wurde 2011 ermordet und ihr Femi(ni)zid blieb von der Justiz ungestraft. Aufgrund des Anstiegs der Femi(ni)zide seit 2008[23] beschloss ein breites Kollektiv von Schriftsteller*innen, Journalist*innen, Aktivist*innen, Künstler*innen und Student*innen, am 26. März 2015 einen Lesemarathon zu organisieren, um Femi(ni)zide sichtbar zu machen und ein Ende dieser Verbrechen zu fordern. Die Aktivistin Vanina Escales schlug für diese Aktion den Titel »Ni una menos« vor. Wenige Wochen später, am 10. Mai desselben Jahres, ereignete sich der Femi(ni)zid an Chiara Páez, einer 14-jährigen Teenagerin, die während ihrer Schwangerschaft von ihrem Freund ermordet wurde. Dieser neue Akt femi(ni)zidaler Gewalt löste landesweite Empörung aus und führte zur Organisation der ersten Ni una menos-Demonstrationen am 3. Juni 2015 in zahlreichen Städten Argentiniens. Zwischen 2015 und 2019 wurde an jedem 3. Juni in Argentinien demonstriert, nicht nur für ein Ende jeglicher Gewalt gegen FLINTAs und für die Legalisierung von Schwangerschaftsabbrüchen, sondern auch gegen die damalige argentinische Regierung von Mauricio Macri und die von dieser durchgesetzte neoliberale Politik. Die Bewegung verbreitete sich in der ganzen Welt und aus ihr heraus wurden Strategien entwickelt, um die strukturelle

23 Observatorio de feminicidios en Argentina (2015): »Informe de investigación de feminicidios en Argentina«. In: *La Casa del Encuentro*. URL: http://lacasadelencuentro blog.blogspot.com/2016/03/informe-de-investigacion-de-femicidios.html

patriarchale Gewalt gegen FLINTAs sichtbar zu machen und ihre verschiedenen Erscheinungsformen, insbesondere Femi(ni)zide, zu politisieren.

Vielfältige Protestformen

Die analytischen und politischen Grundlagen ermöglichten die Etablierung eines weiteren international relevanten Protestinstruments, das 2017 in mehr als 50 Ländern angewandt wurde: der Feministische Streik (*huelga / paro feminista*). So wird der Aufruf bezeichnet, der die Sichtbarkeit und Relevanz der – vor allem von FLINTAs durchgeführten – Care- und Sorgearbeit und ihre Verstrickungen mit patriarchaler Gewalt anerkennt. Gleichzeitig wurden die Möglichkeiten des Streiks auf Menschen ausgeweitet, die traditionell von den Gewerkschaften übersehen wurden, weil sie keiner bezahlten Arbeit nachgingen bzw. nur bestimmter bezahlter Arbeit. Gastarbeiter*innen oder bezahlte Care- und Sorgearbeiter*innen waren ebenso nicht oder nur sehr bedingt in traditionelle Streiks miteinbezogen gewesen.

Bereits 2016 wurde am 3. Oktober in Polen zu einem Streik gegen die Kriminalisierung von Abtreibungen mobilisiert (Gago 2018, 29 f.). In Argentinien wurde am 19. Oktober desselben Jahres zu einem Streik in Reaktion auf den Mord an Lucía Pérez, einem 16-jährigen Mädchen in Mar del Plata, Provinz Buenos Aires, aufgerufen. Zeitgleich hatten sich 70.000 FLINTAs anlässlich des XXI. Nationalen Frauentreffens in der Stadt Rosario versammelt (Heinrich Böll Stiftung 2017). Ni una menos und 50 weitere Organisationen riefen in Buenos Aires zu einer Demonstration gegen patriarchale Gewalt und zu einem feministischen Streik auf: So fand einerseits ein Marsch auf öffentlichen Plätzen wie der Plaza de Mayo statt, bei dem zahlreiche Demonstrierende in Gedenken an die Ermordete in Schwarz gekleidet waren. Andererseits umfasste der Streik auch eine einstündige Unterbrechung der Tätigkeiten, von 13 bis 14 Uhr. Diese Aktion wurde im Laufe einer Woche in 22 Ländern durchgeführt (Gago 2018, 30).

Zum ersten internationalen Feministischen Streik, dem sich Aktivist*innen aus 60 Ländern anschlossen, kam es am 8. März 2017 (Lorey 2018, 16). Zwei Jahre später fand in 57 Ländern der zweite internationale Feministische Streik statt. Der internationale Slogan, der in Argentinien ein Echo nach sich zog, lautete: »Si nuestras vidas no valen, entonces produzcan sin nosotras« (»Wenn unser Leben nichts wert ist, produziert ohne uns«).

Eine Stärke des Feministischen Streiks liegt in seiner analytischen und diskursiven Schärfe, die es uns ermöglicht, die spezifischen Bedingungen struktureller Beziehungen wie kapitalistische Ausbeutungsverhältnisse, patriarchale Gewalt, Geschlechterverhältnisse, Rassismus und neokoloniale Strukturen zu erfassen, wie wir in Kapitel 2 noch ausführen werden. Der Feministische Streik verbindet und vereint verschiedene Kämpfe, er kann eine Sichtbarmachung verschiedener Formen von Ungleichheit sein und entwickelt so die Fähigkeit, transnationale und intersektionale Allianzen zu bilden. Es gelingt ihm auch, geteilte Erfahrungen mit Formen von Unterdrückung und Gewalt über Körper auszudrücken und wichtige Instrumente zur Anprangerung gewaltvoller gesellschaftlicher Verhältnisse zu schaffen.

Politik durch künstlerische und performative Ausdrucksformen nimmt als zeitgenössisches Protestmittel einen bedeutenden Platz ein. Ein Ausdruck dessen ist die Performance »Ein Vergewaltiger auf deinem Weg« (»Un violador en tu camino«) von Las Tesis, einem interdisziplinären Kollektiv aus Valparaíso, Chile. Das Hauptziel der Gruppe ist es, feministische Ideen oder Thesen durch die Kombination verschiedener künstlerischer Strategien in die Öffentlichkeit zu tragen, daher der Name Las Tesis. Die Performance war als Kritik an der Repression der chilenischen Sicherheitskräfte (»Carabineros de Chile«) gegen die Demonstrant*innen auf der Straße konzipiert sowie als Kritik an sexualisierter und vergeschlechtlichter Gewalt, die während der Proteste stattfand. Sie übt eine direkte Kritik nicht nur an den Akteuren der Aggressionen gegen FLINTAs, sondern auch an den gesellschaftlichen Apparaten, die zur Straflosigkeit, zur erneuten Viktimisierung und damit zur Reproduktion von Gewaltspiralen beitragen. Diese hatten im Kontext des sogenannten *estallido social* (sozialer Ausbruch), einer Welle massiver Proteste, die Chile zwischen Oktober 2019 und März 2020 erschütterten, stattgefunden. Obwohl die Slogans und Beweggründe sehr unterschiedlich waren, forderte der Ausbruch tiefgreifende Veränderungen der neoliberalen Politik, die in Chile seit Beginn der Militärdiktatur umgesetzt wurde und die für die Entstehung aktueller sozialer Ungleichheiten verantwortlich ist.

In Chile fanden Mobilisierungen der Frauenbewegung seit vielen Jahrzehnten immer parallel zu anderen sozialen Bewegungen statt. Im Jahr 2018 ist die Hochschulbewegung unter dem Namen »Feministischer Mai« (Luna 2018) in den Fokus der Öffentlichkeit gerückt. Dabei handelt es sich um eine Revolte, die Maßnahmen gegen sexuellen Missbrauch und Belästigung an den Hochschulen forderte und zu einer Reihe von Protestwellen führte, die den feministischen Aktionismus mit künstlerischen Mitteln förderte. »Un violador en tu camino« diente auch als Katalysator für neue soziale Kräfte. Darunter die Gründung der Partido Alternativa Feminista (Feministische Alternative Partei, PAF) mit der klaren Absicht, die Parteienlandschaft des Landes mit einer feministischen Ethik zu prägen und so den verfassungsgebenden Prozess zu beeinflussen. Die Performance »Ein Vergewaltiger auf deinem Weg« wurde in Chile sowie in mindestens 50 weiteren Ländern aufgeführt und avancierte so zu einer internationalen Referenz feministischer Versammlungen.

Diese hier skizzierten Organisationsformen, Politisierungsstrategien und die Entwicklung von kollektiven Instrumenten zur Bekämpfung vergeschlechtlichter Gewalt sind für viele Menschen innerhalb und außerhalb Lateinamerikas eine Quelle der Inspiration. Doch trotz der Vielfalt der Kampfformen, die in den letzten Jahren von verschiedenen

Kollektiven entwickelt wurden, ist es noch ein weiter Weg, bis wir keinen Femi(ni)zid mehr politisieren müssen. In der Zwischenzeit sehen sich die lateinamerikanischen feministischen Bewegungen mit verschiedenen Herausforderungen konfrontiert, unter anderem mit dem Umgang mit der Angst, die durch vergeschlechtlichte Gewalt entsteht. Raquel Gutiérrez Aguilar definiert dies als »ambivalente zeitliche Qualität« und meint damit die Doppeldeutigkeit dieser Mobilisierungen: »Einerseits spüren wir auf der Straße und in der Unendlichkeit der von uns organisierten Versammlungen wiedergefundene Stärke, gleichzeitig fühlen wir die fast unmittelbare Bedrohung, die es bedeutet, sich einzusetzen« (Gutiérrez Aguilar 2018, 44). Die feministischen Mobilisierungen sind zwar ein Beweis für die Stärke der Feminismen und deren Fähigkeit, Ungleichheitsverhältnisse in Frage zu stellen und zu verändern. Aber sie finden in einem Kontext statt, in dem die Gefahr von Angriffen hoch ist.

In der lateinamerikanischen und karibischen Region wird seit Jahrzehnten an der Schaffung und Stärkung feministischer Netzwerke gearbeitet. Sie werden als Kommunikationskanäle genutzt, um gemeinsame Agenden und Praxen in verschiedenen Kontexten entstehen zu lassen. Diese Arbeit findet nicht ohne historische und aktuelle politische Differenzen statt. Doch eine feministische solidarische Praxis basiert nicht auf geteilten Erfahrungen, sie erkennt die Differenzen an und ist, wie bell hooks (1984) betont, darauf angewiesen. Der Versuch, Mobilisierungen und Ausdrucksformen zu verbinden, brachte verschiedene Gruppen in den unterschiedlichsten Regionen zusammen. Auf dieser Grundlage werden Femi(ni)zide und andere Formen geschlechtsbasierter Gewalt sowie deren Zusammenhang mit patriarchalen Institutionen und Strukturen politisiert. Die Fähigkeit, in verschiedenen Momenten und Kontexten Antworten auf Unterdrückung und Ausbeutung zu formulieren, hat die Region zu einem Bezugspunkt für feministische Bewegungen weltweit gemacht.

2. PERSPEKTIVEN AUF FEMI(NI)ZIDE – FEMI(NI)ZIDE ALS ANALYTISCHE PERSPEKTIVE

Positionierungen

Genealogien einer politischen Bewegung als Autor*innenkollektiv zu erzählen, kann nicht ohne Reflexion der jeweiligen Positionierungen der Beteiligten auskommen, da unsere individuellen Biografien, geschlechtlichen, sozialen, sozio-ökonomischen und geographischen Herkünfte sowie auch unsere Bildungshintergründe und Erfahrungen unsere Sichtweisen auf die von uns beschriebene Problematik beeinflussen. Im Rahmen des Schreibprozesses mussten wir uns ebenso damit auseinandersetzen, auf welche Art und Weise wir in gesellschaftliche Privilegiensysteme, aber auch Benachteiligungsstrukturen eingebunden sind, die unseren Werdegang als Feminist*innen geprägt haben. Während manche von uns beispielsweise aufgrund ihres sozialen Hintergrunds von einem einfacheren Zugang zu Bildung und materieller Absicherung profitierten, hatten es andere deutlich schwerer. Selbiges gilt u. a. auch in Hinblick auf unsere Reisepässe, Migrationserfahrung, Lebens- und Begehrensformen sowie (sexualisierte) Gewalterfahrungen. Trotz der Differenzen zeigen sich jedoch auch Gemeinsamkeiten. Entsprechend ist unser Autor*innenkollektiv heterogen und homogen zugleich. So sind wir alle beispielsweise Feminist*innen, Akademiker*innen, begreifen uns jedoch auch als seit vielen Jahren in unterschiedlichen Kontexten umtriebige Aktivist*innen und teilen gesellschaftspolitische Analysen und Utopien. Da uns ähnliche geschlechtliche bzw. weibliche Sozialisationserfahrungen prägen, waren wir alle im Laufe unserer Leben mit unterschiedlichen Formen von Sexismus und Antifeminismus, manche von uns auch mit Homo- und Queerfeindlichkeit und/oder Rassismus und Klassismus konfrontiert.

Wir erachten es als relevant, die (hier skizzierten) Positionierungen transparent zu machen, allerdings nicht, weil wir diese als deterministisch begreifen, sondern weil wir unsere Sozialisation zwar nicht gänzlich abstreifen können, aber durch die Reflexion selbiger, durch unser verkörpertes Wissen sowie durch unsere Erfahrungen neue Handlungs- und Veränderungsmöglichkeiten entstehen. Nicht zuletzt geht es uns in der Tradition der Frauen- und Geschlechterforschung auch darum, unsere eigene Rolle, Positionierung und Situierung im Prozess der Wissensproduktion sichtbar zu machen.

Geschichte selber schreiben

Gerade weil es sich bei Claim the Space um eine breite, heterogene feministische Vernetzung handelt, die sich in ständiger Ausverhandlung und Weiterentwicklung befindet, erheben wir als Autor*innenkollektiv keinesfalls den Anspruch, *für* diesen Zusammenschluss zu sprechen. Obgleich wir den Prozess der Entstehung der Bewegung von Beginn an begleitet und durch unser Engagement und unsere Erfahrungen beeinflusst und mitgeprägt haben, wollen wir dem dort entstandenen Wissen nicht unseren Namen aufdrücken und es – wie in der Wissenschaft üblich – als unseres verkaufen. Vielmehr handelt es sich um situiertes Wissen bzw. kollektives Erfahrungswissen, das aus der Bewegung selbst und der von ihr vollzogenen Praxis erwachsen ist. Das verkörperte Wissen wurde durch Theorien, Kämpfe, Erfahrungen, Praxen und Reflexionen anderer Organisationsformen gegen Femi(ni)zide vor allem in Lateinamerika und der Karibik beeinflusst. Entsprechend wäre dieses Buch nicht denkbar ohne die vielseitigen feministischen Diskussionen innerhalb der Bewegung und darüber hinaus, die wiederum auch unser Denken und Schreiben prägen. Gerade weil sich in dem Zusammenschluss unterschiedliche, sich teilweise widersprechende Zugänge und Positionen versammeln und die konkreten Umstände der verübten Femi(ni)zide immer wieder neue Fragen aufwerfen, sind diese Debatten auch fern davon, abgeschlossen zu sein.

Nicht zuletzt haben wir uns bewusst dafür entschieden, dieses Buch als Autor*innenkollektiv zu verfassen, um dadurch die situierte Wissensproduktion, aber auch den kollektiven Diskussions- und Schreibprozess sichtbar zu machen. Geschichte selbst zu schreiben, ist für uns ein ambivalenter Prozess, der vor allem im Kontext einer kollektiven Praxis viele Fragen aufwirft: Wer schreibt über wen? Welche Erzählungen werden wie niedergeschrieben? Dieses Buch ist nicht in einem kollektiven Prozess aus Claim the Space heraus entstanden und die Fragen und Inhalte sind nicht vorab im Kontext von CTS diskutiert worden. Angelehnt an die »Geschichtsschreibung von Unten« (Ehalt 1984; Konrad 2019) sowie den von der zweiten Frauenbewegung angestoßenen Ansatz, entgegen der bis heute männlich dominierten Wissensproduktion, die Erforschung und Dokumentation von Frauen- und Geschlechtergeschichte selbst in die Hand zu nehmen, wollen wir mit diesem Buch die Geschichte der Politisierung von Femi(ni)ziden und CTS in Wien zumindest ein Stück weit selbst niederschreiben. Folglich geht es auch uns um eine Aneignung unserer Geschichte als Aktivist*innen und Autor*innen dieses Buches, indem wir, ausgehend von unseren Diskussionen und Erfahrungen, die Themen festlegen, die wir als wichtig erachten und unsere eigenen (queer_feministisch, gesellschaftstheoretisch, intersektional und dekolonial fundierten) Perspektiven sichtbar in den Mittelpunkt stellen, um so weitere kollektive Lernprozesse zu ermöglichen. Das soll aber nicht darüber hinwegtäuschen, dass wir durch unsere subjektiven Sichtweisen in unsere eigene Geschichtsschreibung eingreifen, indem wir Prioritäten setzen in Bezug auf die Relevanz bestimmter Aspekte gegenüber anderen, und so (un)bewusst eine Auswahl treffen. Insofern verfolgen wir den Anspruch, das bisher gesammelte (Erfahrungs-)Wissen sowie die Diskussionsprozesse von uns als Autor*innenkollektiv zu ihrem jetzigen Stand abzubilden, um einerseits die bisherige Praxis (aus unserer Perspektive) zu reflektieren und andererseits das Wissen auch über unsere Zusammenschlüsse hinaus zugänglich zu machen, um dadurch weitere Debatten und Praxen anzustoßen. Im Sinne von Ni una menos (2018): »Uns bewegt der Wunsch, alles zu verändern!« (»Nos mueve el deseo de cambiarlo todo!«).

Im Nexus von gesellschaftstheoretischem und dekolonialem Feminismus

Dieses Buch entstand in einer engen Beziehung mit unserer politischen Praxis, einer queer_feministischen Praxis der Politisierung von Femi(ni)ziden. Unsere feministisch methodologischen Standpunkte sind dabei beeinflusst von einer dekolonialen Kritik an Wissensproduktion und den damit einhergehenden Verständnissen binärer Logiken (Curiel 2009; Dussel et al. 2000; Grosfoguel 2013). Mit unseren Kämpfen und Worten suchen wir nach Möglichkeiten, uns diesen Auffassungen immer wieder entgegenzustellen. Diese Perspektive impliziert auch eine Kritik an feministischen Theorien, die »Frausein« als universell und homogen darstellen und damit unterschiedliche verkörperte Erfahrungen als unterlegen oder unbedeutend präsentieren und unsichtbar machen (u. a.

Curiel 2009; Espinosa Miñoso 2014). Diese Perspektive verknüpfen wir im Buch mit einer feministischen Gesellschaftstheorie, deren Begrifflichkeiten in Abgrenzung zu bzw. feministischer Weiterentwicklung der ersten Generation der Kritischen Theorie oder im weiteren Sinne materialistischer Theorien verwendet werden. Welche Implikationen mit dieser Position einhergehen und wie wir feministische gesellschaftstheoretische Positionen, die auf eine Kritik eines gesamtgesellschaftlichen Zusammenhangs abzielen (Bhattacharya 2017; Knapp 2012; Speck 2018; Stögner/Colligs 2022), mit dekolonialen Positionen verbinden, werden wir in den folgenden Abschnitten skizzieren. Dabei ziehen wir insbesondere die Figur des Grenzaktivismus heran, die u. a. von Marcela Torres bereits an anderer Stelle entwickelt wurde (Kusche et al. 2021), und diskutieren sie mit methodischen Implikationen feministischer Gesellschaftstheorie (Becker-Schmidt 2017; Redecker 2020; Speck 2018), um den Blick auf innere Widersprüche in der Gesellschaft zu eröffnen und produktive Debatten anzustoßen. Dabei suchen wir auch nach möglichen Verbindungslinien in Theorie und Praxis, um Differenzen zu benennen und sie in einen produktiven Bezug zu setzen, statt selbige Debatten von vornherein als nicht kompatible Gegensätze zu verhandeln. In der Publikation »Europa verrücken – Kämpfe zwischen Kolonialität und Dekolonialisierung« (2021) gehen die Herausgeber*innen und Autor*innen der Frage nach den Möglichkeiten der Verflechtung von dekolonialen Kritiken im Kontext der Wissensproduktion und politischen Kämpfen in Europa nach. Dabei schlagen sie anknüpfend an Gloria Anzaldúas Überlegungen zu »Grenzpositionen« (1987) die Perspektive des Grenzaktivismus vor, da diese es ermöglicht, Transitzonen unterschiedlicher Art zu thematisieren. Dazu zählen etwa die Verwobenheiten von Ereignissen, die verschiedene geografisch-politische Räume gleichermaßen beeinflussen, die Prägung durch theoretische und politische Perspektiven aus dem Globalen Süden[24] wie auch dem Globalen Norden

24 Die Verwendung des Begriffs *Globaler Süden* und seines komplementären und gleichzeitig interdependenten Äquivalents *Globaler Norden* lässt sich nicht ausschließlich

oder die Zwischenpositionen, die sich in unserem Fall aus den Überschneidungen zwischen Aktivismus, akademischen Tätigkeiten und eigenen Biografien ergeben.[25] Der Begriff Grenzaktivismus vermag es folglich auch, die Erfahrung, sich gleichzeitig an verschiedenen Stand-

auf eine einzige Bedeutung reduzieren. Diese Begriffe können je nach Positionalität oder politischer Ausrichtung unterschiedlich verwendet werden. Jefferson Jaramillo Marin und Juan Pablo Vega Lugo beziehen sich in ihrem Text »Ethnographie aus und über den globalen Süden. Einführende Gedanken« (Etnografías desde y sobre el sur global. Reflexiones introductorias, 2013) auf mindestens drei Verwendungen. In der ersten wird der Globale Süden als »geografisches und sozioökonomisches Aggregat bestimmter Länder« (Jaramillo Marin/Vega Lugo 2013, 15) verstanden. Demnach wird er vor allem von multilateralen Organisationen wie der Weltbank, dem Internationalen Währungsfonds und der Interamerikanischen Entwicklungsbank verwendet, um Länder nach internationalen Entwicklungsindizes zu messen – in Machtzentren festgelegt, quantitativ und auf Wirtschaftswachstum ausgerichtet. Auf diese Weise werden die Länder als eine Gruppe zusammengefasst, die diese festgelegten Standards nicht erreicht haben oder erst auf dem Weg dahin sind. Der zweite Ansatz versteht Globalen Süden als »metaphorisches oder allegorisches Territorium« (ebd., 16). Diese Perspektive geht über ein geographisches Konzept hinaus, da sie die analytische Beschränkung des Denkens in geographischen Gebieten als homogene Räume der Unterdrückung oder Unterentwicklung ansieht. Im Gegensatz dazu »wird der Globale Süden hier als ein breites Spektrum von Bevölkerungsgruppen, Nationen, sozialen Sektoren, sozio-politischen Dynamiken und sozio-kulturellen Strukturen gesehen, die systematisch Praktiken und Diskursen der Beherrschung, Kolonisierung und Subalternisierung unterworfen waren, aber auch als gestaltende aktive Subjekte historischer Prozesse des postkolonialen Widerstands« (ebd., 16) fungieren. Diese zweite Konzeption basiert auf einem Spannungsverhältnis zwischen materiellen und symbolischen Prozessen von Beherrschung und Widerstand. Die dritte Idee bezieht sich auf den Globalen Süden als »Rahmen seines eigenen Denkens« (ebd., 18). Aus dieser Perspektive wird es möglich, eine Reihe von epistemologischen Konstruktionen zu verstehen, die relevant sind für die Kontexte, in denen sie entstehen. Sie sind situierter, nicht-essentialistisch und in der Lage, kritische analytische Betrachtungsweisen in Abgrenzung zu den eurozentrischen, universalistischen und binär-hierarchischen Kolonial/Moderne-Denkweisen zu generieren. In diesem Buch verwenden wir den Begriff des Globalen Südens in Anlehnung an die beiden letztgenannten Auffassungen und insbesondere an die dritte. Wir beziehen uns auf die Theorien und Praxen der Feminismen des Globalen Südens als kritische Perspektiven auf die patriarchale kapitalistische Ordnung und treten mit ihnen aus den von uns reflektierten und situierten Politisierungsstrategien in Dialog.

25 »Die Grenze in einem aktivistischen Kontext zu bewohnen bedeutet, in verschiedenen politischen Kontexten zu koexistieren und zu versuchen, diese Einflüsse durch die Entwicklung von Strategien auf lokaler Ebene zu übersetzen« (Kusche et al. 2021, 51).

orten zu bewegen, zu beschreiben, ebenso wie Migrationserfahrungen, in denen Erlernen und Verlernen permanente Aufgaben sind (do Mar Castro Varela 2010). Dazu zählen auch Mehrsprachigkeit, die Vielfältigkeit diskursiver Einflüsse und Kämpfe, an denen Aktivist*innen sich beteiligen, die Bildung und Stärkung von Allianzen auf den verschiedenen Ebenen, die diese Zwischenzonen ausmachen und durch die neue Räume für Wissensdialoge entstehen. Grenzaktivismus bezieht sich dezidiert auf das Bewegen in verschiedenen Welten, ein Bewegen, das uns dabei unterstützt, Unterdrückungsformen, Positionierungen und Spannungsverhältnisse zu identifizieren und offenzulegen und es uns auch ermöglicht, Verbindungslinien zu ziehen. Nicht nur für die Produktion dieses Buches, auch am ehemaligen Karlsplatz versammeln sich diese queer_feministischen Positionen und verweben sich auf eine solidarische, sich ergänzende Weise, die unserer Meinung nach eine zentrale Stärke der aktuellen Proteste darstellt.

Als Autor*innen dieses Buchs befinden wir uns u. a. in einer Grenzposition zwischen Wissenschaft und Aktivismus, wir lernen aus den Erfahrungen und der Arbeit als Aktivist*innen, und zugleich schreiben wir diesen analytischen Text auch als Wissenschaftler*innen.[26] Diese

26 Uns ist es wichtig, die beiden Bereiche Aktivismus und Wissenschaft nicht als getrennte und voneinander abgrenzbare Bereiche zu verhandeln, sondern als Orte, wo konstruierte Grenzen eingerissen und Verbindungslinien geschaffen werden können. Dabei geht es uns nicht darum, unseren Aktivismus als Rechtfertigung zu begreifen, sich aus einer akademischen Perspektive dem Thema zu nähern. Im Gegenteil wollen wir den Hierarchisierungen von Wissensproduktion, wie sie insbesondere im akademischen Feld (re)produziert werden, entgegenwirken und begreifen die Anerkennung der vielfältigen Weisen, Wissen zu produzieren, auszutauschen und weiterzuentwickeln als zentralen Bestandteil unserer Herangehensweise. Wissenschaftliche Auseinandersetzungen mit Femi(ni)ziden wären ohne den Aktivismus im Grunde genommen kaum denkbar und so profitieren Forscher*innen in mehrerlei Hinsicht davon. Ohne die Politisierung von Femi(ni)ziden durch Angehörige der Ermordeten und feministischen Bewegungen wäre das Thema kaum von der wissenschaftlichen Forschung aufgegriffen worden. Zahlreiche aktivistisch geprägte Begrifflichkeiten haben zudem Eingang in akademische Auseinandersetzungen mit der Thematik gefunden. Akademiker*innen greifen – auch wenn es nicht immer transparent gemacht wird – folglich aktivistisch generiertes

Grenzposition ist eine Bewegung an den Grenzen zweier gesellschaftlicher Felder, die insbesondere im Kontext der Frauen- und Geschlechterforschung seit jeher mit politischen, feministischen Bewegungen und Kämpfen verbunden ist (Villa/Speck 2020, 7). Die Perspektive der Chicana-Feminist*innen über die politische, kollektive Dimension von Wissensproduktion und ein fortwährendes Bewegen an Grenzen prägt dabei das vorliegende Buch. Von einer Grenze aus zu sprechen, zu schreiben, zu handeln, nahm Gloria Anzaldúa (1987) als Ausgangspunkt ihres Werks »Borderlines / La Frontera«, in dem sie ihre Erfahrungen u. a. als Lesbe an der mexikanisch-US-amerikanischen Grenze niederschrieb. In Abgrenzung zum westlichen Homogenisierungs- und Essentialisierungsanspruch innerhalb des Feminismus, also dem Versuch, sich auf die *eine* weibliche Erfahrung beziehen zu können, betont sie das stetige Bewegen und Handeln an der Grenze. Waren es für Anzaldúa vor allem sexuelle und territoriale Grenzen, so lesen wir ihre Theoretisierung zudem als Metapher für alle Formen des Überschreitens. Aus intersektionaler und dekolonialer Perspektive sind auch wir von bestimmten In-/Outsider*innen-Dichotomien (Heitger 2017, 8; Smith 2012, 138 ff.) je nach Kontext betroffen. Wir aber haben Zugang zur Sprache der Wissenschaft und damit gehen auch Privilegien einher (Villa/Speck 2020, 14). Wissenschaft und politischen Aktivismus betrachten wir demnach nicht vereinfacht als die gleichen politischen Felder: Die Bedingungen unterscheiden sich, und damit ebenso die Handlungs- und Wirkungsräume. In einem selbstreflexiven Sinne können und wollen wir aber unsere (politische) Involviertheit in die Kämpfe gegen patriarchale Gewalt nicht außer Acht lassen. Wir verstehen dabei die »Reflexion auf die Seinsgebundenheit und auf die Produktionsbedingungen von

Wissen auf, konzentrieren ihre Arbeiten auf die Er-/Beforschung der hinter den Protesten gegen Femi(ni)zide stehenden sozialen Bewegungen und beziehen sich dadurch auf ihr Erfahrungswissen. In diesem Sinne meint auch Lozano (2019, 15): »Thus, rhetorical scholar-activists should conceive of ›the field‹ as an open set of possibilities that are not predetermined but arise out of rhetorical exigencies to achieve scholar-activist goals.«

Wissen« (Villa/Speck 2020, 6) als ein Qualitätskriterium wissenschaftlicher Praxis. Ähnlich wie Max Horkheimer Kritische Theorie im Gegensatz zur Traditionellen Theorie zu bestimmen versucht, befinden wir uns in einer dialektischen Einheit von Theorie und Praxis, die sich gegenseitig bedingt, aber »nur als Konflikt« bestehen kann (Horkheimer 1988, 189 f.). Wir verorten uns in einer Theorietradition, die innerhalb der Analyse auch über das »Primat der Kämpfe« versucht, Gesellschaftskritik zu üben (Federici 2012; Gago 2021) – und in diesen Kämpfen überschreiten wir fortwährend (auch epistemologische) Grenzen.

Wenn wir im Buch von »Feministischer Gesellschaftstheorie« sprechen, betonen wir mit Gudrun-Axeli Knapp, dass es unmöglich ist, »Gesellschaftstheorie ohne Rekurs auf Geschlecht zu formulieren« (Knapp 1998, 43). Wir beziehen uns also auf feministische Weiterentwicklungen der sogenannten Kritischen Theorie, denn in den älteren Texten bleibt eine systematische Beschäftigung mit patriarchalen Strukturen und Geschlechterverhältnissen aus, oder es wird zumeist affirmativ oder abwertend auf »Weiblichkeit« oder »Familie« Bezug genommen (Umrath 2018). Für unseren Zugang zu Femi(ni)ziden ist aber die Betrachtungsweise von Gesellschaft und der kritische Zugang zu Wissensproduktion der Kritischen Gesellschaftstheorie relevant (Speck 2018; Stögner/Colligs 2022). Sarah Speck veröffentlichte 2018 einen Artikel mit drei Argumenten für eine Feministische Gesellschaftstheorie: Sie betont dabei erstens die sozialtheoretische Orientierung der Theorie, die auch für unsere Analyse von Femi(ni)ziden zentral ist. Diese legt den Fokus der Betrachtung auf eine kritische Analyse gesamtgesellschaftlicher Zusammenhänge und versucht so, der Komplexität und Dynamik verschiedener Herrschaftsmechanismen gerecht zu werden. Das bedeutet nicht, alle Erfahrungen zu universalisieren oder sie einer Analyse eines totalitären kapitalistischen Zusammenhangs unterzuordnen. Vielmehr hilft uns diese Betrachtungsweise zu begreifen, in welchem Zusammenhang unsere unterschiedlichen, in einem globalen Kapitalismus gemachten Erfahrungen zueinander stehen. Wir suchen nach den Relationen und den Beziehungen zueinander in einem gesellschaftlichen Ganzen, jenen Nah- und Fernbeziehungen (Adamczak 2017), die uns auf den ersten Blick nicht ersichtlich sind. Dies erlaubt uns, die Erfahrungen patriarchaler Gewalt, die wir voneinander isoliert und auf uns selbst gestellt erleben, in Bezug zueinander zu setzen. Zentral für ein aktuelles Verständnis ist es dabei, »die großen Fragen der Funktions- und Reproduktionsweise einer Gesellschaftsformation« (Aulenbacher 2015, 13 f.) in Intersektionen verschiedener Herrschaftslogiken zu analysieren. Diese Form des Begreifens eines komplexen Ganzen vollziehen wir in der Femi(ni)zid-Politisierung und unseren dazu notwendigen Analysen, wenn wir beispielsweise entscheiden, ob und aus welchen Gründen wir auf die Straße gehen (siehe Kapitel 4 und 5).

Die angesprochene Komplexität erfordert nach Speck zweitens eine Form des Denkens in Widersprüchen. Diese Art des Denkens zuzulassen, produziert zwar Unsicherheiten, kann aber sehr produktiv sein, da sie den konstitutiven Zusammenhang komplexer Entwicklungen – auch hinsichtlich der Gleichzeitigkeiten in der Entwicklung von Geschlechterverhältnissen – in den Blick nimmt und Widersprüche in der gesellschaftlichen Struktur selbst sichtbar macht. Diesem Aspekt probieren wir insbesondere im dritten Kapitel dieses Buches gerecht zu werden.

Drittens argumentiert diese Position für die Notwendigkeit der Reflexion und Offenlegung des eigenen (normativen) Standpunkts. Damit einher geht eine bereits 1929 von Horkheimer formulierte Ablehnung eines vermeintlichen Objektivismus in der Wissenschaft, ein hohes Maß an Selbstreflexion in der Anwendung »auf die eigene Theoriebildung, ihre Bedingungen und ›Situiertheit‹« (Speck 2018, 65). Diese Reflexivität ist wichtiger Teil des Prozesses der kritischen Selbsterkenntnis in Bezug auf die Auswirkungen unserer Herangehensweise an die Wissensproduktion und Offenheit für die Herausforderung, die dieser Prozess darstellt (Smith 2012, 168). Mit Fragen nach der eigenen Positioniertheit und auch einer Kritik am *weißen*[27], bürgerlichen, heteronor-

27 Der Begriff *weiß* bezieht sich nicht auf eine Hautfarbe, sondern zielt darauf ab, die gesellschaftspolitischen Machtpositionen als Ergebnis rassifizierender Konstruktio-

mativen und cis-orientierten Feminismus müssen sich insbesondere Feminist*innen stets neuen Reflexionen und möglichen Transformationen stellen, um kritisch zu bleiben. Eine Dimension dieses Ansatzes bezieht sich auf die Reflexion der begrifflichen Kategorien, mit der wir versuchen, Gesellschaft zu verstehen. Dabei gilt es, das, was uns als natürlich erscheint (beispielsweise eine binäre Geschlechterordnung), als gesellschaftlich geworden und somit veränderbar auszuweisen. Jene Postulate der Reflexivität sowie des Denkens in Widersprüchen und Ambivalenzen prägen unserer Meinung nach eine dekoloniale Perspektive – dem Zusammenhang wird aber zumeist wenig Bedeutung geschenkt. Darüber hinaus stellt eine dekoloniale Perspektive die modernen Begriffe und Konzepte der (Feministischen) Kritischen Theorie selbst auf den Prüfstand. In diesem methodologischen Nexus verorten wir auch den Feministischen Streik, in dem Theorie und Praxis zusammenfließen. Dieser kann nochmal verdeutlichen, wie wir eine dekoloniale gesellschaftstheoretische feministische Perspektive begreifen.

nen sicht- und benennbar zu machen. Die Bezeichnung *Weißsein* möchte auf die normalisierenden Vorstellungen und Zuordnungen in unterschiedlichen historischen und gesellschaftlichen Kontexten hinweisen, sowie auf die damit verbundenen Privilegien, Dominanzerfahrungen und die Anwendung von Maßstäben zur Beurteilung, wer *weiß* oder *nicht-weiß* ist. Das Dokumentationszentrum für Antirassismusarbeit drückt es folgendermaßen aus: »Die Bezeichnung *weiß* dient also dazu, diese in der Regel unmarkiert bleibende Positionierung *weißer* Menschen – mit ihren in der Regel für sie unsichtbaren Folgen – sichtbar zu machen. Erst dadurch lassen sich bestehende Machtverhältnisse und Normalitätsvorstellungen beschreiben, analysieren, reflektieren und verändern, ohne dass Positionierungen als natürliche Eigenschaften von Menschen erscheinen. Um diese Zusammenhänge deutlich zu machen, wird in diesem Glossar *weiß* stets kursiv gesetzt. Andere Autor:innen schreiben das Adjektiv in Analogie zu Schwarz groß. Ebenso wie bei IDA schreiben wir daher auch hier den Begriff weiß kursiv und den Anfangsbuchstaben klein.« IDA (o. J.): »Glossar«. URL: https://www.idaev.de/recherchetools/glossar?tx_dpnglossary_glossary%5Baction%5D=list&tx_dpnglossary_glossary%5Bcontroller%5D=Term&tx_dpnglossary_glossary%5BcurrentCharacter%5D=W&cHash=3e14a00e66a50d3e9dcd62e2a55de2ef

Der Feministische Streik als Perspektive

Wie im ersten Kapitel bereits deutlich wurde, ist die Politisierung gegen patriarchale Gewalt nicht ohne den Kontext der Feministischen Streiks u. a. in Lateinamerika und der Karibik zu verstehen. Erinnert der Begriff Streik erstmal an Arbeitskämpfe, werden mit der Methode des Feministischen Streiks Zusammenhänge sichtbar gemacht, die davon nicht zu trennen sind: so auch globale vergeschlechtlichte Arbeitsverhältnisse und patriarchale Gewalt. Auch für die feministischen Kämpfe hier in Wien, die wir zum Ausgangspunkt unserer Überlegungen nehmen, ist der Streik ein wichtiger Bezugspunkt. Zudem werden die hiesigen Kämpfe maßgeblich von Feminist*innen aus der lateinamerikanischen Diaspora mitgetragen. In Anlehnung an die Aktivistin und Soziologin Verónica Gago können wir den Feministischen Streik als Linse betrachten, »als spezifischen Blickwinkel, um aktuelle Probleme, die die feministische Bewegung anspricht, einzuordnen« (Gago 2021, 13). Sie meint damit eine Linse in einem doppelten Sinne: in einem analytischen Sinn, indem der Streik erkennen lässt, wie bestimmte Formen der Arbeit und Wertproduktion unsichtbar gemacht werden und mit patriarchaler Gewalt zusammenhängen. Und in einem praktischen Sinn, weil sich nach Gago im Streik die Weigerung ausdrückt, diese Unsichtbarkeit zu akzeptieren und »die Schranken dessen, was wir sind, was wir tun und was wir uns wünschen, zu hinterfragen und zu überwinden« (ebd., 14).

In seiner Genealogie ist der Feministische Streik demnach nicht von den Kämpfen gegen patriarchale Gewalt und Femi(ni)zide zu trennen. Vielmehr ist der Streik auch Kampf gegen patriarchale Gewalt und konstituierte sich mit dem Slogan »Ni una menos« oder auch »Ni une menos«, auf Deutsch: »Keine* einzige* weniger«, als inklusivere Weiterentwicklung.[28] »Der feministische Streik folgt der Genealogie, die

28 Dieser Slogan spielt auch in der Politisierung und Entwicklung von Claim the Space eine zentrale Rolle.

bei der Maquila[29] beginnt, und bringt damit das Bedürfnis zum Ausdruck, über jene Körper zu trauern, die nur als Abfolge von Leichen sichtbar werden, von Entsetzen umgeben, stets anonym, die in jedem Femizid in Lateinamerika mitschwingen« (ebd., 30). Verschiedene Orte der Produktion und Reproduktion werden mit dem Streik als Ort der Arbeit sowie der Gewalt ausgewiesen.

Der Feministische Streik ist dabei nicht singuläres Ereignis, sondern Prozess. Wie Gago ausführlich nachzeichnet, realisiert sich dieser in der Organisierung, im Gespräch, im Aufbau eines gemeinsamen Netzwerkes, in der Koordination, in der Versammlung, etc. – auf Grundlage eines gemeinsamen Handelns (Gago 2021, 20). All das wird mit und in Claim the Space kontinuierlich versucht – das vorliegende Buch ist nur ein kleiner Bestandteil davon. Vor allem aber produziert »der Streik Intersektionen zwischen Kämpfen und erzeugt transnationale Verbindungen [...], indem die Gewalt gegen Frauen und feminisierte Körper mit Formen der Ausbeutung der Arbeitskraft, Polizei- und Staatsgewalt und Angriffen von Unternehmen auf gemeinsame Ressourcen in Zusammenhang gesetzt wird« (ebd., 28). Genau dieser Zusammenhang wird, wie sich in Kapitel 3 noch detaillierter zeigt, von zahlreichen Autor*innen in der Literatur über Femi(ni)zide aufgegriffen, beispielsweise wenn Nina Maria Lozano (Lozano 2019, 57) auf die Verwobenheit patriarchaler Unterdrückungsdynamiken hinweist: »In addition to the disposability of the female body inherently linked to its capital worth, neoliberal economic forces collide with gendered cultural discourses.« Auch Melissa W. Wright zeigt in »A Manifesto against Femicide« nicht

29 Die Begriffe Maquila oder Maquiladora kommen aus dem Spanischen und bezeichnen Fabriken im Niedriglohnsektor im Norden Mexikos und in Mittelamerika, die zumeist in zollfreien Produktionszonen (Zona Franca) ab den 1970ern errichtet und durch die NAFTA-Freihandelszone (1994) weiter ausgebaut wurden. Vor allem (Binnen-)Migrant*innen werden in den entsprechenden Fabriken unter besonders schlechten Arbeits- und Lebensbedingungen ausgebeutet. Dazu zählen mangelnde Arbeitsrechte und Gesundheitsversorgung, hohe körperliche und gesundheitliche Belastung sowie sexualisierte Übergriffe und Gewalt.

nur auf, wie die Produktionsverhältnisse in Ciudad Juárez »the disposable woman« (Wright 2011, 554) geschaffen haben, sondern versucht auch, mit der Vorstellung aufzuräumen, »that sexual assault centers and labor groups have explicitly distinct projects« (ebd., 553). Erst wenn politische und geographische Sphären miteinander verbunden werden, »perhaps some precious progress could be made toward the elusive endeavor of cross-border activism« (ebd., 564).

Die Perspektive des Feministischen Streiks bewegt sich im Spannungsfeld von konkreter verkörperter Erfahrung und struktureller Kritik. Mit dem Herstellen von und Verweisen auf gesellschaftliche Zusammenhänge wirft der Streik innerhalb einer gesellschaftlichen Totalität die Frage nach der konkreten Erfahrung auf: »Was ist dein Streik?« (Precarias a la deriva 2014) – und vereint so das Bewegungsmoment der Verallgemeinerung und der Konkretisierung. Auch in der Politisierung patriarchaler Gewalt erleben wir diese Bewegungen: Wir können die Erfahrung von Gewalt verallgemeinern, Zusammenhänge zwischen dem Erlebten herstellen, und zugleich lernen wir voneinander und begreifen die Spezifität der auch recht unterschiedlichen Erfahrungen. Damit geht unseres Erachtens auch die Verknüpfung von dekolonialen und gesellschaftstheoretischen feministischen Positionen einher, von denen wir auf die gesellschaftlichen Verhältnisse und ihre inneren Widersprüche blicken. Die zentralen Postulate der Selbstreflexivität, des spannungsvollen Verhältnisses von Analyse und Kritik sowie das Anerkennen gesellschaftlicher Widersprüche finden sich dabei in beiden epistemologischen Brillen wieder. Die Linse des Feministischen Streiks unterstützt uns dabei, die vermeintliche Natürlichkeit der sozialen Kategorien, mit denen wir patriarchale Gewalt in einem globalen kapitalistischen System fassen und bekämpfen wollen, fortwährend zu hinterfragen, um die Komplexität des Ganzen immer mehr begreifen zu können und nicht in vereinfachte Annahmen zu verfallen. Sie ermöglicht uns, Analyse und Kritik als Prozess zu verstehen, der unsere Denk- und Handlungskategorien stets auf den Prüfstand stellt.

Femi(ni)zide als analytische Perspektive

Innerhalb der eben beschriebenen methodologischen Koordinaten nehmen wir Femi(ni)zide zum Ausgangspunkt unserer Analyse und Kritik. Wir beschreiben damit den gesellschaftlichen Normalzustand, in dem die Alltäglichkeit patriarchaler Gewalt zur Grundlage unserer Politisierung wird. Segatos (2021) analytische Perspektive beschreibt die verschiedenen Mittel, Handlungen und Praktiken, durch die sich die Gesellschaft daran gewöhnt hat, das Lebendige und die Vitalität der Dinge und Wesen in Wegwerfobjekte zu verwandeln, ohne dass dadurch Empathie für das Leiden des Anderen geweckt wird. Es sind die feministischen Organisationsformen, die durch ihre Prozesse und Strategien der Politisierung einen Widerstand zu diesem »Mandat der Männlichkeit« bilden, und zwar durch das, was sie als »Gegenpädagogiken der Grausamkeit« bezeichnen. Anknüpfend an Segato hinterfragt unsere Perspektive feministischer Kritik Institutionen, Begriffe und Konzepte, die innerhalb einer gesellschaftlichen Ordnung als Normen gelten und so diese Gewalt ermöglichen und herstellen bzw. selbst Gewalt sind: die bürgerlich heteronormative Familie, der rassistische Nationalstaat oder die binär-hierarchische Geschlechterordnung. Diese Perspektive ist insofern produktiv, da sie es vermag, Zuschreibungen und gesellschaftliche Strukturen zu benennen, die sich, in recht unterschiedlicher Weise, auf alle Menschen beziehen. Eine Perspektive der Kritik, die den gesellschaftlichen (gewaltvollen) Normalzustand in den Blick nimmt, war auch für die Politisierung von Femi(ni)ziden in Wien zentral. So ist es ein erklärtes politisches Ziel, einer diskursiven Verdrängung von Gewalt an die sogenannten »Ränder der Gesellschaft« entgegenzuwirken – entgegen den üblichen rassistischen, klassistischen und ableistischen (Selbst-)Vergewisserungen, Gewalt habe nichts mit einem selbst zu tun, sondern sei das Problem von als »anders« markierten Menschen. Mit der Politisierung jedes einzelnen Femi(ni)zids, der in Österreich durch die Medien bekannt wird, wird die Alltäglichkeit patriarchaler Gewalt als Teil der österreichischen (oder europäischen) Gesellschaft sichtbar auf die Straße gebracht. Von politischen Akteur*innen kennen wir das nur, wenn sich die Täterbiografien rassistisch oder klassistisch instrumentalisieren lassen. Diese Externalisierungsmechanismen, die meist mit Pathologisierungen und Individualisierungen der Taten einhergehen, beobachten wir auch bei vielen vermeintlich kritischeren Bezugnahmen auf Femi(ni)zide – dazu mehr im Kapitel 3.

Indem wir beispielsweise die bürgerliche Familie als gesellschaftliches Ideal benennen und kritisieren, wollen wir auch aufzeigen, dass dieses Ideal nur für wenige Menschen (auch historisch) realisierbar ist (wenn wir beispielsweise an die Lebensformen von Arbeiter*innen mit und ohne Migrationserfahrung denken). Kein Mensch kann dabei permanent dieses Ideal leben, viele Körper sind davon ausgeschlossen oder können und wollen diesen idealisierten Lebensformen überhaupt nicht entsprechen. Gerade als feministischer Debattenbeitrag gilt es demnach, migrantische, trans und queere Perspektiven ebenso zum Ausgangspunkt der Analyse zu machen, um patriarchale Gewalt adäquat fassen zu können. Zudem verstehen, benennen und kämpfen wir als Autor*innen auch von unseren situierten Körpern ausgehend, die von diversen Brüchen und Erfahrungen patriarchaler Gewalt an den Grenzen geprägt sind.

Der Begriff Femi(ni)zid vermag eine Kritik an der modernen bürgerlichen Gesellschaft und ihrer vergeschlechtlichten Zurichtung mit subversiven Potentialen jener Lebensformen, die sich ebendieser Zurichtung in bestimmten Kontexten entziehen, zu vermitteln. Entgegen weit verbreiteter liberaler Begriffsverwendungen von Femi(ni)zid bedarf es aber einer anti-essentialistischen und anti-identitären feministischen Perspektive, die Geschlecht(erverhältnisse) radikal hinterfragt. Das bedeutet auch, selbstkritisch zu sein, und die uns eingeschriebenen Normen (sowohl *weiße* Normen als auch Heteronormen oder normierte Vorstellungen von »funktionierenden« oder »gesunden« Körpern) in einem permanenten Prozess des Verlernens zu hinterfragen. Das bedeutet ebenfalls, sich mit dem Begriff des Femi(ni)zids nicht zu sicher zu sein, sondern ihn ständig auf Ausschlüsse zu befragen, was wir mit dem Buch anregen möchten. So basiert der Begriff Femi(ni)zid beispielsweise auf dem Wortstamm »feminin«. Dies führt zu zwei vereinfachten (Nicht-)Verwendungen des Begriffs:

Die erste Problematik, die der Begriff Femi(ni)zid in sich trägt, besteht darin, ihn vereinfacht als »Mord an Frauen aufgrund ihres Frauseins« zu begreifen, die Betroffenen der Gewalt also zu essentialisieren (und so erneut gewaltvolle Strukturen zu reproduzieren). Dabei soll der Begriff doch genau auf die spezifische vergeschlechtlichte Gewalt, die eben feminisierte, als Frauen gelesene Körper betrifft, verweisen. Rosa-Linda Fregoso und Cynthia Bejarano betonen die Konstruiertheit des »Femininen« im Begriff Femi(ni)zid: »[W]e draw from a feminist analytical perspective that interrupts essentialist notions of female identity that equate gender and biological sex and looks instead to the gendered nature of practices and behaviors, along with the performance of gender norms. As feminist thinkers have long contended, gender is a socially constructed category in which the performance of gender norms (rather than a natural biological essence) is what gives the meaning to categories of the ›feminine‹ and ›masculine‹« (2010, 3).

Die zweite, unseres Erachtens vereinfachte Ablehnung des Begriffs, um der Reproduktion des vermeintlich essentiell »femininen« entgegenzuwirken, trägt wiederum dazu bei, hinter das politische Ziel des Begriffs – Geschlechterverhältnisse zu benennen – zurückzufallen und damit eine Unsichtbarmachung von vergeschlechtlichten Dimensionen in ihren binär-hierarchischen und wirkmächtigen Konstitutionen fortzuschreiben.

Beide Positionen verschließen das emanzipatorische, über das Bestehende hinausweisende Potential der Benennung und Politisierung von Femi(ni)ziden, das wir in den folgenden Kapiteln diskutieren werden. Im Anschluss an Celia Amorós Puente folgen wir im Buch – und so begreifen wir auch den politischen Kampf auf der Straße – dem Postulat »konzeptualisieren heißt politisieren« (Amorós Puente 2008), in dem Sinne, dass wir versuchen, die Gewaltförmigkeit von aktuellen

Geschlechterverhältnissen zu benennen und den Begriff so für einen politischen Kampf zu nutzen (Bejarano/Fregoso 2010, 3; Caputi/Russell 1992, 15).

Mit der Benennung bewegen wir uns also in einem unauflösbaren Spannungsfeld, das permanenter Reflexion unterzogen werden muss. Gerade in feministischen Diskussionen um patriarchale Gewalt und Femi(ni)zide schleicht sich oft die Gefahr der Homogenisierung von Erfahrungen ein, die es verunmöglicht, die Spezifität der unterschiedlichen Abhängigkeiten – beispielsweise als migrantische Frau, als nichtbinäre Arbeiter*in – zu analysieren. Die Herausforderung besteht darin, Herrschaftsstrukturen zu benennen, auch Geteiltes in den Erfahrungen erlebbar zu machen und als Ausgangspunkt der Politisierung zu setzen, ohne selbige zu essentialisieren. Anknüpfend an Anzaldúas Konzept der Grenze versuchen wir mit unserer Begriffsverwendung auf »[...] those who cross over, pass over, or go through the confines of the ›normal‹« (Anzaldúa 2012, 3) zu fokussieren. Wir lesen Anzaldúas Figur an der Grenze aber als eine, die nicht festschreibt, wer sich (wann) an dieser befindet. Mit gesellschaftstheoretischen Begriffen gefasst, würden wir sagen, dass alle Menschen »Risse« in ihrer Zurichtung erfahren (Becker-Schmidt 2017). Christine Klapeer betont in der Auseinandersetzung mit Anzaldúas Theorie ebenfalls die anti-essentialistische und doch materialistische Perspektive: Sie »konzeptionalisierte (queere) Theorieproduktion als subversive und transformative Praxis, in der das eigene, körperlich-materielle ›Selbst‹ als Referentin und Bezugspunkt von Theorie(n) und damit als aktiv politisch Handelnde gefasst wird, jedoch ohne Körper als kohärent oder stabil festzuschreiben« (Klapeer 2015, 24 f.). Klapeer schreibt gar von einer »Universalisierung einer verqueer-ten Form des Lesbischen/Weiblichen« (ebd., 27), die uns neue Perspektiven für das Begreifen patriarchaler Gewalt und Femi(ni)zide eröffnet. Wie verstehen wir also eine Kritik an patriarchaler Gewalt und Femi(ni)ziden, wenn wir davon ausgehen, dass, wie Lugones es formuliert, »[...] everyone in capitalist Eurocentred modernity [...] both raced and gendered« (Lugones 2007, 192) ist? Wie können wir die wirkmächtigen Normen der Gesellschaft benennen und kritisieren und zugleich uns alle an Grenzen markieren, die permanent überschritten werden (sollen und können)? Können wir die Transitzonen, die Position der Grenze, die Anzaldúa beschreibt, universalisieren? Eine Analyse von Femi(ni)ziden erscheint uns als produktiver Ausgangspunkt.

3. FEMI(NI)ZIDE IM KONTINUUM PATRIARCHALER GEWALT

Im folgenden Kapitel wollen wir anhand der Genese der Begriffe *Femizid, Feminizid, Femi(ni)zid* einen Übersetzungsversuch formulieren. Wir teilen Überlegungen zum Begriff des Femi(ni)zids für den hiesigen deutschsprachigen Kontext, schreiben Diskussionen nieder, grenzen uns von Erklärungsversuchen ab und eröffnen wieder neue Perspektiven. Wir stellen uns dabei die Fragen: Welche Bedeutung kann das Konzept *Femi(ni)zid* für den europäischen und deutschsprachigen Kontext haben? Welche Herausforderungen gehen mit einem solchen Versuch der Übersetzung einher? Welche verschiedenen Dimensionen patriarchaler Gewalt können wir benennen, welche bleiben unsichtbar? Was sind die gesellschaftlichen Bedingungen, die dieses Kontinuum von Gewalt hervorbringen und stabilisieren? Und was können wir diesen gewaltvollen, normalisierten Bedingungen mit der Benennung als *Femi(ni)zid* entgegenstellen?

In diesem Kapitel versuchen wir in einem ersten Teil, andere vorangegangene Bestimmungsversuche miteinzubeziehen und von diesen zu lernen, um den Begriff in einen spezifischen, von intersektionalen Ungleichheitsstrukturen durchzogenen Kontext zu übersetzen, das heißt, den Begriff zu situieren. Darauf aufbauend formulieren wir unsere eigene Arbeitsdefinition. In einem zweiten Teil fokussieren wir uns auf die politische Dimension des Begriffs und diskutieren zwei aktuelle Analysen über Femi(ni)zide, ihre Potentiale sowie Ambivalenzen. Anschließend daran explizieren wir im dritten Teil dieses Kapitels, was die Gewaltförmigkeit binär-hierarchischer Geschlechterverhältnisse im

Zusammenhang mit der Beherrschung und Objektifizierung bestimmter feminisierter und/oder rassifizierter Körper meint. Gewalt verstehen wir dabei nicht außerhalb des Geschlechterverhältnisses, die (Wieder-) Herstellung dieses Verhältnisses ist per se gewaltvoll. Dabei analysieren wir erstens, in welches Verhältnis Geschlechter zueinander gesetzt werden und inwiefern hier von einer gewaltvollen/patriarchalen Zweiteilung der Welt gesprochen werden kann, die über kapitalistische Arbeitsteilung und bürgerliche Institutionen abgesichert wird. Zweitens führen wir aus, wie sich diese Teilung über Macht und Kontrolle anhand von kapitalistischen und neo-kolonialen Eigentumslogiken erhält. Zuletzt, in einem vierten Teil dieses Kapitels, fragen wir explizit nach den Relationen zwischen verschiedenen Gewalt- und Herrschaftsverhältnissen, um Femi(ni)zide aus intersektionaler Perspektive begreifen und bekämpfen zu können. Damit sollen Möglichkeiten des gemeinsamen Widerstands und der Solidarität eröffnet werden.

Übersetzungsversuche in den deutschsprachigen Kontext: Femi(ni)zid als politischer Begriff

Eine intersektionale feministische Perspektive auf Femi(ni)zide setzt voraus, dass die Besonderheiten der jeweiligen Kontexte, die verschiedenen Formen von gewaltvoller Subjektivierung in ihren lokalen und historischen Ausprägungen sowie ihre globalen strukturellen Dimensionen berücksichtigt werden. Es ist daher nicht verwunderlich, dass sich Bezugsrahmen und Begriffsbestimmungen je nach Kontext unterscheiden und teilweise auch kontroverse Debatten dadurch angestoßen werden. Geschlechtsbezogene Gewalt kennt zwar keine Grenzen und erstreckt sich über unterschiedlichste geographische Räume, die Bemühungen aber, konkrete Artikulationen der Gewalt in ihrem intersektionalen kapitalistischen Zusammenhang zu verstehen und sich ihnen zu widersetzen, haben einen situierten Charakter. Das bedeutet, dass analytische Elemente und Bezugspunkte, die zu anderen Zeitpunkten und in differierenden Kontexten konzipiert wurden, aufgenommen, übersetzt und in die lokalen Kontexte transportiert werden, um dadurch die Analyse mit konkreten Körpern, Erfahrungen, Erwartungen, Ressourcen, Werdegängen und Erinnerungen zu verknüpfen (Gago 2021, 4). Gerade deshalb möchten wir in diesem Kapitel Versuche einer Übersetzung in den österreichischen bzw. deutschsprachigen Kontext formulieren und sichtbar machen.

Die Übersetzung des Konzepts ist auf mehreren Ebenen herausfordernd, insbesondere da sich viele konzeptionelle Texte auf die juristische Dimension des Begriffs sowie den spezifischen mexikanischen Kontext bzw. konkreter noch den Kontext und auch die Politisierung in Ciudad Juárez beziehen. Beispielsweise das in Kapitel 1 erläuterte, so zentrale Element der Straffreiheit der Täter (Lagarde 2017) ist in Österreich (bzw. im gesamten deutschsprachigen Raum) vor einem anderen rechtlichen und gesellschaftlichen Hintergrund zu diskutieren. Der strafrechtliche Rahmen und die Komplizenschaft des Staates sind zwar ebenso relevant für das Verständnis von Femi(ni)ziden, aber in ganz unterschiedlicher Weise. So wird beispielsweise in Österreich nur ein Bruchteil der Gewalt im sozialen Nahraum angezeigt und nur ein kleiner Teil der angezeigten Delikte führen zur Verurteilung der Täter. Bürgerliche Gewaltbegriffe, die viele Facetten vergeschlechtlichter Gewalt nicht fassen können, misogyne Vorannahmen über von Gewalt betroffene FLINTAs durch Behörden und Gerichte, die im vermeintlich Privaten oft fehlenden Beweise (bzw. Beweissicherungen) und Zeug*innen erschweren strukturell die wirkungsvolle staatliche Verfolgung vergeschlechtlichter Gewalt. Es gibt hierzulande umfassende Gewaltschutzgesetze, Opferschutzeinrichtungen problematisieren aber vor allem die mangelhafte Umsetzung.

Im Buch »Terrorizing Women« (2010) formulieren Rosa-Linda Fregoso und Cynthia Bejarano einige Überlegungen zur Übersetzung aus dem lateinamerikanischen und karibischen Kontext für die USA: »[I]n the process of borrowing the concept and adapting it to local circumstances, we have generated new understandings about feminicide« (Bejarano/Fregoso 2010, 5). Die Autor*innen erweitern den Begriff vor allem hinsichtlich der zugrundeliegenden Macht- und Herrschaftsstrukturen und realisieren damit auch eine intersektionale Analyse von Femi(ni)ziden: »[T]he focus of our analysis is not just on gender but also on the intersection of gender dynamics with the cruelties of racism and economic injustices in local as well as global contexts« (ebd.).

Mit unserer Arbeitsdefinition knüpfen wir an die in Kapitel 1 skizzierte Begriffsgeschichte, an Lagardes begriffliche Erweiterungen sowie Fregosos und Bejaranos Übersetzung an, die sich auf die sozialen und gesellschaftlichen Bedingungen, in denen Femi(ni)zide verübt werden, beziehen und die wir für die Diskussion im deutschsprachigen Kontext produktiv finden.

Als Definitionsversuch halten wir fest, dass Femi(ni)zide geschlechtsbezogene Morde sind, die vor dem Hintergrund binär-hierarchischer Geschlechterverhältnisse verübt werden. Diese sind nur in Zusammenhang mit intersektionalen Macht-, Herrschafts- und Dominanzstrukturen zu verstehen, in denen vergeschlechtlichte Gewalt für Frauen, Lesben, inter, nichtbinäre, trans und agender Personen (FLINTAs) – auf verschiedene Weise – eine Alltäglichkeit darstellt. Mit dem Begriff Femi(ni)zid verweisen wir demnach auf ein Kontinuum patriarchaler Gewalt, in dem wir verbale, psychische und physische Gewalt, ökonomische Gewalt, misogyne, sexistische, queer-feindliche Gewalt, Gewalt, die sich gegen trans, inter, nichtbinäre, agender oder nicht-ableisierte Personen richtet, normierende und vergeschlechtlichte Gewalt verorten. Das Spektrum patriarchaler Gewalt ist breit, der Femi(ni)zid ein Teil davon. Unter anderem Lagarde und Segato sprechen daher auch von femi(ni)zidaler Gewalt[30], um, wie Dyroff et al. (2020, 10) betonen, »die

30 Die Autor*innen sprechen von femizidaler oder feminizidaler Gewalt. Teil unserer Übersetzungsarbeit und Rezipierung besteht auch darin, den Begriff in unserem Kontext

Gesamtheit an Gewaltformen zu fassen, die Frauen* [FLINTAs, Anm.] gesellschaftlich überhaupt in eine Position bringen, in der sie umgebracht werden, bei Unfällen sterben oder sich selbst umbringen«. Im Sinne Carol Hagemann-Whites (1992, 10), die die Gründung des ersten Frauenhauses in West-Berlin wissenschaftlich begleitete, verstehen wir Gewalt nicht als Verletzung einer Norm, sondern als »Normverlängerung«. In unserer Analyse von Femi(ni)ziden fokussieren wir darauf, die Normalität der Gewalt im Geschlechterverhältnis zu benennen und die vermeintliche Natürlichkeit von sozialen Kategorien wie Geschlecht zu hinterfragen. Femi(ni)zide sind, anknüpfend an Fregoso und Bejarano (2010, 5), »both private and public«, sie sind also immer Teil staatlicher und gesellschaftlicher Strukturen, die diese Taten ermöglichen, stützen, hervorbringen oder schützen. Femi(ni)zide sind keine Einzelfälle, sondern Teil systemischer Gewalt, d. h. Ausdruck sozialer, politischer, ökonomischer und kultureller Ungleichheiten (ebd.). Als »crime against humanity« (Lagarde 2010, xv) stellen Femi(ni)zide ein politisches Problem dar, das wir intersektional, also in seiner Verwobenheit mit unterschiedlichen antisemitischen, rassistischen, ableistischen Ausbeutungs- und Herrschaftsstrukturen und neokolonialen globalen Arbeitsverhältnissen, im gesellschaftlichen Gesamtzusammenhang zu begreifen und zu bekämpfen versuchen. Indem wir uns auf die strukturelle Dimension der Gewalt und ihre Normalität fokussieren, entziehen wir keinesfalls den Akteur*innen ihre Verantwortung und Handlungsmacht. Im Gegenteil sind wir der Überzeugung, dass Femi(ni)zid, wie in Kapitel 2 bereits ausgeführt, ein Verständnis von vergeschlechtlichter Gewalt eröffnet, das konkrete Erfahrungen in Relation zu strukturellen Verhältnissen setzt.

Mit der Verwendung und Politisierung des Begriffs Femi(ni)zid suchen wir – anknüpfend an viele Feminist*innen weltweit – nach

zu diskutieren und Debatten hinter dem Begriff explizit zu erwähnen, deswegen sprechen wir von femi(ni)zidaler Gewalt.

Begriffen, um die gewaltvolle Realität passender beschreiben zu können.[31] Die Benennung patriarchaler Gewalt hilft uns außerdem dabei, sie zu bekämpfen. Den Begriff Femi(ni)zid als Werkzeug zu haben, bedeutet aber nicht, dass es sich um ein neues »Phänomen« handelt. Für den mexikanischen Kontext beschreibt Paulina García-Del Moral (2016, 1025), »that activists used feminicidio as a radical frame to make visible a reality that existed before, but had not been named«.

Eine zentrale Dimension patriarchaler Gewalt besteht darin, dass sie nicht beim Namen genannt wird. Sie wird damit permanent unsichtbar gemacht. Betroffenen wird das Gefühl vermittelt, sie müssten mit dieser Gewalt klarkommen, sie sei »normal« oder aber, sie seien mit der Situation allein oder selber schuld. Dementsprechend führt die Nichtbenennung zur Vereinzelung oder Privatisierung von Gewalt. Anknüpfend an Segato versucht das Kollektiv Las Tesis in ihrer weltweit bekannt gewordenen Performance »Un violador en tu camino« (»Ein Vergewaltiger auf deinem Weg«) genau darauf hinzuweisen: »Und die Schuld liegt nicht bei mir, wo ich war, oder was ich trug – der Vergewaltiger bist du! […] Es ist Femi(ni)zid!«[32] Der Begriff Femi(ni)zid wird demnach benutzt, um einerseits die Gewaltförmigkeit der konkreten Taten und auch die Täter zu benennen und andererseits ein strukturelles Phänomen zu beschreiben, das gesellschaftlich entnannt wird. »Die Reproduktionsmechanismen von Gewaltverhältnissen werden dadurch entthematisiert und entpolisiert und als quasi naturhafte, unveränderbare Realität dargestellt«, schreiben Carina Maier und Ines Höckner (2020). Amorós Puente bezeichnet die Benennung als Femi(ni)zid als einen qualitativen Sprung, um den Übergang von vereinzelten

31 Dies folgt einem Verständnis von »Begriff«, das davon ausgeht, dass begriffliche Fassung und reale Konstitution nie direkt in eins fallen können, aber in der begrifflichen Analyse, im Identifizieren von Realität auch ein Potential für Kritik verortet (Jung 2015). Begriffe sind dabei stets umkämpft, müssen fortwährender Reflexion unterzogen werden und können keineswegs abgeschlossene Ergebnisse abbilden.

32 So lauteten die Textzeilen bei der ersten Performance in Wien. Die Übersetzungen wurden immer wieder aktualisiert.

Fällen, die unsichtbar gemacht werden können, zur Bildung einer Kategorie zu veranschaulichen: »Als das Wort verfügbar war, wurde es in den öffentlichen Wortschatz aufgenommen, es wurde zum Gegenstand von Debatten und es wurde die Notwendigkeit erkannt, politische Maßnahmen zu ergreifen« (Amorós Puente 2008, 1).

Obgleich das Sichtbarmachen der Gewalt eine wichtige Voraussetzung zur Bekämpfung derselben darstellt, betont Luján Pinelo (2018, 46) jedoch, dass die Benennung immer nur einen (ersten) Schritt in der Bekämpfung patriarchaler Gewalt darstellen kann: »The concept of femi(ni)cide is linked to the problem of the killing of certain subjects identified as women, in a context of a hierarchical power (potestas) relationship between sexes; to affirm that this concept is the solution to the problem of such killings is naive.« Die Benennung ist also ein hilfreiches Instrument für Feminist*innen, die eine Sichtbarmachung ermöglicht. Sie ist ein erster, wichtiger, aber auch durchaus komplexer Schritt, der immer wieder auf eigene Ein- und Ausschlüsse reflektiert werden muss.

Wenn wir davon ausgehen, dass mit dem Begriff Femi(ni)zid eine hierarchische vergeschlechtlichte Dimension von Gewalt und Tötungen benannt wird, dann stellt sich zugleich die Frage, ob über die Verwendung des Begriffs »das Feminine« essentialisiert und essentialistisch reproduziert wird. In der Argumentation von Fregoso und Bejarano (2010) kann der Begriff des Feminizids (den sie jenem des Femizids gegenüberstellen und so ihre Trennung zwischen *female* und *feminin* in den Worten verankern) die konstruktivistische Ebene von Geschlecht fassen. Damit geht es nicht um »das Feminine« oder um die Identität als Frau, sondern um die damit einhergehenden Normierungen, welche Zuschreibungen und Identifikationen bedingen und in einem intersektionalen Verhältnis zu anderen Macht- und Herrschaftsstrukturen stehen: »[T]he concept of feminicide allows us to map the power dynamics and relations of gender, sexuality, race, and class underlying violence and, in so doing, shift the analytic focus to how gender norms, inequities, and power relationships increase women's vulnerability to violence« (ebd., 3 f.). Damit rückt das Konzept Formen der Zuschreibung und Vergeschlechtlichung in den Fokus.

Anknüpfend an Fregoso und Bejarano kann durch die Benennung von Strukturen gezeigt werden, dass es sich um Zuschreibungen handelt, die sozial konstruiert sind. Unseres Erachtens wird durch die Benennung der den Femi(ni)ziden zugrundeliegenden patriarchalen Struktur in gewisser Weise »das Feminine« zwar sprachlich reproduziert, die Benennung vermag aber darüber hinauszuweisen: Im Versuch der Rekonstruktion des gesellschaftlich Wirkmächtigen verwenden wir eben die Kategorien, denen wir zu entfliehen versuchen. Das Patriarchat ist derart in uns eingeschrieben, dass wir uns ihm nicht einfach entziehen können. In diesem Sinne wird »das Feminine« insofern durch die Benennung reproduziert, als dass die Struktur hinter Femi(ni)ziden rekonstruiert wird. Zugleich dient diese Rekonstruktion der binär-hierarchischen Geschlechterverhältnisse aber dem Zweck der Dekonstruktion von Geschlecht. Die Festschreibung auf »das Feminine« im Begriff stößt auch auf berechtigte Kritik, denn ihr Ausgangspunkt ist vor allem die binär-hierarchische Zweigeschlechtlichkeit, welche somit Geschlechtsidentitäten, die sich dieser Binarität nicht fügen, zumindest sprachlich nicht benennt – das heißt, nicht nur Weiblichkeit (und Männlichkeit) wird reproduziert, sondern auch die Binarität. Dieses widersprüchliche Verhältnis zwischen Festschreibung und Benennung beschreibt Luján dementsprechend folgendermaßen: »So, to respond to the question of whether the concept of femi(ni)cide essentializes women, it does so only to the extent that it responds to a patriarchal determination« (2018, 61). In unserem Verständnis kann (und muss) ein Begriff von Femi(ni)zid als politischer Begriff über die binär-hierarchische Festschreibung hinausweisen. Im Gegensatz zu einem juristischen Begriff, welcher kategorial funktioniert und demnach konkrete Kriterien entwickeln (und auch gesellschaftlich aufgreifen) muss, kann der politische Begriff Femi(ni)zid Logiken vergeschlechtlichter Zuschreibung kritisieren sowie die patriarchale Struktur und die für sie funktionalen Strukturkategorien hinterfragen.

Der politische Begriff Femi(ni)zid, für den wir hier eintreten, bleibt dabei offen und umkämpft. Anknüpfend an die Proteste in Lateinamerika, wird das, was als femi(ni)zidale Gewalt gilt, im gemeinsamen politischen Kampf bestimmt. Die Komplexität der Verhältnisse zwingt uns dazu, die geschlechtsbezogenen Dimensionen von Gewalt immer wieder neu zu begreifen und dabei auch eigene patriarchale, misogyne oder transfeindliche Muster zu erkennen. Schließlich bietet uns der Begriff keine Letztbegründung – wir können nie bestimmen, ob Geschlecht bzw. Geschlechterverhältnisse die ausschlaggebenden Gründe für den einzelnen Femi(ni)zid waren. Die AG Feministischer Streik schreibt in ihrer Broschüre zur Verwendung des Begriffs bei Claim the Space: »Der Begriff des Femi(ni)zides ist für uns daher ein politischer. Er will sichtbar machen, welche Strukturen hinter diesen Morden stehen. Er ist ein Mittel, diese Strukturen in ihren Zusammenhängen zu verstehen. Und er ist ein Begriff, um gegen diese Verhältnisse zu kämpfen. Damit bleibt er immer veränderbar: Er ändert sich mit unseren Analysen und mit unseren konkreten Kämpfen, mit unseren kollektiven Auseinandersetzungen. Aber er ist nicht willkürlich« (2022b, 42 f.). Der politische Begriff des Femi(ni)zids zeichnet sich also gerade durch seine Umkämpftheit aus, er ist uneindeutig und doch hilft er uns, das Kontinuum patriarchaler Gewalt zu benennen und immer wieder neue Erkenntnisse feministischer Debatten und Erfahrungen zu bündeln. In diesem Sinne ermöglicht der Begriff die Benennung einer vielschichtigen Struktur, um eben diese zu kritisieren und zu transformieren, statt zu stabilisieren.

»Es heißt Femi(ni)zid!« steht in den Aufruftexten der Protestierenden in Wien, Leipzig und andernorts. »Es heißt Femi(ni)zid!«

Zeitdiagnostische Analysen von Femi(ni)ziden

Der Begriff Femi(ni)zid benennt demnach gesellschaftliche Verhältnisse, er ist ein kämpferischer Begriff, er ist Ausdruck eines bestimmten Kampfes und Ausdruck umkämpfter Verhältnisse. Die vermehrte Verwendung des Begriffs verweist auf die feministische Politisierung desselben, auf feministische Errungenschaften und eine gesellschaftliche Sensibilisierung, aber möglicherweise auch auf aktuelle Entwicklungen, die das Auftreten von patriarchaler Gewalt und Femi(ni)ziden begünstigen oder normalisieren. Ein Teil unseres Übersetzungsversuchs besteht darin, die gesellschaftlichen Kontexte historisch-spezifisch genauer zu betrachten.

Wir möchten hier skizzenhaft auf zwei Erklärungsmuster eingehen, die uns für die Analyse von Femi(ni)ziden immer wieder als Zeitdiagnosen begegnen und die wir für eine zeit- und ortsbezogene Kontextualisierung brauchbar und wichtig finden. Dabei diskutieren wir ebenso die Grenzen und Ambivalenzen dieser Erklärungsmuster und die Gefahren der Externalisierung von Gewalt. Zum einen adressieren wir skizzenhaft das Verhältnis von Gewalt und Krise. So möchten wir auch im aktuellen Kontext die umfassenden psychischen, sozialen und ökonomischen Folgen von Krisen und ihre Auswirkungen auf Gewalt im Kontext von Geschlechterverhältnissen diskutieren. Zum anderen befassen wir uns mit Analysen, die Femi(ni)zide als Reaktion auf feministische Errungenschaften oder als Teil eines antifeministischen Backlashs verorten, und die wir vor allem hinsichtlich der strategischen Morde an Feminist*innen nicht unberücksichtigt lassen können. In diesem Kontext möchten wir auf das ambivalente Verhältnis von Externalisierung (und der damit häufig verknüpften Pathologisierung) der konkreten Taten und der gesellschaftlichen Normalität eingehen. Femi(ni)zide sind eine extreme Form von Gewalt, gleichzeitig sind sie Teil eines Kontinuums von Gewalt, dessen Umfang und Alltäglichkeit oftmals in politischen Diskursen durch den Fokus auf die einzelne Tat unsichtbar wird. Gleichzeitig sind Femi(ni)zide Teil eines Kontinuums von Gewalt, dessen Umfang und Alltäglichkeit oftmals in politischen Diskursen durch den Fokus auf die einzelne Tat unsichtbar wird. Wir beobachten immer wieder Verständnisse von Femi(ni)ziden, die diese, wie in von Modernisierungs- und Fortschrittsnarrativen geprägten (liberalen) Diskursen üblich, einem vermeintlich »rückschrittlichen« oder »fremden« patriarchalen Kontext zuordnen, den es »nur noch« zu überwinden gilt. Entgegen einem solchen Verständnis diskutieren wir im Folgenden, inwiefern sowohl femi(ni)zidale Gewalt als auch die politischen Begriffe, die wir nutzen, um dagegen zu kämpfen, von den konkreten lokalen, politischen und zeitlichen Kontexten geprägt und damit auch Ausdruck bestimmter Kräfteverhältnisse sind.

Gewalt in Krisenzeiten

Sylvia Walby, Jude Towers und Brian Francis kamen in einer geschlechtersensiblen Auswertung der allgemeinen Straftatenstatistiken 1994 bis 2014 für England und Wales zu dem Ergebnis, dass viele Formen von Gewaltverbrechen gegen Frauen seit der Wirtschaftskrise 2008/09 zugenommen haben (Walby et al. 2016). In Anlehnung an ältere Analysen von Sylvia Walby hebt auch Marianne Hester (1992) in ihrer Nachzeichnung der sogenannten Hexenverfolgung, konkret in England, das Element der Krise hervor: Kommt es zu einer ökonomischen, gesellschaftlichen, sozialen Krise, dann steigt vergeschlechtlichte Gewalt zur Absicherung der männlichen Dominanz an (ebd., 29). Segato argumentiert ebenso, dass es sich bei männlicher Gewalt um den Versuch der Verteidigung einer dominanten Position, die in Krisen verunsichert werden kann, handelt – und setzt damit einen Moment der Infragestellung ebendieser Position voraus. Diese Dominanz ist dabei an bestimmte Vorstellungen von Männlichkeit gekoppelt, die nicht abseits ihrer historischen Kontinuität gesehen werden dürfen. Dementsprechend schreibt Segato: »Ich bin überzeugt, dass sowohl die Femizide als auch die homophoben Gewalttaten, die Ermordung von Travestis und Transmenschen allesamt Verbrechen des gleichen Typs sind, nämlich Verbrechen des Patriarchats gegen alles, was seine Ordnung, seine patriarchale Hierarchie herausfordert« (2021, 28). Segato verweist zusätzlich zu dieser vertikalen Achse auch auf die horizontale Achse der männlichen Komplizenschaft, die sich im Komplex von Bruderschaft und Konkurrenzverhältnis bewegt. Im Kontext von Krisenzeiten bezeugt diese zugleich, dass Gewalt immer wieder ausgeübt wird, um die eigene männliche Position in der Bruderschaft sicherzustellen, zu reproduzieren und zu stabilisieren (ebd., 63 f.).

In Analysen von vergangenen ökonomischen und sozialen Krisen wurde auf verschiedene Weise nachgewiesen, dass als Frauen gelesene Personen, aber auch LGBTIQ+-Personen verstärkt Mehrfachbelastungen und psychischem Druck ausgesetzt sind, die gewaltbegünstigend sind (Wöhl/Lichtenberger 2021). Dabei wirken bestehende vergeschlechtlichte Ungleichheiten in Krisenzeiten stabilisierend und gleichzeitig verschärfen Krisen diese, wie Veronika Duma und Katharina Hajek (2015) anhand der Wirtschaftskrise in Österreich ab 1929 sowie der Finanz- und Wirtschaftskrise ab 2008 zeigen. Auch gewaltbegünstigende Bedingungen, die sich vergeschlechtlicht unterschiedlich auswirken, werden verstärkt, wie beispielsweise finanzielle Abhängigkeiten oder die steigende Gefahr von Wohnungslosigkeit. Während der Covid-19-Pandemie bzw. den staatlich verordneten Lockdowns wird dieser krisenhafte Zusammenhang erneut deutlich: Die Anzahl der Fälle sogenannter Häuslicher Gewalt stieg an, insbesondere die Dunkelziffer wird hoch geschätzt, weil die Unterstützungsangebote sowie sozialen Netzwerke nurmehr eingeschränkt verfügbar waren. Zudem wurde in der pandemiebedingten »Krise« deutlich, dass insbesondere von als Frauen positionierten Personen erwartet wird, die Folgen von Krisen durch als selbstverständlich erachtete Mehrfachbelastungen abzufedern (Derndorfer et al. 2021; Kohlrausch/Zucco 2020; Plomien et al. 2022; Speck 2020; Wöhl/Lichtenberger 2021), was erneut zu einer Verstärkung von Abhängigkeiten führt. Miriam Fahimi und Carina Maier betonen dabei die Problematik der Normalisierung vergeschlechtlichter Arbeitsteilung, mit der eine verstärkte Isolation der von Gewalt Betroffenen einhergeht: »Gerade dort, wo Frauen* oder auch beide Partner*innen im Home-Office oder aus Gründen der Kurzarbeit zu Hause sind, wird die Arbeitsteilung innerhalb von wenigen Wochen von der gesellschaftlichen Norm eines männlichen Hauptverdienermodells eingeholt. [...] Mit einer großen Selbstverständlichkeit wird Sorgearbeit als unbezahlte Privatsache akzeptiert und in Zeiten von Corona weiter normalisiert« (Maier/Fahimi 2020). Staatliche Lockdowns intensivierten auf mehreren Ebenen die Gefahr von Gewalt, wobei die Autonomen Österreichischen Frauenhäuser auch auf die steigende Gewalt gegen Kinder während der Kontaktbeschränkungen hinweisen.[33] »Die staatlich auferlegte soziale Isolation schaffte zum einen eine intensivierte räumliche Nähe zu Tätern bzw. Gefährdern und machte es gleichzeitig schwieriger, dieser Nähe zu entfliehen. Zum anderen konnten staatliche Strukturen und öffentliche Gewaltschutzeinrichtungen nur eingeschränkt arbeiten«, so Fahimi und Maier (2020). Der Lesben- und Schwulenverband (LSVD) e. V. verweist außerdem auf einen Anstieg von Gewalt an Lesben, Schwulen, bisexuellen, trans und inter Personen, der aus Anrufstatistiken abzulesen ist.[34] Gewaltvolle Regulierungen seitens des Staates, wie beispielsweise Kontaktbeschränkungen, die von biologischen heteronormativen Familienmodellen ausgehen, treffen Queers und trans Personen, aber auch beispielsweise geflüchtete LGBTIQ+-Personen besonders hart, die auf ihre Communitys angewiesen sind.

33 AÖF (o. J.): »Erste große Studie über Covid19 und häusliche Gewalt in Deutschland«. URL: https://www.aoef.at/index.php/news/512-erste-grosse-studie-ueber-covid19-und-haeusliche-gewalt-in-deutschland. Auch die Vereinten Nationen beobachten einen Anstieg von Gewalt und massive Folgen für die Gleichstellung der Geschlechter, UN Women Deutschland (2021): »Covid-19: Eine Krise der Frauen«. URL: https://www.unwomen.de/aktuelles/corona-eine-krise-der-frauen.html

34 LSVD (o. J.): »Corona: Auswirkungen auf Lesben, Schwule, Bisexuelle, trans- und intergeschlechtliche Menschen«. URL: https://www.lsvd.de/de/ct/2067-Corona-Auswirkungen-auf-Lesben-Schwule-Bisexuelle-trans-und-intergeschlechtliche-Menschen#zuhause-ein-sicherer-ort

Insbesondere der Zeitpunkt der steigenden Gewaltausübung, der auch mit gesellschaftlichen und persönlichen Krisen zusammenhängt, ist relevant für das Verständnis von Femi(ni)ziden. So geht den meisten in Österreich bekannt gewordenen Femi(ni)ziden eine jahrelange Geschichte von Gewalt voraus. Wie in Berichten von Gewaltschutzeinrichtungen, beispielsweise der Wiener Interventionsstelle für Gewalt in der Familie, deutlich wird, ist die gefährlichste Zeit für als Frauen positionierte Personen jene, in denen sie sich aus gewaltvollen Beziehungen lösen, sich trennen oder scheiden lassen wollen. Auch in der Gefährdungseinschätzung des Opferschutzes gilt eine Trennung als Hochrisikofaktor. »Häusliche Gewalt kann bis hin zum Mord eskalieren, besonders dann, wenn Frauen wiederholt Gewalt erleiden und versuchen, sich vom gewalttätigen Partner zu trennen«, schreibt Rosa Logar, die Leiterin der Interventionsstelle (2017, 109 f.). Eine Trennung kann als Infragestellung patriarchaler Vormachtstellungsfantasien interpretiert werden, auf die in vielen Fällen mit Gewalt reagiert wird, insbesondere wenn Frauen und feminisierte Körper sich der männlichen Verfügungsgewalt entziehen (Gago 2021, 65 ff.).

Dabei dient eine – vor allem von Antifeminist*innen und Männerrechtlern beschworene – Krise der Männlichkeit als Legitimationsgrundlage, um angeblich durch (emanzipierte) Frauen, allen voran Feminist*innen, gefährdete männliche Souveränität und Überlegenheit nicht nur wiederherstellen zu wollen, sondern »im ›Notfall‹ durch Gewalt [...] zu reparieren« (Pohl 2015, 9). In diesem Sinne meint auch Rolf Pohl (ebd., 8): »Unter bestimmten Umständen und bei einem Fehlschlagen der individuellen Lösungsversuche der als Krise des Mannes erlebten und interpretierten persönlichen Konfliktlagen von Männern und männlichen Jugendlichen ist der Weg von pauschalen Schuldzuweisungen gegenüber Frauen und besonders den Feministinnen hin zur manifesten Gewalt offen.« Anders als von Männerrechtlern behauptet, handelt es sich weder bei hegemonialen Männlichkeiten noch bei Vorstellungen männlicher Vorherrschaft um ewig währende Naturzustände, sondern um veränderbare soziale Konstruktionen. Gerade deshalb erweisen sich Männlichkeitskonstruktionen nicht nur als äußerst fragil, die Krisenhaftigkeit ist diesen Vorstellungen auch immanent.

Das Nachdenken über bestimmte Momente von Krisen bzw. Perioden, die als Krisen gelten, erscheint uns auch relevant, um unterschiedliche feministische Konzeptualisierungen patriarchaler Gewalt zur Debatte zu stellen. Die Frage nach der Zunahme patriarchaler Gewalt eröffnet einmal mehr die Auseinandersetzung darüber, ob es sich bei der mit ihr verbundenen Gewalt um einen (gelegentlichen) Ausbruch handelt oder um eine Alltäglichkeit. Bestimmte Momente der Krise, wie auch jene der Covid-Pandemie, müssen aber immer im Kontext der Dauerhaftigkeit einer gesellschaftlichen Krise der sozialen Reproduktion begriffen werden. Wir verstehen sie als *Krisen in der Krise*, worauf das Kollektiv fe.ory im Anschluss an viele marxistische Feminist*innen verweist (2021, 10 ff.). Davon abgeleitet eröffnet sich in Bezug auf Femi(ni)zide die Frage nach dem Verhältnis zwischen »alltäglichem Mann« und »Mann in der Krise«. Wie bereits in unserem Definitionsversuch angeführt, betonen wir im Anschluss an Hagemann-White, dass die von männlich positionierten Personen ausgeübte Gewalt keineswegs einer Verletzung der Norm, sondern vielmehr ihrer Verlängerung entspricht (Hagemann-White 1992, 10). Das bedeutet des Weiteren, dass die gesellschaftlichen und persönlichen Krisen als Teil eines breiten Kontinuums an normalisierter Gewalt fungieren. Insofern kann die analytische Fokussierung auf Krisen nur einen Teilaspekt abbilden. In der *weißen*, bürgerlichen Norm von Männlichkeit ist bereits Gewalt angelegt, die sich in Krisen verstärken kann.

Momente der Krise werden oftmals als Chancen für die Politisierung von Gewalt gesehen, weil mehr mediale Aufmerksamkeit und damit mehr Bewusstsein für das Thema generiert werden kann. Die verstärkte mediale Sichtbarkeit von Gewalt während der Pandemie ist jedoch ambivalent zu beurteilen, denn es werden nur bestimmte Gewaltthemen besprochen, die meist heteronormativ sowie rassistisch und klassenspezifisch selektiert werden. Lilian Hümmler und Marilena de Andrade betonen, dass »das gesellschaftliche Sprechen über Gewalt in Paarbeziehungen häufig auf ein Repertoire an Mythen zurück[greift], welche die Gewaltausübenden aus ihrer Verantwortung befreien« (2020, 127). Berichtet werde demnach entlang der Erzählstränge gängiger Entlastungsmythen, wie beispielsweise den Stresssituationen der Täter ob ihrer herausfordernden Lebenssituationen. »Auch die häufige Betonung des beengten Wohnraums lenkt davon ab, dass häusliche Gewalt keine Frage sozialer Klasse ist«, schreiben die Autor*innen weiter.

Femi(ni)zide als Abwehr feministischer Errungenschaften

Ein zweites Erklärungsmuster, das uns bei Analysen von Femi(ni)ziden häufig im Zusammenhang mit »Krisenerklärungen« begegnet, verortet Femi(ni)zide im Kontext eines vermehrt auftretenden (strategischen) Antifeminismus. Der Anstieg von digitalen Austauschräumen für Incels[35] oder Männerrechtler, eine selbstbezeichnete »Pro-Life Bewegung«[36] sowie vermehrt gegen »Gender«[37] auftretende Rechtsextreme – um nur einige antifeministische Erscheinungsformen zu nennen – prägen

35 Incels steht für Involuntary Celibates, also unfreiwillige Zölibatäre. Sie eint die Überzeugung, aufgrund ihres Geschlechts ein Recht auf Frauen und deren Verfügbarkeit für Sex zu haben und selbige bei Nichtfolgeleistung bestrafen zu dürfen.

36 Im Gegensatz zu dem, was die Selbstbezeichnung »Pro-Life« andeutet, fordert diese Bewegung insbesondere die Kriminalisierung von Schwangerschaftsabbrüchen und beschneidet damit die reproduktiven Rechte von Schwangeren (u. a. Sanders et al. 2014).

37 Im Kontext erstarkender antifeministischer Bewegungen und Politiken stellt »Gender« ein zentrales Kampffeld dar, das unterschiedliche Akteur*innen von der extremen Rechten über christlich-konservative Kräfte bis hin zu »besorgten Eltern« miteinander vereint. Mit Berufung auf »die Natur« und den gesunden Menschenverstand werden sozialkonstruktivistische Sichtweisen auf Geschlechterverhältnisse als Ideologie diffamiert und der Begriff Gender fungiert als Angstfigur wie auch als »diskursiver Knoten« (Mayer et al. 2018), in dem unterschiedliche antifeministische Kämpfe miteinander verbunden werden können, wie beispielsweise die Abwehr von LGBTIQ+-Rechten, Gleichstellungspolitiken, geschlechtlicher und sexueller Bildung der Vielfalt oder universitären Gender Studies.

zweifelsohne den aktuellen gesellschaftlichen Kontext, in dem sich Geschlechterverhältnisse rekonstituieren und (femi(ni)zidale) Gewalt verübt wird. So versuchen erstarkende antifeministische Gruppierungen, Parteien und Mobilisierungen die feministischen Errungenschaften der letzten Jahrzehnte (wie LGBTIQ+-Rechte, Gleichstellungsprogramme, Diskriminierungsschutz etc.) in Frage zu stellen, indem sie diese für längst erreicht erklären und/oder männliche Vorherrschaftsansprüche geltend machen.

Antifeminist*innen unterschiedlicher politischer Lager eint dabei nicht nur der Glaube an die beschriebene binär-hierarchische Geschlechterordnung, sondern zumeist auch die Idee männlicher Überlegenheit, die sich u. a. an den Vorstellungen von Männern zeigt, über feminisierte Körper bestimmen zu dürfen (und das auch zu müssen, um die patriarchale Gesellschaftsordnung aufrecht zu erhalten). Diverse Beispiele verdeutlichen nicht nur die vielfältigen antifeministisch motivierten Erscheinungsformen vergeschlechtlichter Gewalt, sondern auch, dass viele dieser Taten tödliche Konsequenzen für FLINTAs haben können. Dies äußert sich sowohl in rechtsterroristischen Attentaten, die mitunter durch antifeministische Denkmuster begründet werden, wie beispielsweise in Toronto 2018, Christchurch 2019 oder Halle 2019 (Rahner 2020), als auch in Gesetzgebungen, die legale Schwangerschaftsabbrüche verunmöglichen und so für viele FLINTAs lebensgefährlich sein können.

Zudem verbreiten antifeministische Akteur*innen klassistische und rassistische Diskurse oder greifen hegemoniale Diskurse auf, indem sie patriarchale Strukturen und damit auch Gewalt einzig bei als »fremd« markierten »Anderen« verorten. Damit negieren und verteidigen sie die alltägliche Gewalt in der Dominanzgesellschaft (AK Fe.In 2019; Henninger/Birsl 2021; Mayer et al. 2018; Mayer/Sauer 2017; Näser-Lather et al. 2019). Diskurse der Externalisierung entlang rassistischer Markierungen werden gerade im österreichischen Kontext von vielen Akteur*innen aufgegriffen und reproduziert. So beobachten wir, dass antifeministische Ideologien vielerorts als Randerscheinung abgetan werden und somit die Gefahr, die von diesen ausgeht, verharmlost wird.

In der Auseinandersetzung mit patriarchaler Gewalt nehmen wir Externalisierungsprozesse in Bezug auf die Täter auf verschiedenen Ebenen wahr. Ein analytischer und politischer Fokus auf die vermeintlichen Extremformen, im Kontext von Attentaten beispielsweise ist zwar wichtig, darf den Blick auf die »Normalität« und Alltäglichkeit femi(ni)zidaler Gewalt und auch der »alltäglichen« Akteur*innen jedoch nicht verstellen oder gegeneinander ausspielen. Wir beobachten in Diskursen immer wieder eine Externalisierung von Gewalt, die eine vermeintlich »gute« und eine »gewaltvolle« Männlichkeit essentialisiert und einander gegenüberstellt. Auch wenn femi(ni)zidale Gewalt und Antifeminismus sich begünstigen, wäre die Annahme falsch, dass Femi(ni)zide nur von Antifeminist*innen und ideologisch menschenverachtend und politisch rechts positionierten Menschen verübt werden oder dass sie sich in erster Linie gegen Feminist*innen richten würden.

Misogyne Diskurse stärken antifeministische Akteur*innen und tragen zur Normalisierung von Gewalt bei. Die Analyse darf also nicht dabei aufhören, diese ideologische Ebene *direkt* mit dem Anstieg von Femi(ni)ziden in Verbindung zu bringen. Es handelt sich um Gleichzeitigkeiten von feministischen Errungenschaften, Retraditionalisierungen von Geschlechterrollen und Gegenbewegungen. Wenn die Analyse dies nicht berücksichtigt, läuft sie Gefahr, implizit eine Täter-Opfer-Umkehr zu unterstützen: Die Frauen seien selbst schuld, dass sich Männer jetzt wehren würden. Die Feministinnen hätten diese Gewalt provoziert. Verónica Gago kritisiert aus dem lateinamerikanischen und karibischen Kontext dazu ein abstruses Narrativ der »Ansteckungswirkung« von Feminist*innen, das einzelne FLINTAs darin bestärken würde, ihre Partner zu verlassen – dieser Diskurs unterstelle Feminist*innen, sie würden »die Opfer nicht schützen, sondern stattdessen noch mehr in Gefahr bringen« (Gago 2021, 82).

Mit einem Verständnis von Femi(ni)zid, das das gesamte Spektrum patriarchaler Gewalt einschließt und dementsprechend die meist langjährige Historie von Gewalt der betroffenen Personen mitdenkt, möchten wir im Buch strukturelle Erklärungen für Femi(ni)zide diskutieren, bzw. ihren Zusammenhang mit anderen Formen patriarchaler Gewaltausübung, wie in den Protokollen der Angst (siehe Kapitel 1) angesprochen, darstellen. Wir möchten beim Schreiben dieses Buches unsere eigenen Interpretationen und Externalisierungen reflektieren. Es ist ein analytischer und politischer Trugschluss, davon auszugehen, dass Femi(ni)zide etwas von der gesellschaftlichen Normalität Abweichendes darstellen, eine bloße Reaktion auf Feminismus oder besonders »selbstbestimmte Frauen« sind. Rechtsextreme antifeministische Akteur*innen bauen viel eher bestimmte Narrative über Feminist*innen auf, um starre hierarchische und binäre Rollenbilder für alle von ihnen als Frauen gelesene Körper zu propagieren und Andere gewaltvoll abzuwerten und auszuschließen.

Gerade mit Blick auf tradierte Geschlechterverhältnisse und patriarchale Besitzmuster, die zu femi(ni)zidaler Gewalt führen, wird deutlich, dass es sich um Merkmale einer bürgerlichen, kapitalistischen Gesellschaft handelt. Die alltäglichen Darstellungen patriarchaler und femi(ni)zidaler Gewalt in Medien, Filmen und Alltag tragen weiter zu ihrer Normalisierung bei (Caputi/Russell 1992, 19; Segato 2021, 20). Wir beobachten im deutschsprachigen Raum sowohl eine Normalisierung der Gewalt als auch eine Externalisierung/Ethnisierung und Pathologisierung derselben. »Er ist nicht krank, er ist ein gesunder Sohn des Patriarchats«, betont Gago anknüpfend an aktivistische Slogans (2021, 81). Es sind keine Taten der Anderen. Und vor allem sind es keine Taten, die auf das Handeln von FLINTAs zurückgeführt werden können.

Wie in den vorigen Abschnitten beschrieben, ermöglicht uns die Benennung der vielfachen Dimensionen von Gewalt also zum einen, Femi(ni)zide als Ausdruck konkreter, umkämpfter und krisenhafter Verhältnisse zu begreifen, diese Verhältnisse anzugreifen und zu verändern. Zum anderen können wir mit dieser Benennung die Gewaltförmigkeit von Geschlechterverhältnissen in ihrer binär-hierarchischen Form verstehen und begreifen, wie tief sich diese in unsere Körper und analytischen Rahmen einschreibt. Auf diesen Aspekt werden wir im folgenden Kapitel eingehen.

Binär-hierarchische Geschlechterverhältnisse als Gewaltverhältnisse

Entgegen den alltäglichen Erzählungen, den uns bekannten Protokollen der Angst, die in unsere Körper einschreiben, wann wir uns wie und vor wem zu fürchten haben und dass die Gefahr draußen lauere, in der dunklen Ecke, nachts im Park – entgegen diesen Erzählungen ist der gefährlichste Ort für als Frauen positionierte Personen im deutschsprachigen Raum ihr eigenes Zuhause.

Warum werden wir davor nicht gewarnt? Im Kindergarten und in der Schule? Bei jeder Eheschließung? Beim Einzug in die gemeinsame Wohnung? Bei der Familienplanung?

Patriarchale Gewalt wird zumeist in einem Beziehungskontext ausgeübt. Wir lesen in den Zeitungen von »Beziehungsdramen« oder von »Eifersuchtstaten«. Es wird Verständnis für den Täter suggeriert, indem emotionalisierte Vergleiche mit dem »armen verlassenen Mann« gezogen und damit implizit seine Gewalt legitimiert wird. Das Zuhause, die heterosexuelle Ehe, die intime Zweierbeziehung – all diese Orte passen nicht in das Bild von Gewalt, das uns suggeriert wird.

Wer wie in Verbindung mit Geschlecht abgewertet, verfolgt oder gar ermordet wurde und wird, ist historisch und geographisch verschieden – und auch Personen, die als Männer positioniert sind, werden nicht kontextlos zu Mördern. Daher muss der jeweilige und hier insbesondere der deutschsprachige Kontext sowie die historische Entstehung von Geschlechterverhältnissen, wie wir sie heute kennen, konkreter analysiert werden. Wir skizzieren im Folgenden die geschichtliche Gewordenheit von binär-hierarchischen Geschlechterverhältnissen und ihren Normierungen. Dafür verorten wir patriarchale Gewalt und Femi(ni)zide in den spezifischen gesellschaftlichen intersektionalen Macht- und Herrschaftsstrukturen (Sauer 2011), denen Gewalt inhärent ist. Dann gehen wir detaillierter auf die heteronormative Geschlechterordnung ein, die Menschen nicht nur anhand von zugeschriebenem Geschlecht teilt, sondern diese auch hierarchisch in Beziehung setzt. Daran anknüpfend diskutieren wir verschiedene Dimensionen von Macht und Kontrolle, die diese Ordnung durch Besitzansprüche an feminisierte Körper und Männlichkeitskonstruktionen mit Gewalt stabilisieren.

Patriarchale Geschlechterverhältnisse als gewaltvolle Zweiteilung

Patriarchale Geschlechterverhältnisse sind strukturelle Verhältnisse, die Menschen in zwei Geschlechter einteilen und diese zugleich hierarchisieren. Männlichkeit und Weiblichkeit werden als zwei sich gegenüberstehende Pole konstruiert, die mit Attributen von Stärke, Dominanz, Autonomie, Souveränität bzw. Passivität, Abhängigkeit und Verletzlichkeit gekoppelt werden. Die Konstruktion dieser Binarität bestraft alle, die sich ihr nicht »fügen« (wollen) und stellt eine Grundlage patriarchaler Gewalt dar. Die gewaltvolle willkürliche Zweiteilung und Hierarchisierung sind Teile desselben Prozesses, der Subjekte, Identitäten, Begehren, aber auch gesellschaftliche Bereiche und Sphären konstituiert.

Gewalt in der vergeschlechtlichten Arbeitsteilung und die bürgerliche Kernfamilie

»[F]emi(ni)cide finds its definition in the power tension/relation between woman/man in the Other-of-the-Same-system«, beschreibt Luján Pinelo (2018, 60). Historisch geht diese Konstruktion der hierarchischen Geschlechterbinarität mit der Entstehung und Durchsetzung der gesellschaftlichen Arbeitsteilung im Kapitalismus einher, die auf einer kolonialen/modernen Weltordnung basiert (Lugones 2008). Mit der Durchsetzung des Kapitalismus vollzog sich erstmals eine gewaltvolle Trennung zwischen einer »männlich« definierten, politisierten Öffentlichkeit und einer »weiblich« definierten, entpolitisierten Privatheit (Beer 1990; Pateman 1988), die mit einer vergeschlechtlichten Arbeitsteilung, also der Trennung in einen reproduktiven und produktiven Bereich, und so einem bestimmten Abhängigkeitsgefüge zwischen »den Geschlechtern« einherging und bis heute verbunden ist. Der Begriff der Reproduktion bezieht sich hier auf die Reproduktion kapitalistischer Strukturen, beispielsweise, indem in einem marxistischen Sinn die Produktion (von Waren) überhaupt erst durch die Reproduktion der Ware Arbeitskraft ermöglicht wird. Die kapitalistische Produktion ist auf die Reproduktion angewiesen (Federici 2012). Reproduktion bezieht sich aber immer auch auf die Reproduktion des Lebens allgemeiner und fokussiert auf den Alltag und die vielen Prozesse und Aktionen, die Leben (innerhalb kapitalistischer Verhältnisse) sowie gesellschaftliche Strukturen (wieder)herstellen (Bhattacharya 2017). Diese historisch vollzogene Trennung dient zur Aufrechterhaltung eines intersektionale Abhängigkeiten (re)produzierenden gesellschaftlichen Zusammenhangs (ebd., Aulenbacher 2015).

Insbesondere Silvia Federici arbeitet detailreich aus, inwiefern für die Durchsetzung des Kapitalismus auch die »Einhegung«[38] des als weiblich gelesenen Körpers (samt seiner zugeschriebenen Gebärfähigkeit) zentral war. »Anders als in der Geschichtsschreibung üblich, zeichnet Federici die Hexenverfolgung in Europa nicht als feudales Überbleibsel, sondern als Teil patriarchaler, systematischer Unterwerfung von Frauen* und ihrer Körper, die als ursprüngliche Akkumulation genauso Voraussetzung zur Durchsetzung des Kapitalismus war, wie die

38 »Im 16. Jahrhundert war ›Einhegung‹ ein Fachbegriff. Er bezeichnete eine Reihe von Strategien, derer sich die englischen Herren und wohlhabenden Bauern bedienten, um das gemeinschaftliche Landeigentum abzuschaffen und ihre eigenen Ländereien zu vergrößern« (Federici 2018, 88). Analog zu dieser klassisch marxistischen Analyse betont Federici, dass Frauen, ihre Körper und Arbeit ebenso als Ressourcen verstanden und eingehegt wurden: »Unter dem neuen kapitalistischen Regime wurden dagegen die Frauen selbst zur Allmende, da man ihre Arbeit als eine außerhalb der Sphäre von Marktbeziehungen angesiedelte Naturressource definierte« (ebd., 123).

Einhegung von Ländereien« (fe.ory et al. 2021, 10). Federici erweitert also das marxistische Moment der »ursprünglichen Akkumulation« auf die »Einhegung« und damit die Aneignung des weiblichen Körpers, womit eine spezifische Konstruktion von »Weiblichkeit« überhaupt erst festgeschrieben wurde (Federici 2012). Federicis Analysen wurden seit der spanischen Übersetzung 2011 für lateinamerikanische und karibische Feminismen immer relevanter: »What we learn from Federici, whose theorization returns to the political experience of Wages for Housework, is that the specific mode of exploitation that capitalism organizes for women first requires them to be socially discredited. Only in this way is their enclosure and privatization justified. In capitalism, the domestic is produced as a space of ›enclosure‹: women are confined to the home, they are limited to this sphere baptized as the ›private‹. Later, they are forced to work for free and their tasks are rendered politically invisible«, wie Gago beschreibt (2021, 36 f.).

Mit der historisch gewaltvoll durchgesetzten Trennung von Produktion(sarbeit) und Reproduktion(sarbeit) in zwei getrennte gesellschaftliche Sphären vollzog sich also überhaupt erst die Zuschreibung und Zuordnung von Reproduktionsarbeit als vermeintlich »Privates«. Gleichzeitig ging mit der Einhegung eine Abwertung von weiblich konnotierter Arbeit einher, wodurch wiederum eine Abhängigkeit von den männlichen Lohnarbeitern der Familie geschaffen wurde (Federici 2018, 117 f.). Die Unverzichtbarkeit des männlichen Lohn(anteil)s wurde funktional für die vergeschlechtlichte Trennung von Produktions- und Reproduktionsarbeit und durch die Naturalisierung weiblicher reproduktiver Arbeit ideologisch abgesichert.

Ein zentrales Moment dieser Einhegung liegt, so u. a. Federici, in der Kontrolle und Zähmung von als weiblich geltender Sexualität. Insbesondere die Regulierung der Reproduktion als Regulierung der Bevölkerung wurde mit dem Einsetzen der kapitalistischen Produktionsweise, also der Notwendigkeit, Arbeitskraft für die Kapitalakkumulation zu verwerten, zentral. In diesem Sinne wurden reproduktive Selbstbestimmung und das Wissen über diese, das heißt auch über Verhütungs- und

Abtreibungsmöglichkeiten, abgewertet. Die Kontrolle der Reproduktion wurde laut Federici besonders über die sogenannte Hexenverfolgung ausgeübt. Sie richtete sich nicht nur gegen jene, die die ihnen zugeschriebenen Rollen verweigerten, sondern sollten in ihrer Grausamkeit auch allen anderen gegenüber ein Exempel statuieren. Lebensformen, die sich nicht in den Dienst der Kapitalakkumulation stellten und sich über mit der Einhegung von Land verbundenen Vorstellungen von Eigentum hinwegsetzten, wurden als (vermeintlich) nicht-gebärende, abtreibende Frauen, aber auch als (vermeintliche) Vagabund*innen und Landstreicher*innen bestraft (u. a. Redecker 2020, 27). Die sogenannte Hexenverfolgung wirkte damit als Mittel der Unterdrückung. Durch die öffentliche Zurschaustellung sowie die Folter war sie ein Instrument zur Abschreckung, das einerseits zur Bestrafung eingesetzt wurde, andererseits, besonders durch die dahinterstehende Willkür, immer daran erinnern sollte, dass es fast jede*n treffen könnte. Die Gefahr eines Ausschlusses aus der sozialen Ordnung ist damit omnipräsent. Ein ähnliches Argument führen Alejandra Rangel Oliveros und Valentin García Marín in Bezug auf trans oder nicht heterosexuelle Personen aus, wenn sie – im Kontext des bewaffneten Konflikts in Kolumbien – schreiben: »By not being assigned a position within the social order, this cultural construction tacitly legitimizes the dispossession of bodies as territory of trans women, bisexuals, and lesbians through sexual assault and the exercise of ›cleaning up the streets‹ which the LGBTQI+ population is subjected to in the context of the armed conflict. It is a way of sending a message to the population about the social order being imposed« (2021, 67).

Als disziplinierende Methode ordnete demnach nicht nur die Hexenverfolgung Frauen bzw. Queers den ihnen durch die kapitalistische Arbeitsteilung zugewiesenen Platz immer wieder zu; diese Zuordnung ist bis heute zentrales Mittel, um diese binär-hierarchische patriarchale soziale Ordnung gewaltvoll aufrechtzuerhalten. Dadurch sollte und wird ein bestimmtes Verständnis von Weiblichkeit, das mit generativer Reproduktion, Verdrängung in die vermeintlich private Sphäre etc. einhergeht, abgesichert und festgeschrieben, und davon abweichende Verhaltensweisen (und Geschlechtervorstellungen) bestraft (Federici 2018, 126 ff.).

Die historisch gewaltvoll etablierten Geschlechterverhältnisse prägen bis heute die strukturellen Bedingungen von Femi(ni)ziden. Höckner und Maier stellen dies im 2020 erschienenen Blogbeitrag »Feminizide benennen! Skizzenhaftes zu Kapitalismus und patriarchaler Gewalt« für den deutschsprachigen Raum dar. Dabei ziehen sie drei Schlaglichter – Abwertung bestimmter Körper, die bürgerliche Kleinfamilie und die Rolle und Funktion des (National)Staates – heran, die für die bürgerliche kapitalistische Gesellschaft zentral sind, und analysieren die systemerhaltende Funktion patriarchaler Gewalt. Mit einer Betrachtungsweise von Femi(ni)ziden als Teil eines Kontinuums patriarchaler Gewalt problematisieren sie die Idealisierung der bürgerlichen, heteronormativen Kernfamilie als zentrale und wirkmächtige Institution dieser Gesellschaft, die mit bestimmten Rollenzuschreibungen und einer zweigeschlechtlichen Norm einhergeht. »Nicht das Scheitern, sondern die Idealisierung der bürgerlichen Kernfamilie als rein, harmonisch und gewaltfrei nimmt eine zentrale Rolle in der Reproduktion patriarchaler Strukturen ein« (Höckner/Maier 2020).

Die bürgerliche Kernfamilie als zentraler Einsatzpunkt von Kritik ist für die Analyse im vorliegenden Buch sowie in der Praxis von Claim the Space relevant. Gago (2021) betont den Zusammenhang von patriarchaler Gewalt mit vergeschlechtlichter Arbeitsteilung: Die Zuweisung von Geschlecht zu gesellschaftlichen Sphären wurde durch die kapitalistische vergeschlechtlichte Arbeitsteilung gesellschaftlich normalisiert und in Gesetzestexten, welche die Kernfamilie zur zentralen Reproduktions- und Organisationseinheit erklärten, institutionalisiert (Federici 2018, 126 ff.). Die zugrundeliegende patriarchale Ordnung, in der Frauen angeblich »von Natur aus« (ihren Ehe)Männern untergeordnet wurden, mündete in einer Verfügungsgewalt über Ehefrauen – dementsprechend kann in der Entwicklung der kapitalistischen Produktionsweise neben einer Einhegung von Land auch von einer Einhegung von feminisierten Körpern gesprochen werden. Erst die moderne Vorstellung von Zweigeschlechtlichkeit qua naturhafter Zuschreibung als Ideal setzte also fest, dass als Frauen positionierte Personen als moderne Hausfrauen und Mütter existieren müssen. Auch die Vorstellung, dass Männer demgegenüber als rationale Kämpfer für die Nation überlegen seien, ist eine moderne binär-hierarchische Zuweisung (Lenz 2018, 834).

Gerade mit Blick auf die vergeschlechtlichte Arbeitsteilung innerhalb der bürgerlichen Familie, die mit der Ehe vertraglich abgesichert wird, verdeutlichen sich die ungleichen Abhängigkeitsstrukturen. Wie ist Arbeit im »Privaten« verteilt? Welche Rollen(bilder) werden in hetero Kleinfamilien reproduziert? Welche Arbeit wird naturalisiert und selbstverständlich von feminisierten Körpern erwartet? Und in diesem Zusammenhang: Welche Anforderungen gehen mit Begehrens- und Lebensweisen einher, die nicht in das enge Konzept der bürgerlichen hetero Kleinfamilie passen? Wie erhält sich dieses Ideal (mit Gewalt) aufrecht?

Mit den Femi(ni)zid-Protesten werden diese Fragen permanent gestellt – denn sie politisieren die konstruierte, ideologisch und materiell wirkmächtige Trennung der Sphären, indem sie das vermeintlich Private in die Öffentlichkeit holen sowie indem sie eine Abwertung von FLINTAs, die Idealisierung einer bestimmten Familienkonstruktion und die Verteilung von Care- und Sorgearbeit problematisieren. Die Proteste kritisieren den allgegenwärtigen *Familismus*, den Gisela Notz als Ideologie der Kleinfamilie beschreibt und der »die Auffassung von der Familie als wichtigster Baustein einer Gesellschaft [propagiert], und somit eine konservative Familienideologie [darstellt], die Frauen und Männer eindeutige Rollen zuwies und die bis heute wirkt« (Notz 2015). Das Leitbild einer heteronormativen Kleinfamilie wird zum unersetzbaren Ort von Nahbeziehungen und Sozialität. Nicht nur, dass diese Form der Universalisierung eines bestimmten Familienmodells viele andere Lebenskonzepte abwertet und gesetzlich entpriorisiert, sondern die bürgerliche hetero Kleinfamilie wird auch zu einem »heiligen« Ort erkoren, mit dem Harmonie und Glücksversprechen verknüpft sind

(Adamczak 2022).[39] Dies macht es umso schwieriger, Gewalt innerhalb einer Familienstruktur anzusprechen, weil diese für lange Zeit normalisiert und vertraglich durch männliche Verfügungsrechte abgesichert wurde.

Eine zweite Institution, die von Höckner und Maier problematisiert wird, ist der westliche Nationalstaat als Akteur, aber auch als Ideologie, der rassistische Projektionen auf ein konstitutives »Außen« zulässt. Konkret manifestiert sich dies in der Betonung der vermeintlichen Herkunftsländer von Tätern, in der rassistischen Bezeichnung von Taten als »Ehrenmorde« und somit in der Abgrenzung vom eigenen Selbstverständnis als aufgeklärter Staat. Damit wird, laut Höckner und Maier (2020), »[d]as eigene patriarchale Gewaltverhältnis […] auf rassistisch definierte ›Andere‹ projiziert« (ebd.). Denn tatsächlich sind diese patriarchalen Gewaltverhältnisse nicht nur Teil von, sondern konstitutiv für das nationalstaatliche Selbstverständnis. Die rassistisch begründete Abgrenzung nach außen sichert damit die Reproduktion der imaginierten eigenen Volksgemeinschaft ab. Dies schreibt historisch der heterosexuellen Kernfamilie die Rolle zu, der Reproduktion der Nation nachzukommen – und der als Frau positionierten Person die der Mutter.

In Bezug auf Lateinamerika und die Karibik, besonders für Ciudad Juárez, verknüpft Segato die nationalstaatliche mit der vergeschlechtlichten Dimension von Gewalt: »In the language of feminicide, the female body also signifies territory, and its etymology is as archaic as its transformations are recent. It has been constitutive of the language of wars, tribal and modern, that the woman's body is annexed as part of the nation that is conquered« (Segato 2010, 83). Dies ist auch für den westeuropäischen, deutschsprachigen, postnazistischen Kontext von Bedeutung, weil Segato die Verhandlung von öffentlichem Raum im

39 Die gesetzliche Priorisierung von bestimmten Familienkonzepten wird beispielsweise im Ehegattensplitting in Deutschland deutlich. Alleinerziehende oder alternative Lebens- und Familienkonzepte erhalten oft keine gesetzlichen Unterstützungsleistungen.

Sinne eines Territoriums und die als privat verhandelten feminisierten und/oder rassifizierten Körper in Bezug zueinander setzt. Segato spricht hier aus der Perspektive eines kolonialisierten Staates, Eroberungslogiken sind demnach historisch in einen globaleren Kontext eingebettet, in dem sich feminisierte Körper sowohl aus vergeschlechtlichten als auch aus rassistischen Dominanzlogiken heraus angeeignet werden.

Die Idee der Eroberung spielt aber auch in Bezug auf die Konstruktion westeuropäischer Nationalstaaten eine Rolle. In aktuellen, vor allem von der extremen Rechten beschworenen (und teilweise ebenso in der sogenannten Mitte der Gesellschaft verbreiteten) Angstbildern und Untergangsfantasien, die in verschwörungsideologischer Manier das Abendland durch eine imaginierte Islamisierung bedroht sehen, finden entsprechende Vorstellungen und Narrative ihre Fortsetzung. Demnach würden die »fremden Invasoren« zuerst »unsere Frauen« (mittels sexualisierter Übergriffe) erobern und dann das Territorium ganz für sich einnehmen. Aber auch abseits rechtsextremer Ideologien bauen nationalistische Einstellungen auf einer bestimmten Vorstellung der heterosexuellen Kernfamilie auf, die den Fortbestand der jeweiligen Nation absichern soll und durch staatliche Förderungen begünstigt wird. Mit dieser Vorstellung von Nation gehen Ideen von Verfügungsgewalt, Kontrolle und Beherrschung von weiblich gelesenen Körpern einher.

Was als Gewalt gilt, wird strukturell bestimmt

Mit dem historischen Wissen über diese wirkmächtige »Zweiteilung« ist es für uns zentral, diese auch als gewaltförmig zu benennen: sowohl in ihrer binären Zuweisung als auch in der Abwertung von bestimmten feminisierten und »privatisierten« Tätigkeiten, Subjekten und Affekten. Auch die Benennung von Gewalt im vermeintlich »Privaten« ist Teil eines politischen Kampfes, da diese permanent unsichtbar gemacht und dem »Politischen« entzogen wird. Begreifen wir Femi(ni)zid als politischen Begriff, um patriarchale Gewalt benennen und bekämpfen zu können, so müssen wir (neu) bestimmen, was Gewalt eigentlich ist. Diese Frage beschäftigt seit langer Zeit queer_feministische und linke Akteur*innen, da sie höchst politisch und für mögliche soziale und politische Veränderungen zentral ist.

Welch paradoxe Vorstellungen von Gewalt(anwendung) aktuell vorherrschen, zeigt sich beispielsweise daran, dass der Schutz von Eigentum mit Gewalt verteidigt wird, während das massenhafte Töten und Sterbenlassen an den europäischen Außengrenzen als politisch legitim dargestellt wird. Was als Gewalt – und somit auch wer oder was als schützenswert – gilt, ist geprägt von einem bürgerlichen, androzentristischen Verständnis desselben. Das zeigt sich auch in Bezug auf die patriarchale Institution der Ehe, die einen rechtlichen Rahmen darstellt, in dem eingeschränkt werden kann, was als Gewalt gilt und was nicht. »So wurde die Wahrnehmbarkeit von Gewalt in der Ehe *als* Gewalt erst von Feminist*innen erkämpft« (AG Feministischer Streik 2022, 33). Im österreichischen Recht wurde erst 2004 ein Offizialdelikt eingeführt, das Vergewaltigung in der Ehe als solche anerkannte – davor wurde diese Verfügungsgewalt durch den Staat abgesichert und erzwungener Sex nur außerhalb der Ehe offiziell als Vergewaltigung angesehen.

Wir argumentieren demnach für eine breite Definition des Gewaltbegriffs, finden es jedoch wichtig, die Differenzen zwischen verschiedenen Formen von Gewalt sowie zwischen verschiedenen Positionierungen von Betroffenen zu benennen. Die Bestimmung davon, was als Gewalt gilt, ist immer Teil eines politischen Prozesses. Auch wenn Gewalt uns alle betrifft, betrifft sie uns alle nicht auf die gleiche Weise. Dies gilt ebenso für verschiedene Formen von Gewalt und soll keinesfalls mit einem strukturellen und sehr weiten Verständnis eingeebnet oder relativiert werden. Eine umfassende Definition hilft uns, epistemische und normierende/normalisierende Gewalt in unseren Analysen sichtbar zu machen und zu thematisieren bzw. uns selbst als Schreibende zu situieren. Als Aktivist*innen und Theoretiker*innen können wir uns von der historisch-spezifischen Bedeutung von Konzepten und Begriffen allgemein, und hier konkret von der Bedeutung von Gewalt, nicht gänzlich loslösen. Was wir als Gewalt begreifen (können), ist von neokolonialen Logiken durchzogen, die in unser Denken und unsere Handlungen eingeschrieben sind. So sind die Begriffe, die wir benutzen, von epistemischer Gewalt (Spivak 1988) durchzogen, die beschränkt, was überhaupt als Gewalt anerkannt wird und was nicht. Dazu gehört ebenfalls, dass wir immer wieder an uns selbst sowie an den politischen Zusammenhängen, in denen wir uns bewegen, beobachten können, dass und wie wir Formen patriarchaler Gewalt abwerten oder sie »intimisieren«. Das beginnt beim Denken in binären Logiken: »Aus postkolonialer [und queer_feministischer, Anm.] Sicht liegt Gewalt im engen wie im weiten Sinne in den eurozentristischen Paradigmen der Moderne selbst begründet, welche nach Ordnung und Klassifikation strebt, um unterwerfen und regieren zu können« (Brunner 2016, 93). Die dialektische Konstitution von modernen westlichen Nationalstaaten und ihren Kolonien sowie postkolonialen »Anderen« geht dabei Hand in Hand und wird von Quijano als anhaltende »Kolonialität der Macht« (Quijano 2000) bezeichnet. Das »konstitutive Andere« bildet dabei den zu externalisierenden Gegenpol zu vorherrschenden normierenden Konzepten von »Menschheit«, »Normalität«, »Natürlichkeit« und »Ordnung« (Fütty 2019, 59). Es sichert ableistische, rassistische, aber auch misogyne und transfeindliche Denkweisen und Externalisierungen ab, die ebenso bestimmen, was als öffentlich verhandelbar – d.h. als »legitime« Gewalt – gilt.

In der bürgerlichen Öffentlichkeit gelten die eigenen vier Wände in vielerlei Hinsicht als staatsfreier, als »privater« Raum, in den es sich von außen nach wie vor nicht einzumischen gilt. »Das physische Gewaltmonopol des Staates machte Halt vor der personalisierten Männergewalt im staatsfrei konzipierten Raum von Intimität, Liebe, Ehe und Familie«, schreibt Sauer (2018, 124). Diese bürgerlich-patriarchale Vorstellung, das »Private« sei ein abgeschlossener Raum, an dem »andere« Regeln gelten und in den sich staatliche Politiken nicht einzumischen hätten, rechtfertigt und sichert patriarchale, männliche Besitz- und Vormachtvorstellungen. Außerdem wird dadurch verkannt, wie staatliche repressive Eingriffe ohnehin das vermeintlich Private, wie beispielsweise Sexualpraktiken, normieren (Foucault 1987). Das ist vor allem von Relevanz, wenn man bedenkt, dass in Österreich die meisten Femi(ni)zide in nahen Beziehungen, im vermeintlich »privaten« Raum, verübt werden.[40] Wie wir später noch diskutieren werden, braucht es unbedingt breite Analyseperspektiven, die auch Fälle darüber hinaus miteinbeziehen, die beispielsweise die Spezifik von Transiziden (als Femi[ni]zide an trans Personen) fassen können und die es ermöglichen, von Gewalt überhaupt zu erfahren, die von Statistiken nicht erfasst wird (bzw. werden kann) und die in bürgerlichen Medien nicht vorkommt.[41]

Dennoch muss auch das »Zuhause« – das, was als »privat« gilt – genauer in den Blick genommen werden. Die Leiterin des Instituts für Konfliktforschung in Wien, Birgitt Haller, kritisiert zu Recht den fehlenden bzw. mangelhaften staatlichen Gewaltschutz angesichts der hohen Zahl an Femi(ni)ziden. Femi(ni)zide müssten doch im österreichischen Kontext ein erhebliches nationales Sicherheitsrisiko darstellen. »Angesichts eines solchen [staatlichen, Anm.] Gewaltverständnisses bedeutet private Gewalt keine Gefährdung der inneren Sicherheit, weil sie sich nicht gegen das staatliche Gefüge richtet« (Haller 2003, 195). (Femi[ni]zidale) Gewalt ist aber ein gesellschaftliches Problem, ein

40 Umfassende Daten dazu gibt es leider nicht. Laut Angaben der Wiener Interventionsstelle mit Daten aus Wien sind 2020 über 65 % der Gefährder*innen, Partner*innen oder Ex-Partner*innen, über 20 % weitere Familienangehörige. IST (2021): »Statistik 2020«. URL: https://www.interventionsstelle-wien.at/download/?id=785; ähnliche Daten gehen auch aus dem 6. Österreichischen Familienbericht hervor: Über 65 % der Morde in Österreich wurden in einem sozialen Naheverhältnis verübt. BKA (2021): »Österreichischer Familienbericht«. URL: https://www.bundeskanzleramt.gv.at/dam/jcr:7a4c61a9-226a-4130-a14f-30051e9beff3/6-Familienbericht-2009-2019_Familienbericht_BF.pdf

41 Andere Arten von Femi(ni)ziden werden hier erklärt: Feminicidio.net (2012): »Tipos de feminicidio o las variantes de violencia extrema patriarcal«. URL: https://feminicidio.net/tipos-de-feminicidio-o-las-variantes-de-violencia-extrema-patriarcal/; sowie auch in Kapitel 5.

Demokratieproblem, weil der Schutz vor patriarchaler Gewalt vonseiten des Staates nicht (für alle) gewährleistet ist. Doch Teil der »subjektlosen Gewalt« des modernen Staates war von Anbeginn (legitimierte) personalisierte vergeschlechtlichte Gewalt (Sauer 2011, 2018).

Dieses Argument wird nochmal verstärkt aus Perspektive Schwarzer sowie dekolonialer Feminist*innen relevant, die die Gewaltförmigkeit staatlicher Institutionen verdeutlichen. Françoise Vergès kritisiert am *weißen* Feminismus, dem sogenannten »civilizational feminism« (2021, 4), dass im Namen von »Feminismus« kolonial-rassistische Politiken fortgeschrieben werden, die sich insbesondere in staatlichen Institutionen manifestieren. »Even today, access to prenatal and postnatal care is not equally distributed, racialized women are more easily deprived of access to care, and they are more often victims of medical neglect, if not abuse« (ebd., 32). Gerade im Kontext patriarchaler Gewalt erschwert struktureller Rassismus effektive Schutzräume für von Gewalt Betroffene. »No institution appears to be free of structural racism: not schools, not the courts, not prisons, not hospitals, not the army, nor art, culture, or the police« (ebd.). Auch Vanessa E. Thompson verweist in einem Interview auf ein massives Rassismusproblem im deutschsprachigen Raum in kontrollierenden staatlichen Institutionen und wirft Fragen danach auf, für wen Sicherheit und Schutz eigentlich gelten sollen, und wer davon ausgeschlossen ist. »Die Entstehung der modernen Polizei ist dabei nicht nur an koloniale, sondern auch an patriarchale und sozioökonomische Wirkweisen gebunden; es geht um die Sicherstellung von Besitzverhältnissen, die vergeschlechtlicht und rassifiziert sind sowie um das Management von Körpern, die als ›störend‹ kriminalisiert werden – beides spielt historisch eine große Rolle in Bezug auf Bürger*innenrechte, Dehumanisierungs- und Ausschlussprozesse« (Thompson 2020). Patriarchale Gewalt wird demzufolge auch hinsichtlich staatlicher Bearbeitungsmodi intimisiert und zur »Privatsache« gemacht, gleichzeitig wird sie zu einem Problem der »Anderen«, da sie für den Kern der bürgerlichen Öffentlichkeit vermeintlich kein Problem darstellt (dazu auch Lagarde 2010, xiv).

Vor dem Hintergrund, dass patriarchale und femi(ni)zidale Gewalt gesellschaftlich »unsichtbar« gemacht und »privatisiert« wird, sie in vielen Fällen auch nicht als Gewalt betrachtet und damit bagatellisiert wird, betonen Fregoso und Bejarano in ihrer Konzeption von Femi(ni)zid, dass eine analytische Perspektive auf die Trennung der Sphären »Produktion« und »Reproduktion« sowie »öffentlich« und »privat« zum Verständnis von Femi(ni)ziden hilfreich ist, um die gewaltvolle Aufrechterhaltung dieser Trennung und Hierarchisierung zu verstehen (2010, 9). Das Verhältnis dieser beiden Bereiche verändert sich und ist historisch spezifisch. Denn ohne eine analytische Konzeption des »Privaten« im Verhältnis zu dem, was als »öffentlich« gilt, gerät schnell dessen repressiver Gehalt aus dem Blick. »Family matters are private«, zitieren Fregoso und Bejarano (ebd., 10) eine oft genutzte Phrase, mit der Gewalt im »Privaten« unsichtbar gemacht wird und der es feministische Perspektiven entgegenzuhalten gilt. Trotz dieser materialistischen Bezugnahme weisen Femi(ni)zide jedoch über die binäre Trennung hinaus, indem sie die Verwobenheit von Gewalt auf allen gesellschaftlichen Ebenen sichtbar machen, auch jenen, die sich in dieser Zweiteilung nicht (wieder)finden.

Das Ideal binär-hierarchischer Geschlechterverhältnisse ist immer nur Konstrukt

Gewalterfahrungen sind so unterschiedlich, Gewaltverhältnisse so komplex und vielfältig, dass wir sie auf verschiedene Weisen und aus verschiedenen intersektionalen feministischen Perspektiven heraus analysieren und angreifen müssen. Wie bereits argumentiert, bezieht sich ein wichtiger Aspekt der Gewaltpolitisierung darauf, sie aus dem vermeintlich »Privaten«, Vereinzelten, Intimen zu holen, besprech- und verhandelbar zu machen und damit zu zeigen, dass eins damit nicht allein ist. Gewalt isoliert, Kapitalismus vereinzelt. Femi(ni)zide passieren allerdings nicht nur im »Privaten«, sondern auch in der »Öffentlichkeit«. Sie sind, wie in der Arbeitsdefinition angeführt, »both private and public«

(Fregoso/Bejarano 2010, 5). Wir können nicht davon ausgehen, dass das »Zuhause« für alle FLINTAs die gleiche Bedeutung hat und damit (gleich) gefährlich ist. Angela Davis kritisiert die Homogenisierung und Universalisierung der *weißen* bürgerlichen Frau und streicht den unterschiedlichen Bezug von Schwarzen Frauen zu reproduktiver Arbeit und »dem Haushalt« heraus (Davis 1983). Welche Menschen wo mehr Gewalt ausgesetzt sind, ist von strukturellen intersektionalen Ungleichheiten durchzogen. Das »Zuhause« ist auch für Schwarze Frauen kein gewaltfreier Ort. Gleichzeitig wird die Komplexität der Gewaltbetroffenheit darin deutlich, dass vor allem im deutschsprachigen, hegemonial *weißen* Raum, die Straße und der öffentliche Raum von rassistischer Gewalt durchzogen sind. Das »Zuhause« kann zu einem notwendigen Rückzugsort werden. Umso wichtiger erscheint es uns, bei einem breiten Verständnis von Gewalt anzusetzen und die Orte, an denen Menschen Gewalt ausgesetzt sind, sowie die verschiedenen Formen dieser Gewalt zueinander in Bezug zu setzen.

Die (historisch gewordenen) gesellschaftlichen Bedingungen, in denen Femi(ni)zide stattfinden, zu benennen, bedeutet, sich mit den gewaltvollen und wirkmächtigen Idealen einer binär-hierarchischen Geschlechtlichkeit auseinanderzusetzen. Damit einhergehende Rollenzuweisungen und eine spezifische Arbeitsteilung sowie die Legitimierung von bestimmten monogamen Zweierbeziehungen und heterosexuellen Kernfamilien sind im globalen Kapitalismus systematisch. Diese Diskussion ist allerdings stets vor dem Hintergrund zu verstehen, dass gesellschaftliche Ideale nie für alle Menschen erreichbar waren und nie für alle FLINTAs gleichermaßen galten. Ihre Stabilisierung baute immer auf einem »Anderen«, »Verworfenen« auf, das sich nicht in einer spezifischen Binarität erschöpft. Sie waren immer gesellschaftlich konstruiert und stellten eine Universalisierung spezifischer cis-patriarchaler *weißer* und bürgerlicher Werte dar.

Ein Analyseinstrument, auf das wir demnach zurückgreifen, um die binär-hierarchische Zweiteilung bzw. die Gewaltförmigkeit einer bestimmten hetero-patriarchalen Norm zu bestimmen, ist das Konzept der *Heteronormativität*, das von Michael Warner (1991) geprägt wurde. Wir begreifen dieses im Anschluss an Cathy Cohen (1997) als *Normalisierungsmodus*. Mit dieser theoretischen Brille versuchen wir, auch aufbauend auf Brigitte Bargetz und Gundula Ludwig, eine »gesellschaftstheoretische Einbettung von Heteronormativität« (Bargetz/Ludwig 2015, 12) vorzunehmen. In unseren Analysen von Femi(ni)ziden machen wir deutlich, wie »Heteronormativität mit patriarchalen Geschlechterverhältnissen verwoben ist« (ebd.) – beispielsweise im Kontext der hetero Kleinfamilie – und verstehen das Konzept der Heteronormativität nicht kategorial. Das bedeutet, »jene Ansätze und Perspektiven, in denen ein identitäres, fixierendes und zweigeschlechtliches Verständnis von Sexualität zur Geltung kommt, indem die Trennlinie zwischen Heterosexualität und Homosexualität zentral gesetzt wird« (ebd., 14), zu kritisieren. Für ein Verständnis von Femi(ni)ziden ist dies insbesondere hinsichtlich der vielfältigen Formen von femi(ni)zidaler Gewalt und der Subjekte, die davon betroffen sind, von Bedeutung. Denn jene, die als »Andere« verworfen werden, und jene, die gesellschaftlichen Rollen »besser« entsprechen, konstituieren sich nicht als zwei gegenüberstehende Gruppen, sondern vielmehr in einem Kontinuum. Femi(ni)zide passieren zudem aufgrund von Zuschreibungen und nicht auf Basis selbstbestimmter Geschlechtsidentitäten. Das Verhältnis von Gewalt *im* Geschlechterverhältnis und *des* binär-hierarchischen Geschlechterverhältnisses ist demzufolge nicht ohneeinander zu verstehen.

Insbesondere aus gesellschaftlich marginalisierten Perspektiven heraus wird kritisiert, dass sich nicht nur das Verständnis von dem, was als Gewalt gilt, verändern muss, sondern auch der Modus der Kritik der Gewaltverhältnisse (ebd., 9). Dies trifft auf die Analysekategorien, eurozentrische Episteme, aber auch auf feministische Gesellschaftsanalysen, die bloß von bürgerlichen Idealen ausgehen, zu. Die gewaltvolle binäre Trennung der Sphären gilt es zum einen als Herrschaftsmodus und Konstrukt auszuweisen, das immer schon durchkreuzt wurde (siehe Vorwort der von Drognitz et al. (2017, 11) verfassten deutschen Übersetzung von Precarias a la Deriva), und zum anderen die damit einhergehenden (epistemischen) Ausschlüsse zu reflektieren. Im Kontext der in Österreich bekannt gewordenen Femi(ni)zide und der gesellschaftlichen Entpolitisierung bzw. Re-Privatisierung der Taten, ist diese Dimension enorm wichtig. Daher versucht der Begriff Femi(ni)zid das zu benennen, was gesellschaftlich entnannt wird. Ein herrschaftskritisches Konzept der Heteronormativität weist in unserem Verständnis aus, dass binär-hierarchische Geschlechterverhältnisse auf »modernen« Dichotomien aufbauen, die mitunter auf einem Jahrhunderte auf einem Jahrhunderte alten kolonialen System basieren. Diese Form der Wissensproduktion (wie in diesem Buch) stellt auch eine Form von normativer bzw. epistemischer Gewalt dar, denn viele Gewaltformen können wir mit dieser Perspektive nicht in den Blick bekommen, bestimmte Erfahrungen von Gewalt werden wir mit der Form des akademischen, schriftlichen Textes nicht ausreichend erfassen können. Dieses (Un-) Sichtbarmachen bestimmter Erfahrungen in Textform ist ebenso von Gewaltverhältnissen durchzogen. Obwohl es uns wichtig erscheint, gesellschaftliche Trennungen in ihrer Gewaltförmigkeit und Wirkmächtigkeit zu benennen, vereinheitlichen und homogenisieren wir damit Erfahrungen und zwängen sie zum Teil in »moderne« dichotome Konzepte, ohne deutlich zu machen, dass das Denken in Dichotomien eng verbunden ist mit einer kolonialen Herrschaftspraxis.

Anzaldúa betont die Stärke, dichotome Denkmuster auch in unseren Analysen radikal zu hinterfragen und von der »Grenze«, von der Beziehung verschiedener gesellschaftlicher Bereiche, zu denken und zu handeln: »A massive uprooting of dualistic thinking in the individual and collective consciousness is the beginning of a long struggle, but one that could, in our best hopes, bring us to the end of rape, of violence, of war« (2012, 78 f.). Wir haben in Kapitel 2 aufbauend auf Anzaldúas Überlegungen zur Grenzfigur die Frage aufgeworfen, wie wir die wirkmächtigen Normen der Gesellschaft benennen und kritisieren können und zugleich uns alle an Grenzen markieren, die permanent übertreten werden (sollen und können). Wenn wir uns mit unseren Körpern gemeinsam auf den Straßen bewegen, überschreiten wir Grenzen, wir durchkreuzen unsere uns zugeschriebene, ins »Private« gedrängte Position. Gleichzeitig sind diese Grenzen so mächtig – sie teilen uns und werden mit Gewalt aufrechterhalten.

Dieses Buchprojekt stellt sich für uns hinsichtlich epistemischer Gewalt durchaus ambivalent dar. Ausgehend von diesen Grenzen und unseren eigenen grenzüberschreitenden Positionalitäten ermöglicht es uns oft, Formen von Gewalt sichtbar und benennbar zu machen, die gesellschaftlich permanent unsichtbar gemacht werden. Dies erlaubt auch ein Aufbrechen von Dualismen, indem sie als gewaltvoll und konstruiert entlarvt werden.

»Im Zentrum der Gewalt steht Macht und Kontrolle«[42]

Nachdem wir nun über die historisch durchgesetzte Sphärentrennung die Durchsetzung des heteronormativen Ideals der Zweigeschlechtlichkeit analysiert haben, wollen wir uns im Folgenden näher anschauen, wie dieses Konstrukt der »Zweiteilung« abgesichert wird. Wir werden in Anlehnung an das Zitat des AK Feministische Geographien Frankfurt argumentieren, dass die Gewalt der binär-hierarchischen Geschlechterverhältnisse über Macht und Kontrolle abgesichert und reproduziert wird.

Moderne Eigentumsverhältnisse als Geschlechterverhältnisse

Mit der historischen Durchsetzung moderner Eigentumsverhältnisse geht auch eine Veränderung der Geschlechterverhältnisse einher. Dabei richtet sich die Vorstellung von Besitz und Eigentum nicht nur gegen Dinge oder Waren, sondern auch gegen konkrete Körper. Eigentumslogiken werden auf zwischenmenschliche Beziehungen übertragen, was

42 AK Feministische Geographien Frankfurt (o. J.): »Femi(ni)zide«. URL: https://storymaps.arcgis.com/stories/d5f0ca7d7436478a8883a00993b183e2

ein Spezifikum der modernen Eigentumsform darstellt (Redecker 2020, 28 ff.). Die Beziehung zwischen der Vorstellung eines Besitzverhältnisses und der Beherrschbarkeit von (feminisierten) Körpern werden wir im nächsten Abschnitt analysieren. Zunächst sollen diese Eigentumsverhältnisse und Besitzvorstellungen konkret ausgeführt werden.

Mit der Etablierung der modernen kapitalistischen Produktionsweise beziehen sich diese Vorstellungen zum einen auf ein spezifisches Selbstverhältnis als Besitzverhältnis. Damit ist die Objektifizierung und Rationalisierung des eigenen Körpers zum Zwecke seiner kapitalistischen Verwertbarkeit gemeint, welche Menschen zu Besitzer*innen ihrer selbst macht und als Besitzer*innen ihrer Arbeitskraft begreift (Ludwig 2021; Redecker 2020). Zum anderen beziehen sich diese Vorstellungen auf ein Besitzverhältnis innerhalb der binär-hierarchischen Geschlechterverhältnisse, die aber mit den vermeintlich neutralen und natürlichen Dichotomien Mann/Frau, Kultur/Natur und Subjekt/Objekt ideologisch verstellt sind. Dadurch wird eine Verfügbarkeit über das (weibliche oder feminisierte) »Andere« gesichert, so als seien sie (wie Natur) Eigentum.

Aus historischer Perspektive spannt die Philosophin Eva von Redecker den Bogen zwischen Hexenverfolgung und Institutionalisierung der patriarchalen Kleinfamilie. Sie argumentiert so, dass Geschlechterverhältnisse in (kapitalistische) Eigentumslogiken überführt wurden: »In der Inquisition und im verschärften patriarchalen Eherecht ging es aber nicht nur um die Übertragung vorher bestehender Vermögen – es ging darum, die vormodernen Geschlechterbeziehungen in eine neue Form zu überführen, die dem Verhältnis zwischen souveränem Eigentümer und verfügbarer Ressource entsprach« (Redecker 2020, 30 f.). Patriarchale Besitzvorstellungen wurden vor allem durch Institutionen wie die der Familie bzw. der bürgerlichen Ehe abgesichert. Binär-hierarchische Geschlechterverhältnisse und die Verfügungsgewalt von als Männer positionierten Personen über feminisierte Körper wurde damit materiell und ideologisch gewährleistet. Dieses durch Jahrhunderte etablierte Gewaltverhältnis reicht bis in aktuelle Beziehungskonstellationen und wurde durch die Institution der Ehe stabilisiert. Es unterstellte dem Ehemann die volle Versorgungstätigkeit der Ehefrau, ihr Vermögen, das Recht auf sexuellen Zugriff und die Entscheidungsgewalt über ihren Körper. Erst langanhaltende Kämpfe von Feminist*innen führten in den 1970er Jahren zur gesetzlichen Durchsetzung ihrer (zumindest) rechtlichen Gleichstellung innerhalb der Familie. Auch die ideologischen Muster reichen bis heute, wenn wir uns beispielsweise die kulturell und diskursiv üblichen Bilder anschauen, denen zufolge Frauen als »Beute« erobert werden sollen (siehe Pick-Up Artists). Auch Gago schreibt, dass Frauen und feminisierte Körper mit dieser modernen Form von Eigentum zum Gemeingut von Männern erklärt wurden, zu einer Art natürlichen Ressource, auf die Männer ebenso freimütig zugreifen können, wie sich Kapitalist*innen dem Reichtum der Natur bedienen. Gago hebt zudem die koloniale Dimension der Aggression gegen feminisierte Körper hervor, die laut ihr ein Regime der Aneignung und Ausbeutung radikalisiert, in dem feminisierten und/oder rassifizierten Körpern das Wissen um sich selbst enteignet wird (Gago 2021, 92 ff.).

Zum Verständnis von patriarchaler Gewalt und Femi(ni)ziden beschreiben sowohl Redecker, Gago als auch Segato eine wirkmächtige Dichotomie von Subjekt und Objekt, die als Frauen gelesene Personen als (Halb)Objekte und (Halb)Subjekte zugleich wahrnehmen lässt (Gago 2021; Redecker 2021, 197; Segato 2021, 61). Redecker veranschaulicht dieses Verhältnis auch aktuell in Bezug auf ein Gerichtsurteil von 2008 in Deutschland (2021, 197). In diesem Fall galt ein Femi(ni)zid nicht als Mord und wurde strafmildernd behandelt, da dieser nach einer Trennung erfolgte. Weil der Angeklagte sich »seiner Ehefrau« beraubt sah, tötete er, so die Verharmlosung, »was er eigentlich nicht verlieren wolle«. »Die Tötung, mit der er ›sich ihrer beraubte‹, könne deshalb nicht beabsichtigt gewesen sein [...] er hat sie behalten wollen, aber nicht lebendig« (ebd.). Dieses Beispiel verdeutlicht die Nicht-Anerkennung der als Frau gelesenen Person als (Rechts)Subjekt. Damit analysiert Redecker den Femi(ni)zid auch als eine Art erneuter

Entsubjektivierung der betroffenen Person, indem die Entscheidung zur Trennung vom männlichen Partner (im Sinne ihrer eigenen Handlungsfähigkeit) delegitimiert und abgesprochen wurde. Außerdem objektifizieren die hier zitierten Formulierungen die Betroffene und rechtfertigen die Besitzansprüche des Täters.

Obgleich sich der gesellschaftliche Kontext unterscheidet, wird auch in vielen Analysen von Ciudad Juárez der Zusammenhang von Warenförmigkeit und feminisierten und/oder rassifizierten Körpern betont und thematisiert, inwiefern letztere als Waren objektifiziert werden. Im Buch »Terrorizing Women« argumentiert Fragoso, dass es notwendig sei, die ungleichen Machtstrukturen zwischen Frauen zu betrachten: »As such, we can visualize the power of wealth over poverty, the power of adulthood over youth, the power of a white elite over *racialized* women – in sum, ›a dirty war‹ propped up by several factors against the disposable bodies of the women (Fregoso 2003, 2) that are exterminated by misogyny and sexual-political terrorism. It is an effective means for controlling women socially in which the power of the state over the social body is always present« (Monárrez Fragoso 2010, 63 f.). Frauen würden Waren in der Sphäre der Konsumtion repräsentieren, die einen »Tauschwert« entsprechend der kulturellen materiellen Lebenskontexte besitzen. »Thus, women are converted into items of consumption, into useful commodities whose bodies are frequently valued for their (re)productive potential and for, among other things, being zones of desire with a consumable difference. These bodies therefore need to be regulated, disciplined, and classified in their use and exchange in the different spheres of domination in which they are used and consumed« (ebd., 64 f.).

Das moderne Eigentumsverhältnis entpuppt sich historisch demnach auch als Geschlechterverhältnis. Wie Redecker anhand ihres Begriffs des Phantombesitzes darstellt, wurde die gesetzlich verankerte Verfügungsgewalt über emanzipatorische Kämpfe von feministischen sowie antirassistischen Aktivist*innen zwar torpediert, doch ihre Logik keineswegs vollkommen aufgelöst. Tatsächlich lebt diese als historisches Erbe fort und wird stets durch ihre Verinnerlichung reproduziert (Redecker 2020, 37): »Gewalt [...] findet nicht in wahllosen, spontanen Exzessen statt, sondern folgt merklich den patriarchalen und rassistischen Aneignungsmustern.«

Beherrschbarkeit und Beherrschbarmachung von feminisierten und/oder rassifizierten Körpern

Die Überführung von Eigentumslogiken in zwischenmenschliche Beziehungen versteht Redecker als Spezifikum der modernen Eigentumsform, die sich dadurch kennzeichnet, dass sie zerstörbar ist und als »›Sachherrschaft‹ unter Menschen« (Redecker 2020, 27) in Besitzansprüchen gegenüber Menschen tradiert wurde. Dementsprechend wurde durch ein hierarchisches Verhältnis das weibliche, feminisierte und/oder rassifizierte Gegenüber zur Sache, über die es eine absolute Verfügungsmacht gibt (ebd., 27 ff.). »Soziale Sachherrschaft« – die sich hier konkret in Form kolonialer und patriarchaler Sachherrschaft niederschlägt – »ist die Verfügung über Aspekte lebendiger Gegenüber, als seien sie Eigentum« (ebd., 32). Femi(ni)zide sind daher immer auch ein Ausdruck gesellschaftlicher Gewaltverhältnisse, zugleich tragen sie aber unmittelbar zur Stabilisierung gesellschaftlicher Gewaltverhältnisse und eines Selbstverständnisses der Beherrsch- und Verfügbarkeit bestimmter abgewerteter Körper bei. Im Zuge dieser Gewalt werden bestimmte Körper nicht nur immer wieder objektifiziert (und zum Eigentum gemacht), sie sollen vor allem auch beherrschbar sein und bleiben. Zentral ist dabei, dass den zur Sache erklärten Personen bestimmte Merkmale zugeschrieben werden, die Eigentumslogiken demnach immer intersektional mit anderen Abwertungsmechanismen wie rassistischen, ableistischen, misogynen, transfeindlichen etc. Verhältnissen zusammenwirken, welche die Unterstellung unter die moderne Eigentumsform ermöglichen sollen. Diese Zuschreibungen oder »Markierungen« (ebd.) werden naturalisiert, essentialisiert und institutionalisiert. Die Abwertung von allem nicht-Männlichen und die damit einhergehende

Dominanz von als männlich positionierten Personen mündet in vielen Fällen in Gewalt, die sich gegen FLINTAs richtet. Femi(ni)zide stellen in diesem Sinne das Extrem dieses Dominanz- und Beherrschungsbestrebens dar, das schließlich in der totalen Auslöschung mündet. »Auslöschung bedeutet, zumindest für den Moment, totale Dominanz« (Höckner/Maier 2020).

Diese Eigentumslogiken im Geschlechterverhältnis manifestierten sich historisch im Zusammenhang mit Kolonialismus. Denn die Ausweitung kapitalistischer Verwertungslogiken und Profitinteressen ging nicht nur mit der Einhegung von Land in Europa einher, sondern wurde gewaltvoll in kolonialistischer Expansion und Versklavungshandel verstetigt bzw. basiert darauf. Der transatlantische Versklavungshandel wurde zwar 1807 offiziell verboten, jedoch beendete dies weder die Ausbeutung von Menschen, die weiterhin als Versklavte arbeiten mussten, noch die rassistische Konstruktion, die das Gewalt- und Besitzverhältnis naturalisieren und legitimieren sollte (Redecker 2020, 50). Mit der Kolonialisierung wurde nicht nur ein rassistisches Regime, sondern auch bestimmte Vorstellungen von Geschlecht etabliert. Bezüglich der vorkolonialen Präsenz von patriarchalen Strukturen sind sich Theoretiker*innen zwar nicht einig – so argumentiert Lugones (2007), dass das Patriarchat eine koloniale Erfindung wäre und Geschlecht somit überhaupt erst mit der Kolonialisierung als kategorisierendes System eingeführt wurde (ebd., 186), während Segato (2021) die unterschiedlichen Ausformungen patriarchaler Strukturen in vorkolonialen und kolonialisierten Gebieten hervorhebt (ebd., 63). Deutlich wird jedoch, dass sich patriarchale und vergeschlechtlichte Verhältnisse nicht ohne einen Begriff von kolonialen und rassistischen Strukturen verstehen lassen: »Die Perspektive der Kolonialität ermöglicht das Verständnis der Geschlechterbeziehungen in ihrem Bedeutungsgefüge, und das ist die Kolonialgeschichte« (Segato 2021, 29). Dementsprechend müssen die Verbindungslinien zwischen kapitalistischer Einhegung und ihrer kolonialistischen Ausbreitung dargestellt werden. Damit geht nicht nur die Etablierung einer Hierarchisierung von zwei als vollkommen unterschiedlich imaginierten Geschlechtern einher, sondern neben einem kolonialistischen und kapitalistischen Dominanzverhältnis zwischen People of Colour und *weißen* Personen auch ein Abwertungsverhältnis zwischen Women of Colour und *weißen* Frauen, sowie zwischen Men und Women of Colour (Lugones 2007, 200 ff.). So wurden allen im patriarchalen System Rollen und Räume zugewiesen, die sie abhängig von rassifizierenden und vergeschlechtlichten Zuschreibungen ab- bzw. aufwerten sollten und dementsprechend nicht unabhängig von sowohl Klassen- als auch rassistischen Verhältnissen gesehen werden können. Damit hebt Lugones die Verbindungen zwischen Heterosexismus, Kapitalismus und Rassismus hervor, die genau mit den oben genannten Dominanz- und Abwertungsverhältnissen zusammenhängen (ebd., 187).

In der Kolonialisierung zeigen sich ähnliche Dimensionen wie die von uns bereits in Bezug auf die Durchsetzung des Kapitalismus (die Hexenverfolgung in Europa, die Beherrschbarmachung feminisierter Körper und die Institutionalisierung der bürgerlichen Kernfamilie) dargestellten. So wurden auch in kolonialisierten Gebieten Folter und Morde, die analog zu jenen der sogenannten Hexenverfolgung funktionierten, als Methoden der Disziplinierung und zur Herstellung von Dominanzverhältnissen eingesetzt (Federici 2018, 283). Des Weiteren wurde bei indigenen amerikanischen Gemeinschaften das Wissen um Körper, Sexualität, Medizin und generative Reproduktion durch die (christlich missionarische) Kolonisierungsbewegung gewaltvoll unterdrückt (ebd.) sowie die Einhegung des »Privaten«, eine vergeschlechtlichte Rollenzuteilung und ein damit einhergehendes hierarchisches Dominanzverhältnis eingeführt (Segato 2021, 95). Die Binarisierung von Geschlecht, die Unterdrückung nicht-männlicher und nicht-weiblicher Geschlechtsidentifikationen und anderer Verständnisse von Geschlecht sowie die spezifische Bedeutung von Geschlecht setzte die Durchsetzung von Heterosexualität voraus (Lugones 2007, 190) – und damit einhergehend ihre (auch gesetzliche) Verankerung in der Vorstellung der auf Monogamie basierenden Kernfamilie durch die Ächtung von polygamen Beziehungen (Federici 2018, 282). Die Abwertung durch rassifizierende und feminisierende Zuschreibungen hängen insofern zusammen, als dass People of Colour oftmals verweiblicht dargestellt, feminisiert wurden und werden.[43] Die Beherrschbarmachung feminisierter Körper ist eng mit der Entwicklung der kapitalistischen Produktionsweise und auf unterschiedliche Arten mit dem ihr zugrundeliegenden Kolonialismus verbunden und wurde über die Naturalisierung von (Rollen-)Zuschreibungen in Gesetzen institutionalisiert. Dementsprechend sieht auch Gago historische Verbindungslinien zwischen der patriarchalen, kolonialistischen und kapitalistischen Aneignung: »Die Unterwerfung von Frauen, der Natur und den Kolonien – unter der Parole der ›Zivilisation‹ – läutet die kapitalistische Akkumulation ein, der die geschlechtliche und koloniale Arbeitsteilung zugrunde liegt« (Gago 2021, 104). Das historisch entstandene moderne Eigentumsverhältnis bezieht sich somit nicht nur auf Territorien, sondern auch auf konkrete, rassifizierte und/oder vergeschlechtlichte Körper.

Einerseits etabliert es die Möglichkeit der Beherrschbarkeit von feminisierten und/oder rassifizierten Körpern, die auf kolonialen und modernen Vorstellungen basiert, und andererseits wird dieses Machtverhältnis durch Männlichkeit und Männerbünde durch die Beherrschung immer wieder reproduziert und erhalten.

Über die modernen Vorstellungen von Eigentum und Besitz wird demnach eine Art Verfügungsgewalt über bestimmte Körper imaginiert, wodurch die Ausübung von Gewalt für den männlichen Täter legitimiert erscheint. Wir haben bereits Segatos »Mandat der Männlichkeit« diskutiert, das beschreibt, inwiefern Männlichkeit auch danach bewertet wird, ob es gelingt, eine Frau zu »bekommen« und zu »behalten«. Während sich die männliche Gewalt als Verfügungsgewalt bzw. als »Disposition zur Aneignung« (Segato 2016, 47) gegen einen feminisierten Körper richtet, wird zugleich eine »Botschaft des Besitzes« (ebd.) an

43 Im Kontext von sexualisierter Gewalt werden PoCs nicht nur feminisiert (dargestellt), sondern häufig auch hypermaskulinisiert oder/und es wird ihnen eine vermeintlich »gefährliche« Sexualität zugeschrieben (Collins 2005).

andere als männlich positionierte Personen und zur Stabilisierung der eigenen männlichen Position ausgesendet. Die Gewalt und das Streben nach absoluter Verfügungsmacht dienen dementsprechend dazu, Territorien ein- und abzugrenzen – und in diesem Machtverhältnis sind feminisierte Körper den geographischen Territorien gleichgesetzt. »Die Eigentümer des Ortes drücken ihre territoriale Kontrolle aus, indem sie ihr Vermögen zum Verschwinden-Lassen, zum Leiden-Lassen und zum Töten auf den Körpern der Frauen ›einschreiben‹ wie auf eine Tafel oder einen Rahmen« (Segato 2021, 98). Dementsprechend wird die patriarchale Gewalt in Männlichkeit eingeschrieben und von dieser normalisiert.

Im lateinamerikanischen und karibischen Kontext wie bei Gago oder Segato, aber auch bei Federici ist die Rede von einem Krieg gegen Frauen bzw. gegen feminisierte Körper und Wissensformen. »Die Hexenjagd war also ein Krieg gegen Frauen: ein konzentrierter Versuch, sie abzuwerten, sie zu dämonisieren und ihre gesellschaftliche Macht zu brechen. Gleichzeitig waren die Folterkammern und die Scheiterhaufen, auf denen die Hexen starben, die Orte, an denen die bürgerlichen Ideale der Weiblichkeit und Häuslichkeit erfunden wurden« (Federici 2018, 230). Durch diesen Krieg sollten bestimmte Formen von Wissen und Macht, insbesondere über Körper, ausgelöscht und gleichzeitig bürgerliche Ideale von Weiblichkeit und Häuslichkeit als Norm festgelegt werden. Tatsächlich wurden nicht nur Frauen, die sich der Durchsetzung des Kapitalismus widersetzten, verfolgt und getötet. Es ging ebenso um die Zuschreibung von Weiblichkeit und eine damit vermeintlich einhergehende Gefahr für die kapitalistisch-patriarchale Ordnung. So meint Federici: »Doch es war nicht nur die deviante Frau, sondern *die Frau als solche, und insbesondere die Frau aus den Unterklassen, die vor Gericht gestellt wurde* [Herv. i. O.]« (ebd., 229). Bezugnehmend auf Federicis Analysen fragt Gago, ob die Idee der Hexenverfolgung sich aktualisieren lässt und hebt drei Dynamiken hervor, welche, wenn auch ohne Scheiterhaufen, Logiken dieses Krieges reproduzieren: Die patriarchalen Geschlechterverhältnisse werden weiterhin über die bereits eingehend erwähnten Besitz- und Beherrschungslogiken, die sowohl feminisierte und/oder rassifizierte Körper als auch Territorien umfassen, produziert, kollektive Aktionen von Feminist*innen werden mit (staatlicher) Kriminalisierung konfrontiert und die patriarchal-kapitalistische Ordnung wird durch die Präsenz und Macht männlicher und klerikaler Autoritäten bewahrt (Gago 2021, 91).

Dementsprechend lassen sich historische Kontinuitäten dieser Gewalt ablesen, die eine binär-hierarchische Geschlechternorm hervorgebracht haben und weiterhin stabilisieren. Die patriarchale Ordnung der binärhierarchischen Normalität stabilisiert sich also in einer historischen Kontinuität, die diesen Theoretiker*innen zufolge als Krieg gegen feminine und feminisierte Körper verstanden werden muss, sich allerdings aufgrund konkreter sozialer Kontexte auch verstärken kann. Feminisierte Körper werden damit, wie in diesem Kapitel bereits argumentiert, zu Austragungsorten männlicher Krisen und sozialer Konflikte. Zugleich fungieren Männlichkeit und die Herstellung von männerbündischen Strukturen als Machterhalt. Damit stützen wir die These, dass die im Zusammenhang mit Männlichkeit ausgeübte Gewalt keineswegs nur krisenbedingt, sondern eine Norm, eine Normverlängerung, ist.

Die Alltäglichkeit der Gewalt bezieht sich daher nicht nur auf bestimmte, besonders rebellische als Frauen gelesene Personen. All jene Personen, die aufgrund patriarchaler Logiken – auch in Verbindung mit anderen Machtverhältnissen – abgewertet werden und denen zugeschrieben wird, dass sie diese patriarchalen Verhältnisse in Frage stellen könnten, sind potentiell von dieser Form von Gewalt betroffen. Aus queerer Perspektive bedeutet das auch, dass jede Infragestellung der vermeintlich strikten und klaren Binarität zur Legitimationsgrundlage vergeschlechtlichter Gewalt wird. Dabei ist nicht per se ausschlaggebend, ob die von Gewalt betroffene Person, beispielsweise über ihre Geschlechtsidentifikation oder Sexualität, das heteronormative binäre Verhältnis durchkreuzt. Viel eher handelt es sich um projektive Zuschreibungen auf Körper abseits cis-männlicher Normen. Insofern ist laut Gago der »Krieg gegen Frauen« als »Krieg gegen feminine und feminisierte Figuren« (Gago 2021, 94) zu verstehen. Aus diesem leitet sie zugleich einen Möglichkeitsraum ab und wendet damit den Begriff des Krieges in Handlungsperspektiven um. Demnach bedeutet dieser Krieg auch, sich auf ein bestimmtes Körperwissen beziehen zu können: Wenn der Krieg als Krieg gegen bestimmte Körper verstanden wird, muss genau diese Struktur erkannt werden, »um die Gewalt nicht länger zu verschweigen« (ebd., 98).

In diesem Sinne kann die Frage, was es bringt, patriarchale Gewalt aus der Perspektive von Femi(ni)ziden zu analysieren, doppelt beantwortet werden: Einerseits ermöglicht diese Perspektive, Zusammenhänge zwischen verschiedenen Formen von Gewalt herzustellen. Andererseits können wir durch sie begreifen, wie wir alle, in der jeweiligen Spezifität und auf unterschiedliche Arten, von Gewalt betroffen sind. Der kollektive Widerstand ergibt sich dann nicht per se in/aus der gemeinsamen Erfahrung der Gewalt, »sondern das Gemeinsame entsteht durch das *situierte und transversale Infragestellen von Gewalt* [Herv. i. O.]« (ebd., 74).

Intersektionale Abhängigkeiten: Gegen die Homogenisierung und Hierarchisierung von Verletzlichkeiten

Wie sich aus den hier erarbeiteten Analysen zeigt, sind wir in verschiedene Verhältnisse verwoben, welche unterschiedliche Abhängigkeiten hervorbringen und uns in diese einbinden. Kapitalistische, kolonialistische, rassistische, patriarchale, sexistische und ableistische Verhältnisse machen die konkreten Individuen innerhalb dieser gesellschaftlichen Strukturen mehr oder weniger verletzlich, die »Gefährdetheit« ist ungleich verteilt (Butler 2018, 48). Worum es aber strategisch geht, ist nicht, diese Verletzlichkeiten gegeneinander auszuspielen, sondern die dahinterliegenden Strukturen zu begreifen und gemeinsam bekämpfen zu können. In »Für eine Feministische Internationale« thematisiert Gago die Notwendigkeit der Anerkennung von vielfältigen Abhängigkeiten und gesellschaftlichen Positionen, welche nicht in Viktimisierung und Hierarchisierung von verschiedenen Identitäten enden soll, sondern diese in ihrer Differenz ernst nimmt (2021, 206). Die Geschlechterverhältnisse können nie allein, sondern immer nur in ihrer konkreten Verwobenheit mit anderen Verhältnissen verstanden und verändert werden. Demzufolge braucht es auch eine intersektionale Bewegung, die Femi(ni)zide und patriarchale Gewalt in dieser Komplexität verortet.

Gago stellt dabei Überlegungen zu alternativen Konzepten von Eigentum, Körper und Widerstand an, um sie dem lebenszerstörenden Kapitalismus entgegenzustellen. Der Begriff des »Körper-Territoriums« (Gago 2021, 105) soll als emanzipativer Ausbruch aus der Reproduktion dieser gewaltvollen Geschlechterverhältnisse wechselseitige Abhängigkeiten sichtbar machen und sie ins Zentrum der gegenseitigen Bezugnahme stellen. Es gehe nicht mehr um Besitz, sondern um Nutzung (ebd., 105 ff.). Das Selbstverständnis des eigenen Körpers als (Teil von einem) Territorium stellt Verbindungen und Interdependenzen zwischen vielen Körpern einerseits und der Umgebung andererseits her. Insofern steht Körper-Territorium dem abstrakten, individuellen und individualisierten Eigentümer gegenüber (ebd., 121) und untermauert das Kollektive. »Auf diese Weise verdeutlichen sie [die Feminismen, die vom Körper-Territorium ausgehen], dass es die Ebene des Gemeinsamen ist, die enteignet und ausgebeutet wird, und ermöglichen so letztlich die Anwendung einer politischen Kartografie des Konflikts« (ebd., 106 f.). Dementsprechend analysiert Gago das (Selbst)Verständnis als Körper-Territorium und die Hervorhebung der Notwendigkeit und Möglichkeit von Allianzen auch als Gegenbewegung zur Vereinzelung: »Das Territorium-Werden des Körpers ist eine Räumlichkeit, die der häuslichen Einhegung entgegensteht« (ebd., 125 f.). In diesem Kontext sind auch die Straßen, die Feminist*innen mit ihren Körpern besetzen, beispielsweise um gegen Femi(ni)zide, patriarchale Gewalt oder die Kriminalisierung von Schwangerschaftsabbrüchen zu demonstrieren, zu verstehen.

Die Einhegung in das vermeintlich Private wird unterminiert, die Gewalt, die in diesem »Privaten« stattfindet und in der Logik der bürgerlichen Familie unsichtbar und unausgesprochen bleiben soll, wird thematisiert – es werden Erfahrungen geteilt, die die gesellschaftlichen Gewaltverhältnisse aufzeigen, und die weibliche Zurückdrängung in den Haushalt durch Vernetzungen und die Bildung von Allianzen ausgehebelt. Mit der Perspektive des Körper-Territoriums werden eingrenzende Eigentums- und Besitzlogiken gegen Öffnungen auf das vielfältig Kollektive eingetauscht. Dementsprechend wirkt das Körper-Territorium als (Wieder)Aneignung, die sich explizit gegen patriarchale Verfüg- und Beherrschbarkeit richtet und damit die binär-hierarchischen Geschlechterverhältnisse und ihre Normalisierung in Frage stellt, so Gago. Auch Redecker (2020) beschreibt Aktivist*innen, die Femi(ni)zide politisieren, als Aktivist*innen, die ihr eigenes Leben gegen die Eigentumslogiken, gegen die Verdinglichung, setzen.

Mit dem Begriff des Femi(ni)zids geht es uns also um die Infragestellung der bürgerlichen Norm und eine allgemeine Kritik an den patriarchalen, neo-kolonialen und kapitalistischen Verhältnissen. Gleichzeitig müssen die darin enthaltenen unterschiedlichen Subjektpositionen erkannt und thematisiert werden. In diesem Sinne bedarf es einer fortwährenden Reflexion beispielsweise ökonomischer oder rassistischer Verhältnisse, da sie konkrete Formen von Gewalt (mit)hervorbringen können. So können durch patriarchale ökonomische Strukturen gerade finanziell schwächer gestellte als weiblich gelesene Personen in Abhängigkeitsverhältnisse, insbesondere innerhalb von Ehen, gedrängt werden. Bei Gewalt in ökonomischen Abhängigkeitsbeziehungen ist es dann umso schwerer, sich aus dieser zu lösen. Dementsprechend liegt bei der Analyse von patriarchalen Gewaltverhältnissen in Intersektion mit anderen gesellschaftlichen (Gewalt-)Verhältnissen immer auch die Frage vor, wer strukturell das Recht genießt, vor Gewalt geschützt zu werden und wer nicht. Wohnungslose FLINTAs haben demnach viel weniger

Schutzräume vor Gewalt oder auch rassifizierte Personen, deren Aufenthalt oftmals direkt von der aufrechten Ehe abhängt. Gerade weil wir hier im Kapitel einen sehr breiten Gewaltbegriff diskutiert haben (von epistemischer bis physischer Gewalt), ist es uns wichtig, die unterschiedlichen Verletzlichkeiten und damit auch Involviertheiten zu sehen und anzuerkennen und somit auch bestimmte Privilegierungen sichtbar zu machen. Wie Vergès im Anschluss an Tithi Bhattacharya betont, wirken gesellschaftliche Ungleichheitsstrukturen zwar auf alle Menschen, »racist and heteronormative power creates not only precise exclusions at the intersections of domination, but shapes all social proposals and subjectivities« (2021, 20). Patriarchale Gewalt betrifft in ihrer normierenden Weise demnach alle Menschen, aber, und das ist wichtig, alle auf unterschiedliche Weise.

Ein Aspekt, der gerade bei der Wiener Vernetzung Claim the Space eine zentrale Rolle spielt, ist es, rassistischen Diskursen zu vergeschlechtlichter Gewalt, welche diese einem rassifizierten »Anderen« zuschreiben, entgegenzutreten. Von den Medien sowie der staatlichen Politik werden insbesondere eine patriarchale Kultur der als »fremd« markierten Täter thematisiert. Diesen Kulturalisierungsdiskursen unterliegen jedoch keine Analysen komplexer gesellschaftlicher Gewaltverhältnisse, tatsächlich führen diese vielmehr zu einer Entnennung der Gewalt, wie auch Sauer festhält: »Der Kulturalisierungsdiskurs ist darüber hinaus ein Individualisierungsdiskurs, der strukturelle Ursachen von Gewalt – wie fehlende Bildungs- und Erwerbschancen, sozioökonomische Ungleichheit, weibliche ökonomische Abhängigkeit sowie fremden- und aufenthaltsrechtliche Restriktionen, also staatsbürgerschaftliche Ausgrenzung –, ausblendet und entnennt« (Sauer 2011, 51).

Solche Kulturalisierungsdiskurse imaginieren einerseits eine Trennung zwischen einer »anderen« patriarchalen und gewaltvollen und einer »eigenen« zivilisierten und friedlichen Welt, wodurch die Realität, nämlich die Globalität des Problems der patriarchalen Gewalt (in unterschiedlichen Ausformungen), unsichtbar gemacht wird. »Geschlechtergewalt ist ein globales Problem, das auf der Unterdrückung von

Frauen basiert und das Einwanderungsgruppen mit der Mehrheitsgesellschaft teilen« (ebd., 55). Andererseits werden dadurch die konkreten Positionen, in denen sich migrantisierte Frauen befinden, ignoriert und sie zu Opfern der patriarchalen Verhältnisse der ihnen zugeschriebenen Kultur gemacht. Statt einer Viktimisierung braucht es hingegen eine Analyse ihrer Position als Frauen und Queers in Verwobenheit mit Rassismen, Migrationsregimen, Aufenthaltstiteln und vielem mehr. Staatliche Strukturen, die eben diese Aspekte regeln, sind dementsprechend zentral für die Aufrechterhaltung dieser konkreten Vulnerabilität. Sauer betont: »Fremden- und aufenthaltsrechtliche Regelungen können die Vulnerabilität von migrierten Frauen erhöhen, wenn diese eine selbstständige Aufenthaltsgenehmigung erst nach einer gewissen Zeit erhalten und damit ganz unmittelbar vom Ehemann abhängig sind. Identitäts- und Abschließungsprozesse von Einwanderungsgruppen, also Re-Traditionalisierungen und Parallelgesellschaften, die auf der Kontrolle von Frauen basieren, entstehen also auch als Ergebnis von Ausschluss aus Erwerbschancen der Mehrheitsgesellschaft« (ebd., 55 f.).

Um innerhalb restriktiver Einwanderungspolitiken überleben zu können, können Migrant*innen einmal mehr dazu gedrängt werden, zu heiraten. Dabei muss es keinesfalls um die bürgerlich-idealistische Erfüllung der romantisierten Vorstellungen einer auf Liebe basierenden Ehe gehen (wenn auch der Entschluss aus Liebe gefällt werden kann), sondern um existenzielle Absicherung (durch Aufenthaltsrecht, finanzielle Absicherung, etc.). Die Loslösung aus diesem Vertrag ist damit nur sehr schwer möglich – geht sie doch mit massiven rechtlichen Einschränkungen einher, die in Abschiebungen enden können. Insofern spielt nicht nur die Frage eine Rolle, wer in diesen komplexen Gewaltverhältnissen aufgrund ineinandergreifender Zuschreibungen strukturell abgewertet wird und tendenziell Gewalt erlebt, sondern auch, wer sich aus den konkreten Gewaltbeziehungen lösen kann (sofern es sich beispielsweise um eine intime Beziehung handelt – dreht es sich um staatliche Gewalt, ist eine Loslösung wegen seiner übergreifenden Struktur quasi unmöglich) (ebd., 57).

Des Weiteren stellt Anne Phillips die Frage, für wen es wann und unter welchen Bedingungen möglich ist, Gewaltbeziehungen zu beenden. Damit problematisiert sie die Homogenisierung von Handlungsmöglichkeiten, als gäbe es für alle FLINTAs nur den einen Weg oder überhaupt die Möglichkeit, sich aus Gewaltbeziehungen zu lösen. Dementsprechend bietet Phillips eine Erweiterung der (feministischen) Diskurse um das »Recht auf Bleiben« (2007, 157) an. Aus einer feministischen Perspektive soll es auch darum gehen, für FLINTAs Bedingungen eines Rechts auf eine selbstermächtigte Entscheidung zu schaffen. Auch eigene und nicht nur (durch die Mehrheitsgesellschaft) fremdbestimmte Narrative der Erfahrung könnten Eingang in den politischen Diskurs und die Politisierung patriarchaler Gewalt finden. Die Rechtsanwältin Christina Clemm beschreibt in »AktenEinsicht: Geschichten von Frauen und Gewalt« (2020), wie sich Betroffene aufgrund verschränkter Abhängigkeitsstrukturen nicht »einfach« aus Gewaltbeziehungen lösen können und inwiefern eine Entscheidung dazu oft in weiterer Gewalt, u. a. vonseiten der Gerichte, beispielsweise durch Täter-Opfer-Umkehr in der Gerichtsverhandlung, oder durch das dortige Aufeinandertreffen mit dem Täter, mündet (ebd., 25 ff., 84 ff.). In Bezug auf die Situation in Unterkünften für geflüchtete Personen thematisiert Clemm kritisch die mangelnden (Informationen über) Unterstützungen für von Gewalt betroffene Frauen und trans Personen, die ebenso das Verlassen solcher gewaltvollen Verhältnisse maßgeblich erschweren bis verunmöglichen (ebd., 153). Das bedeutet keineswegs, den Verbleib in einer Gewaltbeziehung zu unterstützen, sondern die Bedingungen dieses Ausstiegs je nach gesellschaftlichem Kontext der betroffenen Frau, Lesbe, inter, nichtbinären, trans oder agender Person zu reflektieren, ohne zu Lasten der Betroffenen paternalistische und oft an bürgerlichen und *weißen* Normen angelehnte Rettungsphantasien durchzusetzen.

Die Analyse und Inblicknahme komplexer und miteinander verwobener gesellschaftlicher Verhältnisse ermöglicht eine Wahrnehmung von vielfältigen Abhängigkeiten, welche nicht gegeneinander ausgespielt, sondern in ihrer Komplexität und ihren Zusammenhängen thematisiert und politisiert werden müssen, damit die Gesamtheit der Gewaltverhältnisse bekämpft werden können. Dabei geht es weder um eine Hierarchisierung noch um eine Homogenisierung der konkreten Erfahrungen und gesellschaftlichen Positionen, sondern darum, sie als situiert anzuerkennen, um einen gemeinsamen solidarischen Kampf zu entwickeln. Aus Perspektive der Politisierung von patriarchaler Gewalt in ebendiesen komplexen Verschränkungen ermöglicht eine solche Analyse, Abhängigkeiten und Vulnerabilitäten als konkrete Ausgangspunkte für eine kollektive und solidarische Gesellschaft zu verstehen.

4. PROTESTFORMEN

Wie alles begann …

Am 27. September 2020 fand in Wien die Veranstaltung »Claim the Space« statt, aus der die gleichnamige feministische Vernetzung[44] entstand. Der Aufruf war von feministischen Gruppen wie der AG Feministischer Streik, Kollektiv lauter*, Avrupa Kadın Dayanışması, SKB Avusturya, Ni Una Menos Austria, Hispano Feministas und dem Kollektiv antikolonialer Interventionen in Wien ausgegangen, die sich schon zuvor im Kampf gegen patriarchale Gewalt zusammengetan hatten. An diesem Tag kamen zahlreiche Feminist*innen und Gruppen an einem zentralen Ort in der Wiener Innenstadt zusammen. Damit sollten nicht nur Austausch und Diskussionen angeregt werden, sondern mittels einer kollektiven Raumnahme auch ein bis heute unabgeschlossener Prozess zur Umbenennung dieses Ortes, den wir *ehemaliger Karlsplatz* nennen, gestartet werden. Die offene feministische Vernetzung Claim the Space (CTS) – der sich seitdem dauerhaft oder situativ

44 Die Vernetzung besteht aus vielen feministischen Gruppen und ist darin sehr fluide. Die Gruppen sind mal mehr, mal weniger präsent, mal näher mal weniger nah an Claim the Space und unterschiedlich stark öffentlich wahrnehmbar – manche sind mehr Output orientiert, manche weniger.

weitere feministische Gruppen wie Ciocia Wienia, Alerta Feminista Austria, Women Defend Rojava Wien, Verein Simone, Die Sirenen (feministischer Chor), Yeni Kadin, Teko-jin sowie viele Einzelpersonen angeschlossen haben – hat es sich seitdem zur Aufgabe gemacht, nach jedem Femi(ni)zid, der in Österreich verübt wird, auf die Straße zu gehen, um keinen unbeantwortet zu lassen: »bis wir keine* einzige* weniger« mehr werden. Nach jedem Femi(ni)zid, der über die Medien bekannt wird, treffen sich zahlreiche Personen gemeinsam mit den Aktivist*innen von CTS am ehemaligen Karlsplatz, um sich nach der Parole »Nehmt ihr uns eine*, antworten wir alle« zu versammeln, kollektiv Raum einzufordern, sich diesen zu nehmen und einen Ort für Trauer und Wut über die verübten Morde aber auch die dahinter liegenden Verhältnisse zu schaffen (Claim the Space 2022).[45]

Die aktuelle Politisierung von Femi(ni)ziden begann jedoch nicht erst mit der Gründung von CTS. Bereits zuvor hatten unterschiedliche feministische Gruppen das Thema immer wieder aufgegriffen und auf die Anzahl an Femi(ni)ziden und patriarchaler Gewalt aufmerksam gemacht sowie gegen rechte und rechtsextreme Narrative, die in ihrer rassistischen Logik von »importiertem Patriarchat« sprechen, protestiert. An diese Thematisierungen und Mobilisierungen konnte CTS anknüpfen. So organisierte beispielsweise die türkisch-kurdische Gruppe Avrupa Kadın Dayanışması (Frauensolidarität Europa, AKD) in Wien bereits seit geraumer Zeit Kundgebungen, um auf Femi(ni)zide, sowohl in Österreich als auch international mit Schwerpunkt Türkei, aufmerksam zu machen und diese zu politisieren. Da im Juni 2020 eine solche Kundgebung von türkischen Faschist*innen und Nationalist*innen angegriffen wurde, folgte Solidarität mit den Betroffenen der Angriffe, beispielsweise in Form mehrerer antifaschistischer und feministischer Demonstrationen. Unter anderem fand am 4. Juli 2020 eine Demons-

45 Im Text »Die AG Feministischer Streik als Teil von Claim the Space: Ein Praxisbericht« kann aus aktivistischer Perspektive Genaueres zur Entstehungsgeschichte von Claim the Space nachgelesen werden (AG Feministischer Streik 2022a, 11 ff.).

tration unter dem Namen »Das Problem heißt Männergewalt. Si tocan a una, respondemos todxs!« (»Nehmen sie uns eine*, antworten wir alle*!«) statt, die vor dem ORF RadioKulturhaus, dem öffentlich-rechtlichen Rundfunk Österreich, startete und u. a. mit einem Transparent, auf dem »Es heißt Femizid!« zu lesen war, die verharmlosende Berichterstattung über Morde an FLINTAs kritisierte.[46] Im Zuge dieser Proteste entstanden neue Allianzen und vermehrt Austausch zwischen feministischen Gruppen (Arslan 2020). Noch bevor CTS begann, Kundgebungen gegen Femi(ni)zide in Wien zu organisieren, fanden bereits in Graz erste Mobilisierungen durch F*Streik Graz statt. Dort wurde ebenfalls seit 2020 kein Femi(ni)zid unbeantwortet gelassen, sondern mit unterschiedlichen spontanen Aktionen wie zum Beispiel Demonstrationen kommentiert.[47]

Des Weiteren muss die Praxis und der (Entstehungs-)Prozess von CTS in einem globaleren, internationalen Kontext im Zusammenhang mit dem Feministischen Streik, den lateinamerikanischen Kämpfen gegen Femi(ni)zide und patriarchale Gewalt gesehen werden. So knüpfen Parolen wie »Ni une menos, vives nos queremos« (»Keine* einzige* weniger, wir wollen uns lebend(ig)«), die Durchführung der Performance des chilenischen Las Tesis Kollektivs am 27. September 2020 oder das Anfertigen und Tragen von lila Dreieckstüchern als verbindendes Symbol, an diese Kämpfe an.

In den folgenden Teilen wollen wir zuerst aufzeigen, dass feministische Raumnahmen (selbst in pandemischen Zeiten) Möglichkeitsräume

46 Auch diese Demo wurde von einem breiten Bündnis feministischer Gruppen wie Ne nézz félre – Schau nicht weg – Don't look away, RADS (Radical Anarchist Dangerous Sisters), Migrantifa Wien, AG Feministischer Streik, Autonome Antifa Wien, Ni Una Menos Austria organisiert. o. A. (2020): »Demo: Das Problem heißt Männergewalt«. URL: https://www.facebook.com/events/s/demo-das-problem-hei%C3%9Ft-mannerg/196135855109705/?ti=cl; sowie Plattform Radikale Linke (2020): »Demonstration: Das Problem heißt Männergewalt!« In: *OTS*. URL: https://www.ots.at/presseaussendung/OTS_20200703_OTS0162/demonstration-das-problem-heisst-maennergewalt

47 F*Streik Graz (2022): »Femizid Demos in Graz«. URL: https://fstreikgraz.diebin.at/2022/05/18/feminizid-demos-in-graz/

der Begegnung, Vernetzung und Politisierung schaffen und dadurch die Trennung von dem, was als privat und öffentlich gilt, durchkreuzen und der Vereinzelung und Ohnmacht entgegenwirken können. Darüber hinaus tragen wir feministisches bewegungsgeschichtliches Wissen über bisherige Protestformen gegen Femi(ni)zide und Politisierungen von patriarchaler Gewalt zusammen. Dafür haben wir Interviews mit Feminist*innen aus dem deutschsprachigen Raum geführt, die sich schon länger zu diesem Thema engagieren und uns Einblicke in ihre Praxisformen und Debatten gegeben haben. Wir stellen dabei keinen Anspruch auf Vollständigkeit, vielmehr ist es uns ein Anliegen, aufzuzeigen, dass unsere aktuellen Mobilisierungen auf einer langen und vielseitigen Geschichte feministischer Kämpfe aufbauen und unsere Proteste im Kontext dieser Kontinuität langjähriger Prozesse der Auseinandersetzung unterschiedlicher Feminismen einzuordnen sind. Dadurch wollen wir nicht nur ein Stück feministischer Geschichte rekonstruieren, sondern auch die in Kapitel 2 angesprochenen zeitlichen und geographischen Verbindungslinien (wieder)herstellen, die aus unterschiedlichen Gründen gekappt wurden.

Ein weiteres zentrales Anliegen, das wir in diesem Kapitel aufgreifen, dreht sich einerseits darum – ausgehend von den zuvor angestellten analytischen und theoretischen Überlegungen – zentrale Momente nachzuzeichnen, die zu unserer aktuellen Politisierung von Femi(ni)ziden geführt haben. Andererseits wollen wir ebenso CTS, die dort entwickelte Praxis und zentralen Debatten sowie Herausforderungen vor dem Hintergrund feministischer Raumnahmen eingehender beschreiben.

Abschließend richten wir unseren Blick auf die Verwobenheit von Räumen, Körpern und Emotionen, der eine entscheidende Rolle bei der Suche nach kollektiven feministischen Handlungsmöglichkeiten zukommt. Es geht uns jedoch nicht darum, eine einheitliche Chronologie herauszuarbeiten, die ohnehin nie alle Erfahrungen, Ereignisse und Perspektiven abzubilden vermag. Adamczak zeichnet in »Beziehungsweise Revolution« (2017) eindrücklich nach, wie viele transformative Erlebnisse, Perspektiven, Zugänge und Politisierungen gleichzeitig stattfinden: Sie greifen ineinander, sie sind miteinander verbunden. Die konkreten Praxen werden in ihrer Verwobenheit mit gesellschaftlichen Verhältnissen verstanden. Wie die AG Feministischer Streik in ihrer 2022 erschienenen Broschüre ausführt, lassen sich daher viele verschiedene Erzählungen finden, die jeweils unterschiedliche Aspekte als zentrale Momente hervorheben (AG Feministischer Streik 2022a, 11 ff.). So geht es uns vor allem darum, die Kontinuität (und Brüche in) der Auseinandersetzung mit diesem Thema in unterschiedlichen und vielfältigen Formen darzustellen. Auch die Praxis musste an diese Gegebenheiten angepasst werden.

Claim the Space als feministische Raumnahme

Das vermeintlich Private öffentlich machen

Wie der Name Claim the Space bereits anklingen lässt, geht es in der politischen Praxis der offenen feministischen Vernetzung darum, Raum einzunehmen, einzufordern, zu beanspruchen und dementsprechend nach eigenen Vorstellungen und Bedürfnissen zu gestalten. Konkret fokussiert diese Praxis derzeit auf die Politisierung von Femi(ni)ziden, von patriarchaler Gewalt in ihrer Alltäglichkeit, Abstraktheit und Struktur. »Wir sehen unsere Stärke in kollektiver feministischer Praxis, die uns raus aus der Vereinzelung führt und unterschiedliche Kämpfe verbindet, um das vermeintlich Private im öffentlichen Raum sichtbar zu machen«, heißt es im Aufruf von CTS für den 8. März 2022.[48] Damit

48 Claim the Space (2022): »Feministischer Kampftag am ehem. Karlsplatz«. URL: claimthespace.blackblogs.org/2022/02/26/feministischer-kampftag-am-ehem-karlsplatz

folgt CTS der feministischen Parole »Das Private ist politisch!«: Statt Vereinzelung und dem individualisierten Erleben von Gewalt- und Machtverhältnissen, in denen FLINTAs der Raum des vermeintlich Privaten zugesprochen wird, werden diese Verhältnisse in ihrer Struktur benannt und in die Öffentlichkeit getragen.

Somit stellt sich die Frage, was es aus feministischer Perspektive bedeutet, Raum einzunehmen. Hier lässt sich ein Bezug zu der in Kapitel 3 angesprochenen Einhegung von feminisierten Körpern und der gewaltvollen Grenzziehung zwischen privatem und öffentlichem Raum herstellen, durch die feminisierte Personen aus der Öffentlichkeit ausgeschlossen wurden. Dabei ist jedoch sehr unterschiedlich, *was* für *wen* ein öffentlicher bzw. privater Raum ist und sein kann, was Reproduktionsarbeit ist und welche Aus- und Einschlüsse wirksam sind. Proletarier*innen waren in Fabriken und Produktionsarbeit eingebunden – und bewerkstelligten zusätzlich Hausarbeit; People of Colour und migrantisierte Personen verrichteten und verrichten oft (zusätzliche) Sorgearbeiten in außerfamiliären Haushalten, unter stark prekarisierten Bedingungen; versklavte Personen wurden unter ausbeuterischsten Bedingungen dazu gezwungen, sowohl Produktions- als auch Reproduktionsarbeiten für *weiße* Kolonisator*innen durchzuführen. Die strikte Trennung von vermeintlich »eigenem« Privaten und Öffentlichkeit, von Reproduktion und Produktion realisiert sich dementsprechend nicht tatsächlich. Es handelt sich um ein bürgerliches Ideal, das bis heute wirkmächtig ist und historisch zu einem Ausschluss von feminisierten und/oder rassifizierten Personen aus öffentlichen Entscheidungsstrukturen führte, den Zugang zu Räumen beschränkte oder Möglichkeiten der Mobilität festschrieb. Raumnahme als Form feministischer Praxis ermöglicht uns, das patriarchale Geschlechterverhältnis in seiner Komplexität in Frage zu stellen. Diese Raumnahme vollzieht sich unmittelbar über unsere Körper: Mit ihnen nehmen wir uns kollektiv den Raum, der uns abgesprochen wird, vereinnahmen ihn also im körperlichen Sinne.

Claim the Space nutzt die Praxis der Raumnahme und die damit einhergehenden Auseinandersetzungen, um Kritik an den bestehenden gesellschaftlichen Verhältnissen zu üben. Des Weiteren eröffnet diese Praxis neue Möglichkeitsräume: Es kann beispielsweise darum gehen, Raum für Austausch und Diskussion darüber, wie Raum gestaltet werden soll, zu ermöglichen. So schreiben Freundinnen* der AG Feministischer Streik der Plattform Radikale Linke in dem Zine »Feminizide bestreiken«: »Durch die Raumnahme am ehemaligen Karlsplatz spüren wir, dass wir nicht alleine sind, vor allem nicht alleine mit den Erfahrungen patriarchaler Gewalt. Die gekappten Beziehungen zwischen FLINT Personen müssen neu geschaffen werden. Beziehungen gegen die Vereinzelung« (Freundinnen* der AG Feministischer Streik 2021, 5).

Raumnahme in pandemischen Zeiten

Maßgeblichen Einfluss auf die Praxis von CTS hatte auch der Umstand, dass diese innerhalb der Covid-19-Pandemie begann und immer noch unter diesen speziellen Bedingungen stattfindet. Davon waren beispielsweise die von CTS organisierten Offenen Feministischen Treffen betroffen, die seit dem 8. Oktober 2020 immer am 8. jedes Monats stattfinden und neuen Personen die Möglichkeit bieten, CTS kennenzulernen und daran zu partizipieren. Sie bilden neben den Femi(ni)zid-Kundgebungen, die immer in Reaktion auf konkrete Gewalttaten stattfinden, eine Möglichkeit, gemeinsam über die aktuelle Praxis ins Gespräch zu kommen, sich über Emotionen und Wünsche, neue Praxisformen sowie inhaltliche Fragen auszutauschen und der Vereinzelung entgegenzuwirken. Damit sind diese Treffen sowohl zentrale Orte des Zusammenkommens als auch Räume, in denen gemeinsam Entscheidungen über die Praxis getroffen werden können bzw. gemeinsame Überlegungen zu Form und Inhalt diskutiert werden.

Vor dem Hintergrund der Covid-19-Pandemie kommt Vereinzelung und Zugang zu (diesen) Räumen eine besondere Rolle zu. Für CTS zeigte sich das Ernstnehmen von unterschiedlichen Vulnerabilitäten in

Bezug auf die Pandemie in dem Beschluss, die monatlich stattfindenden Offenen Feministischen Treffen größtenteils online oder draußen stattfinden zu lassen. Inhaltlich hatte es zur Folge, dass auch die konkreten Auswirkungen patriarchaler Gewalt, Vereinzelung und Isolation während der Pandemie thematisiert wurden und werden. Beispielsweise gab es in Österreich im April 2020 einen Anstieg von 70 % bei den Anrufen bei der Frauenhelpline.[49] So ist es mit der Pandemie noch relevanter geworden, darauf aufmerksam zu machen, dass das vermeintlich Private nicht für alle als Ort des Schutzes verstanden werden kann, sondern sich für viele zu einem noch gefährlicheren Ort entwickelt hat, aus dem ein Entkommen zunehmend schwierig war/ist. Das Berliner Kollektiv (re)claim FLINTA*-Spaces schreibt: »Die Corona-Pandemie hat von Beginn an vergeschlechtlichte Dimensionen angenommen und die Verhältnisse vor allem für arme und migrantisierte FLINTA* noch zugespitzt. Sei es die Wohnungsnot, die FLINTA*Personen das Entkommen aus toxischen oder gewaltvollen Partner*innenschaften erschwert oder unmöglich macht, das Wegfallen sozialer Umfelder oder die Überlastung von Unterstützungsstrukturen wie Beratungsstellen oder Frauenhäusern (hierbei sei darauf aufmerksam gemacht, wie viel beschissener die Lage hier für Transpersonen, Inter und Nonbinary-Personen ist, die oft Ausschlüsse und Feindlichkeit erfahren statt Schutz [zu] finden).«[50] CTS betont dabei die Alltäglichkeit patriarchaler Gewalt und weist darauf hin, dass die Covid-19-Pandemie als Brennglas auf die gesellschaftlichen Verhältnisse fungiert, das diese verschärft sichtbar macht.

49 AÖF (2020): »Jahresbericht 2020«. URL: https://www.frauenhelpline.at/sites/default/files/frauenhelpline_jahresbericht_2020.pdf

50 (re)claim FLINTA*-Spaces (2021): »Feministische Praxis gegen Patriarchale Gewalt!« In: *Kontrapolis*. URL: https://kontrapolis.info/2587/

Räume und kollektive Wissensproduktion

Durch die im Zuge der Proteste angestoßene kollektive Praxis wird kontinuierlich neues Wissen generiert, das zwar in erster Linie aus der Bewegung heraus entsteht, jedoch ohne die einzelnen Individuen, die sich an den Prozessen beteiligen, samt ihrer Erfahrungen und ihrem Wissen, nicht denkbar wäre. So kommt dem durch CTS geschaffenen feministischen Raum bei der Wissensgenerierung eine doppelte Funktion zu: Einerseits werden durch die offene feministische Vernetzung bei den Protesten sowie den Offenen Treffen Räume geschaffen, an denen Austausch, Reflexion und Diskussion stattfinden können oder beispielsweise über bei den Kundgebungen vorgetragene Reden neue Denkanstöße gesetzt werden. So hat CTS sich beispielsweise für das Jahr 2022 vorgenommen, eingehender über Transizide sowie über Femi(ni)zide im Kontext rassistischer Grenz- und Migrationsregime zu sprechen und die eigene Praxis dahingehend zu hinterfragen. Zudem können die Mobilisierungen dazu dienen, Emotionen wie Wut und Trauer aber auch Solidarität, Mitgefühl oder Verbundenheit Ausdruck zu verleihen. Andererseits finden viele Gespräche, für die CTS als Impulsgeber*in fungiert, auch abseits dieser Struktur statt – beim Nachhauseweg, am WG-Küchentisch, beim Spritzertrinken mit Freund*innen, mit Arbeitskolleg*innen, in der eigenen Politgruppe oder im Uniseminar und auch bei Personen, die sich aus den unterschiedlichsten Gründen nicht aktiv an CTS beteiligen können oder wollen. Austauschräume und Debatten entstanden auch im Kontext von Veranstaltungen, die rund um CTS organisiert wurden, wie Lesungen oder Podiumsdiskussionen. Die verschiedenen Debattenräume sind so eng miteinander verwoben, dass sich keine klaren Trennungen zwischen dem Wissen der einzelnen Beteiligten samt ihren Erfahrungen und theoretischen Bezugnahmen und dem entstandenen Bewegungswissen festmachen lassen. So ist es uns ein Anliegen, erneut zu betonen, dass das hier zusammengetragene Wissen ohne die unterschiedlichsten Beteiligten, die sich im Kontext von CTS und der Schaffung von Räumen eingebracht haben, nicht möglich gewesen wäre und wir uns mit dem vorliegenden Buch, wie im Kapitel 2 aufgebracht, in einer Grenzposition als Aktivist*innen, Akademiker*innen und Autor*innen befinden.

Protestformen gegen Femi(ni)zide

Auch abseits etablierter Veranstaltungen und jährlich rekurrierender Daten wie dem »Internationalen Tag zur Beseitigung von Gewalt gegen Frauen« (25.11.) und den anschließenden »16 Tagen gegen Gewalt an Frauen« (25.11.–10.12.), dem »Internationalen Tag gegen weibliche Genitalverstümmelung« (6.2.) oder dem »Tag der Erinnerung an die Opfer von Transfeindlichkeit« (20.11.), die seit vielen Jahren weltweit stattfinden, um Bewusstsein und Aufmerksamkeit für die jeweiligen Themen zu schaffen, versuchen feministische Gruppierungen und Organisationen seit geraumer Zeit über unterschiedliche Aktionsformen auf Femi(ni)zide und das Spektrum patriarchaler Gewalt aufmerksam zu machen. Insbesondere durch die feministischen Bewegungen, die sich global als Reaktion auf Femi(ni)zide formier(t)en, entstanden, wie auch Bejarano und Fregoso (2010, xiii) betonen, »the most varied political expressions: demonstrations, rallies, religious rituals, protest encampments, exhibitions, and installations«. Entsprechende Protestformen blieben jedoch von Beginn an nicht bei einzelnen »Aktionen« stehen, sondern gaben den Anstoß einer Vielzahl weiterer kollektiver Prozesse und feministischer Praxisformen: »It has also engaged in broad creativity and skill building and capacity building with groups, organizations, and individuals to become informed of the situation, acquire certain knowledge, and even get academic training and dealt with all kinds of individuals and philanthropic, financial, and solidarity institutions, in Mexico and elsewhere, with whom it should engage« (ebd.).

Zur Geschichte bisheriger Protestformen: Strategien gegen Femi(ni)zide und patriarchale Gewalt

Im Wissen, dass feministische Kämpfe (gegen patriarchale Gewalt) nicht erst mit den Mobilisierungen von CTS begannen, sondern im Zusammenhang mit langjährigen Prozessen der Auseinandersetzung stehen, wollten wir mehr über die Geschichte bisheriger feministischer Praxisformen gegen und Diskussionsprozesse über Femi(ni)zide erfahren. Um die aktuellen Proteste in die bisherige Geschichte feministischer Kämpfe einordnen und Verbindungslinien zeichnen zu können, haben wir uns daher auf die Suche nach Feminist*innen gemacht, die sich schon etwas länger für das Thema interessieren, sich in den letzten Jahrzehnten an Protesten gegen patriarchale Gewalt und Femi(ni)zide im deutschsprachigen Raum beteiligt haben und bereit waren, uns davon zu erzählen.[51] Erfreulicherweise konnten wir im Rahmen dieses Buchprojekts zehn Feminist*innen für Interviews zum Thema gewinnen und so ein Stück Frauen*bewegungsgeschichte zusammentragen.[52] Dafür hatten wir einerseits uns bekannte Personen angefragt, andere wiederum meldeten sich auf einen über E-Mail-Listen verbreiteten Aufruf. Zu unseren Interviewpartner*innen zählten Andrea Brem (Wiener Frauenhäuser), Bettina Zehetner (Frauen beraten Frauen), Maria Rösslhumer (Autonome österreichische Frauenhäuser), Irmtraut Karlsson (Mitbegründerin des 1. Frauenhauses in Wien), Nurcan (Avesta – kurdische Frauen, Frauensolidarität Europa), Ursula Häusler (Wir wollen uns lebend Berlin), Polly und Berta (autonome Aktivist*innen, die lange Zeit in FrauenLesben-Kontexten aktiv waren[53]) sowie Martx und

51 An dieser Stelle möchten wir uns auch beim Stichwort – Archiv der Frauen- und Lesbenbewegung für die hilfreichen Recherchetipps und Einblicke in ihr Archiv bedanken.

52 Die gesamten Interviews stehen am Blog von CTS zur Verfügung. Claim the Space (2022): »Feministische Bewegungsgeschichte gegen Patriarchat und Femi(ni)zid«. URL: https://claimthespace.blackblogs.org/2022/11/25/feministische-bewegungsgeschichte-gegen-patriarchat-und-feminizid/ [Zugriff am 19.12.2022].

Susana von Alerta Feminista Austria, die sich zuvor auch bei Ni Una Menos Austria (bis März 2022) engagiert hatten. Aus Platzgründen können wir an dieser Stelle leider nur einzelne Ausschnitte aus den Gesprächen wiedergeben, versuchen aber, unsere Interviewpartner*innen ausführlich zu Wort kommen zu lassen.

Lokaler Aktionismus von der Frauenpatrouille bis zum Straßentheater

Im Zuge der Interviews interessierte uns vor allem die Frage, welche bisherigen feministischen Protestformen gegen patriarchale Gewalt allgemein und Femi(ni)zide im Besonderen es in der Vergangenheit bereits gegeben hat. Die Interviewpartner*innen konnten sich in den Gesprächen an eine breite Fülle von Aktionen und Aktionsformen erinnern, die wir im Folgenden – aus Platzgründen – leider nur überblicksartig wiedergeben können. So erwähnt Irmtraut Karlsson, dass sie im Rahmen der »16 Tage gegen Gewalt an Frauen« bereits kurz nach der Gründung des ersten Frauenhauses 1978 in Wien Aufkleber mit der Telefonnummer auf den Damenklos anbrachten, um so möglichst viele Frauen zu erreichen. Ein anderes Mal hatten sie im November bei eiserner Kälte einen Wohnwagen vor das Wiener Rathaus gestellt, um auf die Wohnsituation von Frauen hinzuweisen. Tatsächlich ist die zuständige Stadträtin »danach runtergekommen und dann haben wir Übergangswohnungen fürs Frauenhaus gekriegt und so weiter« (Irmtraut). Andrea Brem schildert im Interview eine ähnliche Aktion: »Also ich weiß noch, wir haben damals einen LKW gemietet, wo ein Wohnzimmer aufgebaut war. Wo der Mann bequem sitzt und das kleine ›Frauenhauszimmer‹, wo dann die Frau mit den drei Kindern sitzt. Um zu zeigen, wie irre das ist, dass die Frau mit den Kindern flüchten muss und der Mann breit vor dem Fernseher sitzt, und das war der Start zu den Wegweisungen

53 An der Vorbereitung dieses Interviews waren noch weitere Personen beteiligt.

[...] – also sobald die Polizei eine Wegweisung ausspricht, muss der Gewalttäter die Wohnung verlassen. Und die Idee zu diesem Konzept ist ja von uns gekommen und ist auch damals von uns aktionistisch dargestellt worden.« Maria Rösslhumer erwähnt zudem, dass nachdem 1997 im Burgenland ein Schüler eine Lehrerin in der Schule erschossen hatte, eine österreichweite Kampagne sowie eine Protestaktion in Linz zum Thema »Waffen weg im Haushalt« initiiert wurde, bei der sie sich auch engagierte. Bettina Zehetner wiederum erinnert sich an eine Protestaktion in den 2000ern, bei der das Frauenministerium besetzt wurde.

Auch die beiden von uns interviewten autonomen Feminist*innen beteiligten sich an zahlreichen Aktionen. In diesem Zusammenhang sticht die 1993 gegründete Frauenpatrouille hervor. Über die Entstehung erzählen die beiden Aktivist*innen: »Da gab es beim [...] Wienerberg-Teich eine Vergewaltigung und da hat sich eine Bürgerwehr gegründet und das wollten wir nicht, und dann haben wir die Frauenpatrouille gegründet« (Polly). Mehrere Frauen trafen sich ca. ein dreiviertel Jahr lang ein Mal in der Woche im FrauenMädchenLesbenZentrum in Wien (FZ) und »unterschiedliche Gruppen sind in unterschiedliche Richtungen patrouilliert«, um zu zeigen: »Die Straße gehört uns!«. »Wir waren meistens so zwei Gruppen und haben uns ausgemacht, welche Straßen wir gehen. Und die Idee war, als Frauen präsent zu sein, Frauen zu begleiten und einfach mal zu schauen, was auf der Straße passiert. Auch gegenüber Männern, weil in der Nacht sind ja meistens mehr Männer unterwegs. Und wir wollten stärker auftreten. So war unser Plan.« Die beiden Aktivist*innen erwähnen zudem, dass sie auch Aufkleber verteilten, sprayen gingen und dabei »immer das gleiche Zeichen« hatten, »das wir gesprayt haben, um sichtbar zu sein in der Stadt« (Berta) und sogar Radiosendungen über die Frauenpatrouille gemacht wurden. Auch Ursula erinnert sich an eine Art Frauenpatrouille: »Wenn z.B. Frauen in einem unsicheren Gebiet gewohnt haben, dann haben wir sie begleitet. Oder wenn Gebiete besondere Vergewaltigungshotspots waren, haben wir uns aufgehalten und Lärm gemacht. Da braucht man auch nur zehn Frauen, da hatten wir unsere schweren Schuhe, in schwarz gekleidet und hatten auch unsere Schlagstöcke dabei. Wir sind auch in Prügeleien rein gegangen. Wir haben auch Frauen gerettet.« Polly, Berta und auch Ursula erwähnen zudem die Bedeutung selbstorganisierter Selbstverteidigung wie beispielsweise Stockkampf oder Wendo, wo im Rahmen der Trainings auch die eigenen persönlichen Erfahrungen mit sexualisierter Gewalt zum Thema gemacht wurden, nicht zuletzt, um Umgangsformen damit zu finden. Entsprechende Angebote blieben nicht nur auf die eigene Szene begrenzt: »Wir sind dann auch an Orte gegangen und haben versucht, Kontakte mit Frauen vor Ort zu bekommen und haben dort auch Wendo angeboten. Also aus der Politikszene raus« (Berta). Auch Engagement in Unterstützungsgruppen für Betroffene von Vergewaltigungen, in deren Rahmen beispielsweise »Konfrontationen mit Tätern [...] z. B. bei der Arbeitsstelle oder in der eigenen Familie« (Polly) organisiert wurden, zählte zu ihren alltäglichen Praxisformen gegen patriarchale Gewalt. Zudem erinnern sich die beiden Aktivist*innen daran, dass sie Orte, wo Übergriffe passiert sind, aufgesucht und markiert haben: »Das haben wir da dann dort hingeschrieben als Erinnerung« (Polly). Entsprechende Aktionen, die die beiden autonomen Aktivist*innen erwähnen, blieben dabei nicht auf Wien begrenzt, »es gab regelmäßigen Kontakt nach Linz, Innsbruck« (Berta). Polly erzählt im Interview auch, dass – als bekannt wurde, dass ein Wachdienstangestellter im Erstaufnahmezentrum für Geflüchtete in Traiskirchen eine Frau vergewaltigt hatte – ihr feministisches Umfeld an den Ort fuhr, um dort Flugblätter auf Russisch und in anderen Sprachen zu verteilen und mit den Frauen dort zu reden. Nachdem der Täter nicht suspendiert wurde, »waren wir beim österreichischen Wachdienst in der Nacht und haben dort was hingeschrieben«. Als dem Frauennotruf die finanzielle Unterstützung gekürzt wurde, organisierten autonome Feminist*innen mit einem Bus eine Tour durch Gemeindebauten. »Da sind wir da dann hingefahren, haben den Tisch aufgebaut und durch ein Megaphon geredet und haben dann so Fragen gestellt: Wer kennt den Notruf? Wer hat da schon mal angerufen? Der soll jetzt gekürzt werden! Das war sehr schön.«

Seit kurzem gibt es, wie Maria Rösslhumer erwähnt, das »Projekt StoP – Stadtteile ohne Partnergewalt«, »wo wir wieder aufsuchende Arbeit machen, d. h. wir gehen in die Communitys hinein, wir gehen in die Bevölkerung hinein und reden mit den Leuten. Über diese Schiene können wir vielleicht [...] die betroffenen Frauen früher erreichen« (Maria). Zudem versucht das Projekt aktuell »Männer mit ins Boot zu holen, damit sie auch Verantwortung übernehmen, Zivilcourage ausüben.« In Bezug auf Arbeit mit Tätern kritisiert vor allem Irmtraut Karlsson die aktuellen Anti-Gewalt-Maßnahmen der österreichischen Regierung, die vorsieht, dass gewalttätige Männer ein sechsstündiges Training absolvieren sollten. »Niemand würde es einfallen, einem Tierquäler, der unbelehrbar ist und die Tiere misshandelt, eine sechsstündige Schulung angedeihen zu lassen. Die werden dem weggenommen, er wird bestraft und aus. Bei den Frauen und in der Beziehung ist das anders, da müssen die armen Männer geschult werden und dürfen therapiert werden und so weiter. Um das brutal auszudrücken, Frauen gelten in unserem Rechtssystem weniger als die Tiere.«

Als weitere Protestform erwähnten mehrere Interviewpartner*innen Straßentheater und Filme, wo, wie Ursula aufführt, »das, was wir theoretisch über Gewalt an Frauen, Kindesmissbrauch [...], sozusagen theoretisch oder gehört hatten von Überlebenden, dass wir das verarbeitet haben und das in Szene gesetzt haben und damit auch auf die Straße gegangen sind. Immer so in Gruppen von fünf bis sechs Frauen oder mehr, [...] in kurzen Sketchen, fünf bis sechs Minuten, immer wieder Standort gewechselt. Und dann geblieben sind, um mit den Leuten zu diskutieren. Weil, das fanden die Leute schon immer interessant, wenn da fünf bis sechs Frauen in komischen Kostümen auf der Straße rumhampelten, und Schilder zeigen, rote Farbe verspritzen und irgendwelche auffälligen Aktionen machen. Da bist du immer sehr gut ins Gespräch gekommen mit anderen. Und daraus rekrutierten sich auch Frauen, die uns dann auch unterstützt hatten. Und, die dann auch mitgemacht haben oder mitmachen wollten unbedingt.« Auch Polly und Berta erzählen, dass sie am 25. November 2006 Zeitungstheater im Sinne von Augusto Boal veranstaltet haben, »wo Zeitungsmeldungen, Überschriften oder Texte gesammelt werden und daraus macht man ein Theaterstück. Und wir haben dann einen Monat lang jede eine andere Zeitung, Standard, Krone, gesammelt und binnen vier Wochen ein super Theaterstück über Frauenmorde oder andere Drangsalierungen wie Eingesperrtwerden, gemacht. Und jede hat sich eine Rolle ausgesucht, und dann ist eben der Text kurz gesagt worden. [...] Und es ist aber dann immer aufgelöst worden, z. B. das Mädchen sagt: ›Ich such mir meine Freunde selber aus‹ oder ›Ich lass mir den Mund nicht verbieten‹ [...] oder ›Liebe ist nicht gleich Besitz‹. Und zum Schluss verbrennen wir die Zeitungen. Das war auch sehr spannend.« Ein anderes Mal hängten sie auf einer der größten Einkaufsstraßen in Wien, der Mariahilfer Straße, lauter weiße Hemden auf und sprachen dann mit den Passant*innen darüber. »Wir wollten die Unbeflecktheit der Täter darstellen« (Polly). Polly erinnert sich an ein weiteres Beispiel, als sie für eine Kundgebung widerständige Meldungen »z. B. ›Mädchen schlug Täter in die Flucht‹« sammelten und vortrugen. »Weil, das ist auch oft, was untergeht, dass es Widerstand gibt und dass der auch gelingen kann. Das war auch auf der Mariahilfer Straße in den 2000ern.« Ursula erwähnt zudem, dass Kunststudent*innen kurze Filme drehten über Vergewaltigungen oder Werbung, »die wurden dann in den alternativen Kinos gezeigt vor den Hauptfilmen«.

Aktionismus mit internationalen Bezügen: Soli-Discos, Performances und Frauenrevolution

Autonome Feminist*innen versuchten immer wieder auf relevante Themen außerhalb von Österreich und Europa aufmerksam zu machen und sich mit Frauen bzw. Feminist*innen an anderen Orten der Welt solidarisch zu zeigen. Als 1989 in Montreal 14 Frauen im Rahmen einer misogynen Schießerei ermordet worden waren, organisierten sie in Wien eine Kundgebung vor der Technischen Universität. Polly führt außerdem aus, dass sie »auch nach Mexiko Kontakt gehabt [hatten], oder wie eine Frau in Saudi-Arabien gesteinigt wurde, weil sie ihren Chef, nachdem er sie vergewaltigt hatte, ermordet hat. Da haben wir eine Soli-Disco gemacht und den Angehörigen Geld geschickt.« Die Soli-Disco »war so eine Einrichtung, die hat es einmal im Monat im FZ gegeben. Da gab es dann eine Veranstaltung, z. B. zu irgendeinem Land, wo was passiert ist, z. B. ein Frauenmord. Oder z. B. zu Istanbul, wo das erste Frauenhaus gegründet worden ist. [...] Es hat zuerst den Vortrag gegeben und manchmal was zu essen und dann wurde getanzt. Und das Geld ist dann dort hingekommen. Und das war immer gut besucht, dadurch hat man dann immer direkt was mitbekommen von woanders. Das war auch ganz schön und hat es lange gegeben.« Der Jugoslawien-Krieg stellte ebenfalls für die beiden Aktivist*innen nicht nur aufgrund der räumlichen Nähe einen wichtigen Bezugspunkt dar, sondern auch, weil das Thema Gewalt an Frauen* dabei eine große Rolle spielte und zu internationalem Austausch führte, wie Berta im Interview betont.

Internationale Verbindungen zeigen sich des Weiteren an den Protestformen verschiedener migrantisch geprägter Gruppen wie Avesta, Frauensolidarität Europa, Ni Una Menos Austria oder Alerta Feminista Austria, die sich auch bei CTS engagieren und von denen wir ebenfalls Vertreter*innen für Interviews gewinnen konnten. 2018 haben sich fünf Frauenorganisationen in Europa zusammengeschlossen und die Frauensolidarität Europa gegründet. Bereits zu Beginn der Pandemie machte die Gruppe mit Infotischen in den unterschiedlichen Wiener Bezirken einerseits auf die Situation von Frauen und die gestiegene Gewalt, andererseits aber auch auf die Frauenrevolution in Rojava aufmerksam. So erzählt Nurcan im Interview: »Da haben wir uns gedacht: Wir gehen auf die Straße und machen das bekannt, dass sich die Frauen dann zumindest trauen. Es gibt Anlaufstellen in Österreich, nicht genug, aber wo man hin kann und wo einem wirklich geholfen wird. Und da haben wir jede Woche an einem anderen Standort ein Meeting gemacht. Das war auch neu damals mit der Frauenrevolution in Rojava, das hat sich gut verbunden mit der Frauenbefreiung. Und da haben wir dann überall eben erzählt was war, z. B. in der Türkei, in Dersim, wo auch eine Kurdin [...] verschwunden war. Da haben wir begonnen, jede Woche Öffentlichkeitsarbeit zu machen und darauf aufmerksam zu machen, dass die Frauen stark Gewalt ausgesetzt sind zu Hause.« Die Reaktionen auf ihr Engagement fielen leider nicht immer wohlwollend aus. Im Rahmen ihrer letzten Aktion in Favoriten, dem 10. Wiener Bezirk, wurde der Infotisch sogar von türkischen Faschist*innen angegriffen (siehe weiter oben im Kapitel 4). »Auch an den anderen Standorten gab es sehr viele Übergriffe. Obwohl wir alles Frauen waren, sind es sehr viele Männer, hauptsächlich Männer, gewesen, eben: ›Gehts heim!‹, ›Machts das nicht!‹, ›Ihr brauchts das nicht!‹. Oder wenn sie die YPG Fahne gesehen haben, sind sie auf uns los: ›Terroristen‹.« Der Angriff in Favoriten wurde sowohl in den Medien als auch der Politik als »Nationalitäten-Konflikt« zwischen Türk*innen und Kurd*innen verhandelt: »Leider, es ist traurig. Wir waren monatelang draußen auf der Straße, um gegen die häusliche Gewalt Öffentlichkeitsarbeit zu machen und das hat nichts gebracht. Und auf einmal gab es Krawall und es stand überall in den Medien. Leider ist das mit unserer Aktion untergegangen. Einige haben das zwar erwähnt. Aber der Angriff war nur wirklich auf die Frauen.«

Ni una menos konnte in Österreich seit einigen Jahren Fuß fassen und wirkt hier »wie ein Magnet, es gibt sehr viel Interesse und es ist vor allem hier in Europa eine feministische Referenz« (Martx). Martx von Alerta Feminista Austria betont, dass es sich dabei nicht um eine Organisation handelt, sondern eine Bewegung, die in jedem Land oder in jeder Stadt Feminist*innen aus einem gemeinsamen Interesse zusammenbringt, jedoch mit jeweils eigener Ausgestaltung. »Der andere Teil unserer feministischen Arbeit ist die Auseinandersetzung mit der Situation hier und der Versuch, etwas dazu beizutragen aus der Praxis aus Lateinamerika, wo die meisten herkommen, aus den Kämpfen und Protestformen – das dann hier zu etablieren.« Zudem ist es Alerta Feminista Austria ein Anliegen, Ereignisse, die in Lateinamerika passieren, beispielsweise in Österreich sichtbar zu machen. In diesem Sinne betreibt die Gruppe auch wichtige Übersetzungsarbeit feministischer »Lehren aus Lateinamerika« in den hiesigen Kontext – sowohl in Bezug auf Aktionen als auch in Hinblick auf die Gesetzgebungen. Zu den vielfältigen Protestformen von Alerta Feminista Austria zählen neben Tänzen, Choreografien, Performances und Liedern auch Graffiti, Collagen, Tücher als Erkennungssymbole, weil so »die Theorie an die Menschen leichter weitergegeben oder in den Straßen kollektiviert wird«. »Gleichzeitig kompensieren diese Tänze, das gemeinsame Singen und Feiern, dass sonst alles zu negativ und zu frustrierend ist und, dass es auch Spaß macht. [...] Das ist auch so eine kollektive Heilung, einfach das Leben schätzen und genießen und auch unsere Körper zu verwenden und nicht immer den Kopf.« Martx und Susana erwähnen zudem eine partizipative Aktion am 25. November 2017 von Ni Una Menos Austria, bei der sie einen Eisberg mit Kreide auf den Boden malten, in die Spitze Femi(ni)zid schrieben und alle Anwesenden Gewaltsituationen aus dem Leben von FLINTAs darunter ergänzen konnten.

Trotz der Fülle der hier beschriebenen Protestformen gesteht beispielsweise Andrea Brem in Hinblick auf die Wiener Frauenhäuser ein, dass »wir früher natürlich viel aktionistischer waren – also sowohl als Organisation als auch persönlich«. Dabei betont sie jedoch, dass sie jetzt für gewaltbetroffene Frauen sehr viel erreichen, weil sie in der Stadt gut vernetzt sind, bei Gesetzentwürfen mitarbeiten und in interministeriellen Arbeitsgruppen und in Medien ihren Unmut kundtun.

»Es ist wichtig, auf der Straße zu sein, weil dort ist das Leben«

Neben den Aktionen spielten, wie mehrere Interviewpartner*innen betonen, Mobilisierungen auf der Straße – wie beispielsweise der 8. März oder der 25. November, Reclaim the Streets oder Take back the Night Demonstrationen – eine wichtige Rolle, um politische Botschaften und Forderungen zum Ausdruck zu bringen. Ursula erinnert sich daran, dass Feminist*innen in den 1990ern begannen, den 25. November als »Tag gegen Gewalt an Frauen« zu begehen – »aber damals war für uns der Begriff Femizide noch nicht präsent, wir hatten den noch nicht in unserem Vokabular«. Auch Bettina Zehetner beschreibt die bestärkende Stimmung der 8.-März-Demonstrationen, wenn »da eine große Masse an Mädchen und Frauen geschlossen marschiert ist und diese Bestärkung, die es bedeutet hat, wenn das endlich mal ausgesprochen wird und wir damit auf der Straße präsent sind [...] und an unterschiedliche Orte gehen, von Menschen komisch angeschaut werden, von Passanten und Straßenbahnfahrern, Fußgängern. Das war eine starke gute Sache, die ich in Erinnerung habe, dieses gemeinsame Gehen, sich zeigen und sich auch aussetzen und eine Ermutigung. Und eben auch ältere und jüngere Frauen, das hab' ich sehr, sehr toll immer gefunden.« Dass Demonstrationen jedoch nicht immer gut besucht waren, thematisiert hingegen Maria Rösslhumer: »Es war immer eine kleinere oder größere Gruppe von Frauen, die halt massiv gemeinsam in Solidarität gekämpft haben. Aber wir dürfen [...] nicht erwarten, dass das die Massen waren. [...] Wahrscheinlich braucht es das auch gar nicht, sondern es braucht wirklich so effiziente und wirkungsvolle Messages. Oder eben diese Beharrlichkeit.« In diesem Sinne meint auch Nurcan: »Es ist egal, wie viele man ist, es ist wichtig, auf der Straße zu sein, weil dort ist das Leben.« Weiter beschreibt sie, dass sie oft zu hören bekam: »›Ihr seid zu wenige.‹ Und wir haben gesagt: ›Ja, wir wissen, wir sind zu wenige. Aber ein Schneeball ist auch klein zu Beginn und das kann dann zu einer Lawine werden.‹ Also ich bin da immer guter Hoffnungen, wenn der Mensch, wenn die Frau möchte, kann sie sehr viel bewirken und verändern.« Die Organisation von Demonstrationen, u. a. in Solidarität mit der Frauenrevolution in Rojava oder gegen patriarchale Gewalt, macht auch einen festen Bestandteil des politischen Engagements türkisch-kurdischer Organisationen aus. Nach der politisch motivierten Ermordung von drei kurdischen Aktivist*innen in Paris hielten sie Mahnwachen vor der französischen Botschaft und fordern bis heute Aufklärung. »Jeden Mittwoch, drei Jahre lang, waren wir vor der französischen Botschaft. Und jedes Jahr am 9. Jänner, am Todestag, am Tag des Attentats, gehen wir zur französischen Botschaft, weil wir werden sie nicht vergessen.« 2021 beteiligten sich zahlreiche Aktivist*innen von CTS an der Kundgebung, u. a. mit einem Redebeitrag. Auch anlässlich des Ausstiegs der Türkei aus der Istanbul-Konvention[54], der Ermordung der HDP-Politikerin Deniz Poyraz durch einen türkischen Faschisten in Izmir (Türkei) oder am Jahrestag des Genozids an Jesid*innen und der Verschleppung unzähliger Mädchen und Frauen in Shingal (Nordirak) sowie der Ermordung kurdischer Kämpfer*innen durch den IS riefen türkisch-kurdische Organisationen in Wien zu Protesten auf. Bezüglich des Mordes an Deniz Poyraz zieht Nurcan die Verbindung zwischen Femi(ni)ziden in Österreich und der Türkei: »Und deshalb haben wir es aufgegriffen, weil das nicht selten, sondern alltäglich ist in Kurdistan, auch in den Metropolen der Türkei. Es werden fast täglich dort Frauen ermordet und das meistens von nahen Männern, also dem Mann, Freund, Bruder, Vater, es sind immer Verwandte und Bekannte, die morden. Und es ist uns auch aufgefallen, dass in Österreich auch so Morde geschehen, nicht nur bei uns in der Heimat. Deshalb sollte das hineinkommen, weil das ist dann die letzte Stufe der Gewalt, dass dann ein Mensch, eine Frau nicht mehr am Leben ist. Und das sollte man nicht nur hier, sondern auf der ganzen Welt machen. Egal auf welche Art und Weise, keine Frau sollte zu früh sterben.«

54 Bei der Istanbul-Konvention handelt es sich um ein Übereinkommen des Europarats zur Verhütung und Bekämpfung von Gewalt gegen Frauen und häuslicher Gewalt, das, 2011 verfasst, 2014 in Kraft getreten ist und anschließend in den unterschiedlichen Ländern ratifiziert wurde. Sie wurde von 13 Mitgliedstaaten unterschrieben und fungiert als eine verbindliche Rechtsnorm, auf deren Grundlage Gewalt an FLINTAs und häusliche Gewalt verhindert und bekämpft werden sollen. In der jüngeren Vergangenheit meldeten jedoch Kroatien und Polen Vorbehalte an, während die Türkei 2021 – unter großen Protesten – gänzlich aus dem Übereinkommen ausstieg.

Gewaltschutzgesetze, Frauenberatung und Frauenhäuser

Andrea Brem betont, dass »in Österreich die Gewaltschutzgesetze [u. a. deshalb] so gut sind«, weil diese von »Feministinnen in diesen Arbeitsgruppen erkämpft [...] wurden und das ist auch eine Strategie«. Dabei ist es ihr wichtig, institutionelle Kämpfe nicht gegen die Proteste der Straße auszuspielen: »Ich finde, die haben gut nebeneinander Platz.« »Es muss eine Frauenbewegung geben, die auf der Straße aktionistisch ist, die fordert und es muss aber auch sozusagen den Teil geben, die dort, wo sie sitzen – wenn sie Positionen kriegen – sich halt wirklich für Frauen einsetzen. Und bei den Frauenhäusern war das damals in Wien so, dass da wirklich das zusammengepasst hat.« Irmtraut Karlsson beschreibt die Diskussion entlang der Frage »Basisbewegung oder Advokatenbewegung« und betont ebenfalls, dass es immer ein Fehler gewesen sei und sehr viel Energie gekostet habe, sich aufspalten zu lassen. »Man muss sich ja net verkaufen, aber sagen bis daher, wenn ihr das und das zugesteht.« Mit Blick auf die Zukunft meint auch Ursula, dass »wenn wir immer weiter und immer wieder den selben Fehler machen, uns durch patriarchale Strukturen voneinander abzugrenzen, zerteilen wir uns, verlieren wir an Einfluss«.

Die Frauenhäuser wurden, wie Maria Rösslhumer betont, als »lebensrettende Einrichtungen« gegründet: »Ich meine, einerseits wollen wir ja, dass die Frauenhäuser abgeschafft werden, damit die Frauen sicher zu Hause bleiben können, aber wir sind weit entfernt davon. Und ich glaube, Frauenhäuser sind wichtiger denn je. Lebensrettende Einrichtungen. Intensivstationen gegen Gewalt und gegen Morde an Frauen. Also, wenn wir die nicht hätten, die Frauenhäuser, dann hätten wir sicher noch eine höhere Rate an Femiziden.« Auch Andrea Brem unterstreicht, »dass wir in Österreich tausenden Frauen das Leben gerettet haben« und führt an anderer Stelle weiter aus: »Ich freu mich immer, [...] weil ich es einfach so schön finde, wenn so Frauen so zerstört zu uns kommen, nachher als selbstbewusste Frauen rausgehen. Das finde ich so schön, [...] das macht mich glücklich.« Ursula erzählt, dass es in den 1990ern wenig Auseinandersetzung mit Femi(ni)ziden gab: »Wir waren so fixiert darauf, dass die Überlebenden zu uns kommen und wie wir die dann unterstützen können. Das war unser Hauptfokus. [...] Wir waren auf Opfer oder Überlebende eingestellt und nicht auf Tote. Überhaupt nicht.« Auf ähnliche Weise erinnert sich auch Maria Rösslhumer: »Es ist nicht so aufgepoppt in der Arbeit, sondern eher die Arbeit mit von Gewalt betroffenen Frauen und Kindern. Also so generell. Aber ich weiß schon, dass meine Vorgängerinnen sehr intensiv auch damals schon das Thema öffentlich gemacht haben, aber den Begriff Femizid, den gab es ja damals noch nicht. Der wird ja erst seit Kurzem verwendet. Damals hat man schon immer wieder darüber gesprochen: Frauen in Hochrisiko-Situationen, wobei, auch das Wort Hochrisiko-Situation ist noch nicht in den Mund genommen worden. Ja, es war nicht so ein großes Thema in meiner Erinnerung. Aber diese Flucht ins Frauenhaus – damals gab es ja noch nicht das Gewaltschutzgesetz – war vielfach ein Thema und vor allem die Zusammenarbeit mit der Polizei.« Ursula führt im Interview außerdem aus, dass sich viele Aktivist*innen in Frauenhäusern engagiert hatten, dies jedoch durch die aufkommenden staatlichen Förderungen verunmöglicht wurde, da diese daran gekoppelt waren, dass nur mehr Sozialpädagog*innen mit Diplom dort arbeiten durften. »Und das war sozusagen das Ende der partizipativen Arbeit mit vergewaltigten und geschlagenen Frauen. Ab da wurde es, ist es im Wesentlichen, bis auf ein paar autonome Frauenhäuser, die sich anders organisieren, ist es zur reinen Sozialarbeit geworden.« Die mit zunehmender Institutionalisierung und Vergrößerungen verbundenen Herausforderungen für die Frauenhäuser erwähnt auch Andrea Brem, die erzählt, dass mit über 100 angestellten Frauen im Wiener Verein und Millionenbudgets kollektive Entscheidungsprozesse weder zeitlich mehr möglich noch effektiv wären. »Also diese Vergrößerung hat uns ein Stück von Freiheit auch genommen.«

Imtraud Karlsson wiederum steht bereits den Gesetzgebungen eher kritisch gegenüber und betont, dass es zuerst Möglichkeiten braucht, um aus Gewaltsituationen rauszukommen »und das Strafrecht dann erst nachher […]. Und nicht genauso wie bei der Vergewaltigung – die war ja immer ein ordentlicher Strafrechtstatbestand, nur hat es der Frau nichts geholfen. Das ist eh eher meine Einstellung zum Strafrecht: Das Strafrecht ist billig, es ist ein Bundesgesetzblatt und aus.« Auch andere Interviewpartner*innen betonen, dass, wenngleich die Gesetzgebungen gut sind, es nach wie vor weitgehend an Umsetzung und finanziellen Ressourcen fehlt und die Einrichtungen konstant überlastet sind. Maria Rösslhumer z. B.: »Im Grunde arbeiten wir alle am Limit. Meine Kolleginnen, auch in den Frauenhäusern, Frauenberatungsstellen, alle sagen, sie schaffen nur mehr Feuerlöscherinnen zu sein. Die Arbeit wird immer umfangreicher, wird immer mehr. Die Frauen brauchen natürlich auch umfangreiche Unterstützung. Und wenn das wegfällt, wenn man nur ein Teil machen kann, dann können sie womöglich diesen Schritt gar nicht setzen.« Irmtraut Karlsson unterstreicht daher die Notwendigkeit dauerhafter finanzieller Absicherung: »Und die andere Geschichte ist, das Betteln muss aufhören. Es ist ja die ganze Finanzierung von allen Einrichtungen ein ewiges Betteln. Es muss eine sichere finanzielle Struktur geschaffen werden, also so und so viel Beratungsstellen, und so weiter.« Bettina Zehetner wiederum betont die Notwendigkeit eines breiten Gewaltbegriffs, eines ganzheitlichen und parteilichen Beratungsansatzes und Angeboten ergänzend zu den Frauenhäusern, die sich auch auf andere Formen als physische Gewalt konzentrieren, wie beispielsweise bei Frauen beraten Frauen: »Tendenziell ist es eher so, dass es mehr um psychische Gewalt, ökonomische und andere Gewaltformen geht und weniger um handfeste körperliche Übergriffe, wo sie wirklich raus muss. Oft wohnen die noch zusammen und ein ganz großer Schwerpunkt ist Frauen in Trennungen, die zwar schon getrennt wohnen, aber z. B. gestalkt werden vom Partner, mühsamste Gerichtsverfahren haben, wo Klage gegen Klage, Anzeigen aller Art passieren, wo um Betreuungszeiten gestritten wird, wo der Kindesvater nicht zahlen will. Also ökonomische Gewalt ist ein ganz großer Schwerpunkt. Und da haben wir wirklich die Möglichkeit, von allen Seiten dranzubleiben. Auch vom Team her, dass auch die Juristin dabei ist,

Psychologinnen, Sozialarbeiterinnen, Pädagoginnen, ich als Philosophin vom Grundberuf.« Auch Irmtraut Karlsson unterstreicht die Wichtigkeit von Parteilichkeit: »Das ist mir ein großes Anliegen für die Frauen. Nicht zu sagen, ›ja da sind ja immer zwei Seiten‹. Es gibt nicht ›immer zwei Seiten‹, weil wo die Macht ist, da herrscht nur eine Seite.«

Zählungen als Praxis

In mehreren Interviews kam die Praxis, Femi(ni)zide zu zählen, samt den damit verbundenen Herausforderungen und Aussparungen zur Sprache. So erwähnt beispielsweise Irmtraut Karlsson einerseits, dass Zählungen von Femi(ni)ziden erst begannen und vor allem dann thematisiert wurden, wenn es sich bei den Tätern um Nichtangehörige der Dominanzgesellschaft handelte: »Also meiner Meinung nach hat das begonnen mit den ersten Morden durch Ausländer. Also da hat man dann angefangen zu zählen und das waren teilweise auch sehr spektakuläre Fälle, wo dann die Zeitungen schreiben konnten und so weiter.« Entsprechend kritisiert sie, dass »der Täter [...] immer der böse Ausländer [ist] und der ehrbare Österreicher mit dem ›Doppelselbstmord‹ ist es nicht«. Entsprechend war ihr andererseits schon relativ früh die Problematik von Femi(ni)zid-Suiziden (siehe Kapitel 5) bewusst: »Wobei ich mich da auch unbeliebt gemacht habe, weil der Femizid in der Anfangsdiskussion war ja die Tat des muslimischen Outsiders. Und ich hab' immer gesagt, die Femizide – also Femizid haben wir nicht gesagt, Frauenmorde – des angesehenen Österreichers wurden nicht gezählt. Das waren die Ehetragödien, wo er zuerst die Frau umgebracht hat, selbst einen Abschiedsbrief geschrieben, und dann sich selbst umgebracht hat. [...] Also in dem Moment, wo der Selbstmord des Täters da war, hat man in die Dinge nicht mehr reingeschaut.« Im Gespräch macht Karlsson außerdem auf eine weitere Form des unsichtbar gemachten Femi(ni)zids aufmerksam: »Die zweite Kategorie war: Er war mit der Pflege überfordert.« Auch Brem kritisiert den Umgang mit entsprechenden Femi(ni)ziden: »Aber wenn ich meine Frau umbringe, ja weil sie ein Pflegefall ist, weil sie so mühsam ist, weil ich nicht mehr einen Ausweg weiß, dann wird plötzlich drüber diskutiert, ob das ein Mord ist. Natürlich ist das ein Mord. Was ist das sonst? Einer hat eine getötet und dann sich selbst.« Maria Rösslhumer wiederum erwähnt nicht nur den eklatanten Anstieg von Femi(ni)ziden von 2014 bis 2018 von 19 auf 41 Morde als »heftige[n] Sprung«, von dem wir »seither [...] nicht wirklich runter[kommen]«, sondern auch, dass »wir mit der Zählung eigentlich auch erst 2016« begonnen haben. »Ja, aber rückblickend ist es jetzt Gott sei Dank so, dass es jetzt auch eine Studie gibt, die sich intensiv damit auseinandersetzt. Und es gab eigentlich auch keine Zusammenschau zwischen Polizeistatistik und unserer Statistik der Frauenorganisationen, Frauenhäuser oder Gewaltschutzzentren.« Zusätzlich sieht Rösslhumer aber auch den dringenden Bedarf, sich qualitativ intensiver mit den Taten zu beschäftigen: »Also wir sehen ja an den Fällen dann letztendlich, wo es gescheitert ist bis jetzt und, wo wir Verbesserungen, Nachbesserungen machen müssen. Und vor allem diese Mord-Analyse muss geführt werden. Wir müssen analysieren, warum passiert das auch? Was hätte man vorher schon tun können, damit es eben nicht dazu gekommen wäre? Also Mord-Analyse, Lernen aus dem, was geschehen ist.«

Demonstrationen und Kerzen: Erste Versuche, Femi(ni)ziden zu gedenken

Einige Interviewpartner*innen erinnern sich daran, dass sie bereits in der Vergangenheit nach Möglichkeiten suchten, den durch Femi(ni)zide Ermordeten zu gedenken. So erwähnt Polly, dass es einen Femi(ni)zid im 12. Bezirk in Wien gegeben hatte, wo kurz danach eine Demonstration hinführte, um darauf aufmerksam zu machen. Anlässlich eines weiteren Femi(ni)zids im 15. Bezirk »haben wir Blumen und Kerzen vor die Haustüre gelegt«. Ursula erinnert sich ebenfalls, dass sie im Fall von zwei oder drei Femi(ni)ziden, die in ihrem Einzugsgebiet stattgefunden hatten, »Kerzen hingestellt [hatten], beschriftet mit Namen von Frauen, von denen wir wussten, dass sie ermordet wurden«. »Wir hatten eigentlich nur Trauer. [...] Wir haben viel mit Passanten gesprochen und hatten die üblichen Presseberichte am nächsten Tag. Großes Bild von uns mit der Kerze auf einer Seite. Also alles trägt natürlich dazu bei, dass mehrere Menschen davon erfahren, ohne dass es einen großen Unterschied macht zur Sache an sich, weil wir haben keinen Stein aus dem patriarchalen Gebäude rausgeschlagen, naja, vielleicht ein bisschen angeknabbert.« Beide Aktivist*innen betonen, dass sie, wie auch andere Interviewpartner*innen, damals noch von »Frauenmorden« gesprochen hatten. So hebt Polly hervor: »Ich kenn den Begriff erst von euch, aber war ganz überrascht, dass ich in der LFN [LesbenFrauenNachrichten, Anm.] feststelle, dass schon 1994 bei der feministischen Studie das Wort Femizide verwendet worden ist. Aber wir haben das nicht verwendet.« Ursula betont ähnlich: »Aber wir hatten noch keinen wirklichen Begriff und wirkliches Konzept dafür. Wir waren auch noch ziemlich stark in der Patriarchatsanalyse.« Maria Rösslhumer formuliert darüber hinaus das Ziel, dass »überhaupt überall dort, wo ein Femizid passiert, dass man dort auch ein Mahnmal hinstellt, damit es nicht vergessen wird.«

Medien und Öffentlichkeiten als Sprachrohr

Bereits in den 1990ern führte die Projektgruppe Feministische Medienanalyse unter dem Titel »Ermordete und vergewaltigte Frauen und Mädchen in österreichischen Tageszeitungen« eine erste umfassende Studie über die Berichterstattung über femi(ni)zidale Gewalt in Österreich durch und verwendete bereits zu diesem Zeitpunkt den Begriff Femizid. Dabei wurden ausgehend von einer Inhaltsanalyse rund 4000 Artikel über sexualisierte Gewalt und Femi(ni)zide in den österreichischen Tageszeitungen Kronenzeitung und Kurier zwischen 1970 und 1994 (jeweils die Monate Januar und Juli) untersucht und u. a. Strategien identifiziert, die Empathie und Identifikation mit den Betroffenen verunmöglichten.

Trotz andauernder Kritik an der medialen Berichterstattung betonen mehrere Interviewpartner*innen die Bedeutung der Medien, um bestimmte Anliegen zu transportieren und Aufmerksamkeit zu erlangen. So meint beispielsweise Maria Rösslhumer: »Medien sind unser Sprachrohr geworden. Die haben auch entdeckt oder gemerkt, dass es wirklich ein gravierendes Problem in Österreich ist, und sie nehmen unsere Aussendungen und unsere Appelle auch wirklich ernst. Auch wenn sie nicht immer so berichten, wie wir es gerne haben möchten. Aber sie übernehmen dann schon diese Texte, die wir vorformulieren oder bei Pressekonferenzen, wo wir das immer wieder sichtbar machen. Das ist schon löblich, da muss man schon sagen, da hat sich viel getan.« Andrea Brem hebt zudem die Wichtigkeit und Notwendigkeit hervor, dass Betroffene und Überlebende über die ihnen widerfahrene Gewalt, »von ihrem Widerstand, von ihren Schwierigkeiten« (in der Öffentlichkeit) sprechen: »Ich bin froh, dass es auch Frauen gibt, die darüber reden, ja weil erstens macht das mehr Mut, wie wenn wir als Expertinnen sagen, das ist einfach für Betroffene etwas Anderes.« Brem betont daher die Wichtigkeit, »den misshandelten Frauen in den Medien eine Stimme [zu] geben [...], wenn sie das wollen.« Es sei außerdem notwendig, nicht immer nur über die Tötungen zu sprechen, sondern auch über die Gefährdungen von Frauen davor, von denen nicht alle gleich betroffen sind: »Also ich finde, natürlich muss über jeden Frauenmord berichtet werden, aber wenn wir uns nur mehr darauf konzentrieren, dann gehen die Probleme der Frauen verloren, weil jetzt ist es schon so, dass halt jeder sagt: ›Die Frau soll schon ins Frauenhaus oder sie soll sich an Hilfseinrichtungen wenden‹ und wenn sie das nicht tut, ist sie selber schuld.«

Irmtraut Karlsson erwähnt im Interview zudem einen weiteren unterbeleuchteten Aspekt im Kontext von Öffentlichkeiten und Femi(ni)ziden: die mangelnde Vertretung der Perspektiven und Interessen der Ermordeten in den Gerichtsverfahren. »Und dadurch ist dann oft, vor allem wenn es sich um einen Österreicher handelt, die Darstellung des Überlebenden, die, die picken bleibt. Auch im Gerichtsverfahren.

[...] Das, was ich verlange: Das tote Opfer muss auch im Prozess eine Fürsprache haben, und eine Verteidigung, eine Darstellungsmöglichkeit, weil im Moment hat sie nichts.« Karlsson fordert daher Opferanwält*innen, die den Auftrag haben, nachzuforschen, wer die Betroffene wirklich war, »damit also dieses Shaming nicht einfach so passieren kann«. Aktuell sei das nur selten der Fall und auch nur dann, wenn die hinterbliebenen Familien sich aktiv dafür einsetzen.

Austauschräume und Vernetzungen

Zahlreiche Interviewpartner*innen unterstreichen zudem die Bedeutung von Vernetzung unterschiedlicher Feminist*innen, Gruppen und Kämpfen. Dafür braucht es, wie Ursula betont, vor allem Orte, an denen sich ausgetauscht werden kann: »Ich glaub, das Wichtigste in den ganzen aktiven Jahren war, dass wir zentrale Punkte hatten, dass wir einen Ort hatten, ein Zentrum hatten, wo wir uns treffen können, wo wir Menschen hin einladen können, wo wir unsere Materialien ausarbeiten, sammeln können und herstellen können. Wir hatten so kleine Druckmaschinen, es gab ja noch keine Fotokopierer damals. [...] Wir brauchten einen Ort, um uns zu treffen und uns in Ruhe, ohne Störung ohne Angriffe – diese Zentren wurden auch immer mal von den Rechten angegriffen und dann haben wir ein bisschen gekämpft, aber das waren nur immer ganz kurze Momente, das war auch lustig, weil die eigentlich Schiss hatten vor uns.« Vergleichbare Zentren, überregionale Vernetzungen und Austauschräume würden ihrer Meinung nach heute weitgehend fehlen. Auch Polly erwähnt die Zusammenarbeit mit vielen anderen Gruppen wie beispielsweise Maiz, Lefö, den Frauen der ATIGF und des kurdischen Vereins und zeitweise hatte sie auch Kontakt zu einer philippinischen und einer sudanesischen Frauengruppe. »Also in unserer Bündnisarbeit, da haben wir schon recht viel gemacht. Das hat ganz gut funktioniert.« Ursula beschreibt außerdem, dass sie sehr gut mit anderen Zentren und Gruppen landesweit oder international vernetzt waren. »Wir sind irre viel gereist, wir waren ständig unterwegs.

Ständig unterwegs, also so jedes zweite Wochenende oder jede zweite Woche waren wir bestimmt in einer anderen Stadt, haben uns mit anderen Gruppen getroffen, haben Pläne ausgeheckt.« Um »eine feministische Gesellschaft zusammen zu bauen, nicht nur hier in Wien«, sondern auch in anderen Städten und Ländern, hält auch Martx es für unabdingbar »ein starkes Netzwerk zu bauen«. Martx und Susana engagieren sich auch bei CTS und sind dadurch aktiv am Aufbau und der Ausgestaltung entsprechender Austauschräume wie beispielsweise der Vernetzung Feministisches* Bloco Descolonial, in der sich migrantische Feminist*innen autonom organisieren, beteiligt. Dass Vernetzung »ganz was Wesentliches und Wichtiges« sei, betont Bettina Zehetner ebenso wie Maria Rösslhumer, die die Wichtigkeit des Austauschs unterstreicht und meint, dass dieser »noch mehr gebündelt« gehöre, weil gerade in den Bundesländern die relevanten Akteur*innen »oft nichts [...] oder zu wenig mit[kriegen]. Also hier bräuchte es auch eine österreichweite Plattform.«

Ausblicke

Einige – wenn auch nicht alle – Interviewpartner*innen stellten im Zuge unserer Gespräche fest, dass sie es aufgrund ihres beruflichen Alltags nur noch selten schaffen, an den Protesten auf der Straße teilzunehmen, jedoch die Mobilisierungen von CTS und anderen über Social Media mit großer Bewunderung mitverfolgen. In diesem Sinne betont beispielsweise Maria Rösslhumer: »Ich glaube, wir können oder ich kann nur lernen von ihnen. Ich bewundere sie alle, die jetzt so gemeinsam auf die Straße gehen, zu kämpfen, so intensiv und mit so einer Intensität. Da muss ich sagen, da lerne ich sehr viel. [...] Also diese Ressource, die wir da jetzt haben, durch die jungen Frauen, durch diese starken Kämpferinnen. Ich finde es sehr beachtlich. Und mir tut es oft leid, dass ich nicht mehr so unterwegs bin und nicht mehr so viel mache.« Ursula hingegen bemängelt an den aktuellen Protesten (in Bezug auf Berlin), dass es in »allen Gruppen zu wenig Patriarchatsanalyse« und »zu wenig persönliches Engagement« geben würde. Wenn ein Femi(ni)zid passiert, gibt der routinierte Ablauf zwar eine bestimmte Sicherheit, aber »die Suche danach, wo wir besser ansetzen können als mit diesen altmodischen Methoden« kommt ihr oftmals zu kurz, da es ihrer Meinung nach »viel mehr Debattenkultur« und »wirkliche, ökonomisch orientierte Strategien« brauche, »weil das Patriarchat liegt also im Prinzip der Ausbeutung, der Verwertung, des Mehrwerts [...]. Dieser Kreislauf muss unterbrochen werden, [...] wir müssen rausgehen aus den patriarchalen, kapitalistischen Strukturen.«

Die hier versammelten Erfahrungen und Erinnerungen ermöglichen letztlich nicht nur, die Vielfältigkeit bisheriger Protestformen gegen und Diskussionen über femi(ni)zidale Gewalt sichtbar zu machen und Verbindungslinien zu den aktuellen Mobilisierungen herzustellen, sie geben auch wichtige Impulse, wie wir weiter über gesellschaftliche patriarchal-kapitalistische Gewaltverhältnisse nachdenken können.

Erinnern und Gedenken als Protestform

Mnemonicide – Die Auslöschung von Erinnerung

Die Suche nach individuellen wie auch kollektiven Möglichkeiten, um an die Ermordeten zu erinnern bzw. ihrer zu gedenken, macht ebenfalls einen zentralen Bestandteil der Politisierung von Femi(ni)ziden aus. Insbesondere in Lateinamerika und der Karibik wurden in den vergangenen Jahrzehnten verschiedene gegenhegemoniale Strategien erprobt, Orte zu kennzeichnen, an denen Femi(ni)zide verübt wurden, sowie die Bedrohung, Ignoranz und das Vergessen sichtbar zu machen. Während die Beteiligung von Familienangehörigen an den Protesten gegen Femi(ni)zide beispielsweise in Österreich eher eine Seltenheit darstellt, nehmen die Mütter bzw. Verwandten der Ermordeten vor allem in Lateinamerika und der Karibik eine besondere Rolle ein. Gemeinsam mit Aktivist*innen verfolgen sie die Strategie, sowohl die Orte, an denen die Ermordeten gefunden wurden, (u. a. mit pinken Kreuzen[55]) zu markieren, als auch dauerhafte Räume der Erinnerung bzw. Mahnmäler (im Zentrum) zu schaffen, indem beispielsweise ebendiese Kreuze vor wichtigen Regierungsgebäuden aufgestellt oder auf die ganze Stadt verteilt an Wände gemalt werden. Lozano erkennt darin eine Transformation von Ort und Raum bzw. eine Strategie der »matter-memory-makers« gegen »the state's process of ›mnemonicide‹ (Morris, 2004)«, womit sie die Unterdrückung und Auslöschung von Erinnerungen meint. Beispiele dafür sind das offizielle staatliche Feminicidio-Denkmal sowie der vorherrschende Diskurs. Kritisiert wurde das 2011 auf dem Baumwollfeld (campo algodonero; siehe Kapitel 1) errichtete staatliche Denkmal vor allem, weil es dem Anspruch, die Namen aller Ermordeten abzubilden, nicht nachkam. Einige Namen wurden falsch geschrieben, andere fehlten komplett, dafür wurden wieder andere doppelt angeführt. Dadurch wurde erneut deutlich, dass das Leben der als Frauen gelesenen Personen in Ciudad Juárez damit keiner öffentlichen Erinnerung wert war – das Denkmal war Teil der vorherrschenden Vergessenskultur. Diese zeigt sich auch daran, dass die von Müttern und Aktivist*innen aufgestellten und gemalten pinken Kreuze oft »vandalized, removed, and even burned to the ground« (Lozano 2019, 77) wurden und ihnen somit erneut Öffentlichkeit und Sichtbarkeit genommen wurden. Die Zerstörung der Erinnerung an Femi(ni)zide steht nicht zuletzt im Zusammenhang mit kapitalistischen, den Tourismus betreffenden Überlegungen, in dessen Interesse nicht an die »unschönen«

55 Die pinken Kreuze werden bereits in Kapitel 1 erwähnt. Paula Flores, die Mutter der Femi(ni)zid-Ermordeten Sagrario Gonzalez und Gründerin von Voces sin Echo, beschreibt die Bedeutung der Farbe der Kreuze folgendermaßen: »The pink base represents women, and the black cross represents the loss of their daughters. In addition to the long-standing monument at the border, along with the wooden crosses that are permanently placed in front of government buildings, other monuments are placed strategically at the sites where the victims' bodies have been found. This activity keeps alive the memories of our daughters, and is a message to the Mexican authorities that we continue to seek justice (Personal communication, June 25, 2016)« (Lozano 2019, 75).

Seiten Mexikos erinnert werden soll. So findet die Verdrängung der Mahnmäler eher in den (touristischen) Zentren statt als in jenen Vierteln, die für Tourist*innen – wegen ihrer Gefährlichkeit – ohnehin nicht von Interesse sind. Die Sichtbarmachung der Femi(ni)zide sowie auch des Widerstands hat aber das Interesse und die Neugier von Tourist*innen geweckt, die beispielsweise für Selfies vor den Murals (Wandmalereien) ermordeter FLINTAs oder den pinken Kreuzen posieren. Aber auch zahlreiche Forscher*innen sind nach Ciudad Juárez gepilgert, um das Wissen von Aktivist*innen und Familienangehörigen abzugreifen und für ihre akademischen Forschungsarbeiten zu benutzen – zumeist ohne jemals zurückzukehren und den lokalen Strukturen Unterstützung zurückzugeben. So erwähnt beispielsweise Lozano (2019, 11): »I was told countless times by numerous Mothers and family members of the disappeared and murdered women and girls that many academics were literally ›profiting off of their daughters' deaths.‹ Moreover, I was told that many academics would come to Juárez, collect their data, and never return.«

Während Lozano ihre Kritik auf die beschriebenen Vergessenskulturen richtet, fokussieren Walklate et al. (2020) auf Möglichkeiten der Herstellung von »memory justice« (ebd., 26), also Erinnerungsgerechtigkeit und betonen die wichtige Rolle, die der Zählung von Femi(ni)ziden in diesem Zusammenhang zukommt (siehe Kapitel 5), die ohne das Engagement und die Kritik von »activists, journalists, scholars, and women's organizations« (Walklate et al. 2020, 25) nicht denkbar wäre: »Counting intimate femicide, particularly where such counting attends to the memory of those killed, offers a justice dimension by ›making past crimes visible in the present‹ (Booth 2006, 117). This is particularly true of intimate femicide memorials, which have a physical presence in public space.« Als Beispiele erwähnen die Autor*innen u. a. die 2014 in Mailand (Italien) errichtete öffentliche Kunstinstallation »Muro Di Bambole« (»Die Puppenwand«), die auf einer ursprünglich während der Fashion Week aufgestellten Wand Puppen befestigte und dadurch die Kosten der Gewalt gegen FLINTAs veranschaulichen sollte (ebd., 27). Zu einer wiederkehrenden Symbolik für die Thematisierung von und Erinnerung an Femi(ni)zide zählt ebenfalls das Aufstellen roter Schuhe. »In creating memorials of what has occurred, of each of the women who have been killed by male perpetrators in the past, they are also looking forward – to the cessation of such violence, to the security of all women and girls« (ebd., 28).

In Anlehnung an Phillips (2004) unterscheidet Lozano (2019,70 f.) zwischen »the memory of publics« (der Erinnerung der Öffentlichkeit), aus der die Betroffenen der Femi(ni)zide verdrängt werden und »the publicness of memory« (der Öffentlichkeit der Erinnerung), die die Protestierenden gegen Femi(ni)zide nutzen, um ihre Erinnerung sichtbar zu machen. Dass der von Aktivist*innen geschaffenen Aufmerksamkeit für Erinnerung an Femi(ni)zide jedoch schnell die Öffentlichkeit wieder genommen werden kann, zeigte sich beispielsweise an einer 8.-März-Aktion von #Keinemehr Leipzig. Im Rahmen einer Kundgebung stellten sie eine Gedenkstele, also einen freistehenden Pfeiler mit Inschriften für alle durch Femi(ni)zide Ermordeten auf, um »eine selbstbewusste, feministische, öffentliche Raumnahme« durchzuführen und ihren Antrag nach der Umsetzung eines Trauerorts in Leipzig durch den Stadtrat zu unterstützen. »Nicht mal 24 Stunden später meldete sich das Ordnungsamt Leipzig bei der Anmelderin der Kundgebung, sie möge die Stele bis 7 Uhr am darauffolgenden Morgen entfernen, sonst würde das Amt die Entsorgung übernehmen und sie die Rechnung dafür begleichen müssen.«[56] So zeigt sich an diesem Beispiel, dass auch den Behörden bzw. dem Staat eine wichtige Rolle bei der Verdrängung der Erinnerung an die Ermordeten und Unsichtbarmachung femi(ni)zidaler Gewalt zukommt.

56 #KeineMehr Leipzig (2022): »About: Gedenkstele«. URL: https://keinemehr leipzig.noblogs.org/post/2022/03/11/about-gedenkstele/

Kollektives Gedenken bei Claim the Space

Auch im Zuge der Mobilisierungen von CTS nimmt das kollektive und öffentliche Gedenken an jede einzelne* Ermordete einen festen Platz ein. Auf jeder Kundgebung werden die in den letzten 365 Tagen verübten Femi(ni)zide verlesen, die Daten mit Kreide auf den Boden des ehemaligen Karlsplatzes geschrieben und nach jeder benannten Tat gemeinsam mit allen Anwesenden eine Parole gerufen. In den Protesten zeigt sich die für unsere Perspektive des Feministischen Streiks zentrale Prozesshaftigkeit: Wurde zu Beginn »Man(n) tötet nicht aus Liebe – Stoppt Femi(ni)zide« gerufen, entschieden die Aktivist*innen im Laufe der Mobilisierungen, diese in »Ni une menos – Vives nos queremos« zu verändern. Auf einem Offenen Treffen wurde Unwohlsein mit der gerufenen Parole artikuliert, es fühlte sich an, als würden wir Femi(ni)zide vereinheitlichen, als würden wir behaupten, alle fänden in einem Nahe- oder vermeintlichen Liebesverhältnis statt. Aus dem vorgeschlagenen »Ni una menos« wurde »Ni une menos«, um an die diversen Gewalterfahrungen von FLINTAs zu erinnern. Im Zuge dieser Auseinandersetzung formulierten Aktivist*innen von CTS einen Text zur Entstehung und Verbreitung dieser Parole, der auf Kundgebungen auch vorgetragen wird. In der Einleitung dieses (inzwischen ritualisierten) Gedenkens an die Ermordeten heißt es: »Denn auch die Erinnerung muss zu einer kollektiven Praxis werden. Diese Morde an Frauen, Lesben, inter, nichtbinären, trans und agender Personen werden als Einzelschicksale verhandelt, und ins ›Private‹ gedrängt. Damit bleibt auch das Erinnern ›privat‹ und individuell. Als Feminist*innen stehen wir aber heute hier und wollen uns kollektiv und öffentlich an jene, die in den letzten 365 Tagen durch femi(ni)zidale Gewalt getötet wurden, erinnern!« Zu den etablierten »Ritualen« bei den Demonstrationen gegen Femi(ni)zide zählt ebenso das »Canción sin miedo« (»Das Lied ohne Angst«) der mexikanischen Singer-Songwriterin Vivir Quintana, das inzwischen zu einer feministischen Hymne geworden ist und meist gemeinsam auf Spanisch sowie auf Deutsch von den

Anwesenden gesungen wird. Im Zuge der Etablierung der Proteste gründete sich sogar eigens der Chor Die Sirenen, der das Lied, von einer Gitarre und manchmal einem Akkordeon begleitet, einstudierte und den Text der deutschsprachigen Version laufend adaptiert und an aktuelle Diskussionen anpasst. Diese Veränderungen können als Teil der bereits mehrfach angesprochenen Übersetzungsarbeit gesehen werden, die darauf abzielt, die Protestformen in die jeweiligen Kontexte zu übertragen, indem beispielsweise lokale Diskussionen einfließen, gleichzeitig aber knüpfen sie an die Kämpfe aus Lateinamerika und der Karibik an. Dabei handelt es sich zunächst vor allem um eine Geste, die von weiteren politischen Praxen begleitet bzw. durch diese ergänzt werden muss. Zu Zeiten geringer Beteiligung an den Protesten wurde das Lied in der Version von Vivir Quintana über Lautsprecher abgespielt und die deutsche Version weggelassen.

Ritualisiertes Gedenken

Ein Thema, das nach einjährigem Bestehen der Proteste gegen Femi(ni)zide in Wien zunehmend an Bedeutung gewann, ist die Frage der »Ritualisierung«. Bereits der Umstand, dass von vielen Seiten bejubelt wird, dass die Proteste gegen Femi(ni)zide so kontinuierlich und bereits über einen langen Zeitraum stattfinden, weckt nicht nur Gefühle der Anerkennung, des Lobs und der Bestätigung, sondern hat auch den stets vorhandenen Beigeschmack, wie traurig und erschütternd eine Realität ist, die dazu führt, sich in regelmäßigen Abständen am ehemaligen Karlsplatz zusammenfinden zu müssen. Durch das kontinuierliche Zusammenkommen trägt die Bewegung aber zu zunehmender gesellschaftlicher Sensibilisierung für die Thematik, Änderung der Sprache über Femi(ni)zide in Medien und Politik, politischen Reaktionen, zur Kontinuität der Proteste und Schaffung von Austauschräumen etc. bei.

Ähnlich ambivalent ist das im Zuge der Proteste etablierte Gedenken selbst einzuordnen. Durch das ritualisierte Gedenken (Canción sin miedo, Verlesen der Femi(ni)zide in den letzten 365 Tagen, Niederschrift der Daten mit Kreide am Boden am ehemaligen Karlsplatz sowie gemeinsames Rufen von »Vives nos queremos!«) wurde zwar eine kollektive Praxis geschaffen, die es unterschiedlichen Menschen ermöglicht, daran teilzunehmen. Das Ritual geht über die konkrete Form des Gedenkens hinaus: Bereits die sich wiederholende Versammlung von vielfältigen Körpern an einem bestimmten Ort, um sich kollektiv diesen Raum zu nehmen, kann Mut machen und der Individualisierung etwas entgegensetzen. In dieser Ritualisierung liegt also das Potential kollektiver und gegenseitiger Bestärkung. So laufen Rituale nach bestimmten Regeln ab, die den regelmäßig Teilnehmenden den Vorteil einer klaren Struktur bieten, was ungefähr bei den Demonstrationen zu erwarten ist. Den Rahmen bzw. das Prozedere zu kennen, kann gerade für traumatisierte Menschen eine hilfreiche Stütze bieten und potentiell vor unangenehmen Erfahrungen schützen. Zudem bieten die Proteste die Möglichkeit, raus aus der Ohnmacht zu kommen, sich aktiv einzubringen und dadurch Handlungsfähigkeit zu erlangen, beispielsweise indem während der Kundgebungen konkrete Aufgaben übernommen werden.

Da es sich um immer wiederkehrende Praxen handelt, stellen sich aber auch die Fragen, ob die Wiederholung zu einer Gewöhnung an das Außergewöhnliche, Schockierende etc. beitragen oder der Eindruck entstehen kann, dass sich sogar sensibilisierte Menschen nicht nur an die CTS-Demonstrationen gewöhnt haben, sondern auch daran, dass Femi(ni)zide als Auslöser für diese Zusammenkünfte eine gesellschaftliche Normalität darstellen. Zudem kann die ständige verbale Wiederholung der Gewalttaten auch eigene Erfahrungen triggern. Dementgegen hat sich in der bisherigen Praxis gezeigt, dass die spontanen Versammlungen nicht ident verlaufen und Wetter, Demonstrationsrouten, Redebeiträge, Beteiligungen sowie auch das Verhalten von Passant*innen, der Kirche oder der Polizei vom einen auf das andere Mal durchwegs unterschiedlich ausfallen (können). Auch geht den Kundgebungen jedes einzelne Mal ein neuer Femi(ni)zid voraus, der abermals Betroffenheiten auslöst und zu neuen Fragen und Debatten führt. Zudem ist es das zentrale Anliegen von CTS, ausgehend von den in Kapitel 3 ausgeführten Analysen über den gewaltvollen Normalzustand, der beispielsweise aus der gesellschaftlichen Arbeitsteilung resultiert und der in politischen Diskursen unbenannt bleibt, die Alltäglichkeit der Gewalt selbst zu politisieren. Gerade die Benennung und Politisierung des gewaltvollen Alltags zielt somit darauf ab, Gewöhnungseffekten entgegenzuarbeiten. Das ist nicht nur analytisch zu verstehen: Die Politisierung von Femi(ni)ziden als Teil eines Kontinuums patriarchaler Gewalt ermöglicht, eigene Erfahrungen einzuordnen und ihnen kollektiv, statt vereinzelt, Raum zu geben.

Umgang mit den Ermordeten und ihren Angehörigen

Bereits zu Beginn der Proteste wurde im Zuge von CTS über das Verhältnis der Proteste zu den Ermordeten diskutiert und die Frage einer Praxis aufgeworfen, die gleichzeitig Raum für Trauer um die konkreten Getöteten lässt und dennoch abstrahiert davon die jeweiligen Morde mit Kritik an patriarchalen Verhältnissen verbindet – ohne jedoch die Geschichten der Ermordeten bloß für eigene politische Zwecke zu instrumentalisieren. Vor allem als die Proteste starteten, wurde in den Redebeiträgen immer wieder betont, dass die Teilnehmer*innen der Protestdemonstrationen zumeist wenig bis nichts über die Ermordeten wissen. Entsprechend standen bei den Mobilisierungen von CTS weniger die konkreten Ereignisse und die vorangegangenen Lebensgeschichten der Betroffenen im Vordergrund als vielmehr die Thematisierung der hinter den Morden liegenden, wiederkehrenden Strukturen. Fragen nach der Einbindung von Angehörigen kamen zwar bei den Offenen Treffen immer wieder auf, in der politischen Praxis von CTS war es jedoch kaum Thema, Familienangehörige und Freund*innen sowie Bekannte der Ermordeten aktiv in die Kundgebungen und Demonstrationen miteinzubeziehen.

Die wenigen Ausnahmen waren vor allem auf persönliche Kontakte zu den Betroffenen zurückzuführen. So handelte es sich beispielsweise bei einer Ermordeten um eine Studentin einer Hochschule, an der auch Personen studieren, die sich an den Protesten beteiligen und die die Betroffene persönlich bzw. vom Sehen kannten. Als Ort der Trauer wurde der ehemalige Karlsplatz bei dieser Kundgebung recht unterschiedlich genutzt. Für manche Freund*innen war die Kundgebung nicht die passende Form, dennoch bedankten sich einige bei CTS, dass dieser Ort geschaffen wurde. Auch wenn sich die Trauer bei dieser Kundgebung nicht in Form einer persönlichen Rede ausdrückte, rückten die oftmals »abstrakten« und lediglich aus den Medien bekannten Taten dadurch nochmal deutlich näher an CTS heran. In einem weiteren Fall handelte es sich bei der Ermordeten um die Elementarpädagogin eines Kindes aus dem Umfeld einer CTS-Aktivist*in, was dazu führte, dass bei der auf diesen Femi(ni)zid folgenden Kundgebung eine persönliche Rede von einer ihr bekannten Person abgespielt wurde. Die ermordete Person mit ihrer Geschichte und ihren Beziehungen wurde so am ehemaligen Karlsplatz spürbarer. Ganz besonders ist uns eine weitere Mobilisierung in Erinnerung geblieben: Nach einem Doppelfemi(ni)zid in Wien, bei dem ein 28-Jähriger seine Ex-Partnerin und eine gute Freundin von ihr ermordetet hatte, versammelten sich unzählige Personen und Gruppen bei der Kundgebung am ehemaligen Karlsplatz, die eine oder beide der Betroffenen gekannt hatten oder aufgrund ähnlicher Herkunftsgeschichten große Wut und Trauer über die Tat verspürten. Die Freundin war zudem auch als feministische Aktivist*in (vor allem gegen FGM – weibliche Genitalverstümmelung) aktiv und daher in feministischen Kreisen bekannt gewesen, so dass zahlreiche Teilnehmer*innen der Proteste eine persönliche Verbindung zu ihr hatten und daher spontan das Wort ergriffen, um über sie und die fassungslos machende Tat in mehreren Sprachen (mit Übersetzung) zu sprechen.

Dass manche Teilnehmer*innen der Demonstrationen bestimmte durch femi(ni)zidale Gewalt Ermordete kannten, verdeutlichte uns die eingangs erwähnten Herausforderungen im Umgang damit. So kann (und muss auch) nicht abgestritten werden, dass uns Femi(ni)zide von

Personen aus dem eigenen Umfeld auf besondere Art und Weise nahe gehen – auch wenn alle Beteiligten wissen, dass jeder einzelne Femi(ni)zid auf seine Art und Weise grausam ist. Wie bereits angesprochen, stellte sich seit Beginn der Proteste die Frage, ob die individuellen Lebensgeschichten und Schicksale für den Zweck der Politisierung von Femi(ni)ziden »instrumentalisiert« und vereinnahmt werden. Auch diese Frage lässt sich nicht mit einem klaren Ja oder Nein beantworten, sondern bleibt komplex. So mag es stimmen, dass CTS von den allermeisten Taten aus den Medien erfährt, wenig von den Betroffenen, deren Erfahrungen und deren Familien weiß, und es somit nicht ausgeschlossen werden kann, dass die Aktionen von CTS auch den Wünschen und Vorstellungen der Angehörigen zuwiderlaufen. Bei den Protesten stehen nicht nur die einzelnen Taten oder Personen und ihre konkreten Biografien im Mittelpunkt, sondern die patriarchalen Macht- und Herrschaftsstrukturen, die dazu führen, dass FLINTAs ermordet werden.

Dass Angehörige sich für andere Wege der Trauer und des Umgangs entscheiden, kann viele Gründe haben. Bei den Tätern der meisten in Österreich verübten Femi(ni)zide handelt es sich um (Ex-)Partner der Betroffenen oder andere Familienangehörige, so dass Verwandte oftmals erst einen Umgang mit ihnen nahe stehenden Personen finden müssen und die Kundgebung nicht ihre erste Anlaufstelle darstellt. Nicht zuletzt ist die Betroffenheit von femi(ni)zidaler Gewalt auch stark mit Scham besetzt, dass entsprechende Taten nicht bei »den Anderen«, sondern in der eigenen Familie stattfinden. (Feministische) Erklärungen und Deutungsmuster, die männliches Besitzdenken und Machtansprüche für die Gewalttaten verantwortlich machen, können den Schmerz über den Tod geliebter Personen zudem kaum lindern. In den Diskussionstreffen der Aktivist*innen von CTS standen diese Überlegungen nicht im Vordergrund, da die Adressat*innen des Aktivismus ohnehin nicht die Familienangehörigen und Freund*innen sowie Bekannte der Ermordeten sind. Auch wussten die Aktivist*innen von Anfang an, dass diese Form der Politisierung ihre Ressourcen überschreiten würden. Die Komplexität des Spannungsfelds zwischen konkreten Erfahrungen und strukturellen Bedingungen wird aber in den Reden am ehemaligen Karlsplatz und in den Diskussionstreffen sehr wohl diskutiert. Eine Aktivist*in von CTS beschreibt es so: »In den Protesten finden die eigenen Erfahrungen Platz – als singuläre, als spezifische –, werden bestenfalls miteinbezogen, zugleich wird das Geteilte spürbar, die Bezogenheit aufeinander. Die Spannung zwischen Singularität und Kollektiven wird versucht aufrechtzuerhalten, ohne Differenz gegen Gleichheit auszuspielen« (Temel/Maier 2023, i. E.).

Say their names?

Im Laufe der Proteste traten immer wieder Einzelpersonen und Gruppen an CTS heran und fragten nach der Liste der Namen, die – ihrer Wahrnehmung nach – beim Gedenken verlesen wurden. Eine solche Liste gibt es jedoch nicht. Anders als in Lateinamerika und der Karibik gelangten die Namen der Ermordeten nur in einzelnen Fällen an die Öffentlichkeit und sind uns demnach bis heute oft nicht bekannt. Während dies hierzulande nicht zuletzt auf Daten- und Opferschutz zurückzuführen ist, kommt den Namen und Lebensgeschichten der Ermordeten in Lateinamerika und der Karibik in mehrerlei Hinsicht große Bedeutung zu. Einerseits sind es nicht selten die Familien und Freund*innen der Ermordeten, die in der Öffentlichkeit und vor den zuständigen Behörden Aufklärung des an ihren Angehörigen verübten Femi(ni)zids einfordern. Vor dem Hintergrund der hohen Zahlen von Verschwundenen und Ermordeten versuchen sie über die Nennung des Namens und dem öffentlichen Zeigen von Fotos, ihren Geliebten eine Identität und Geschichte zurückzugeben und sie von einer beliebigen Zahl wieder zu einer konkreten Person werden zu lassen. Andererseits zielen diese Strategien auch darauf ab, das Schweigen zu durchbrechen, das Wegsehen zu verunmöglichen, Empathie zu schaffen, ihre Schicksale bekannt zu machen und dadurch aus der Vergessenheit zu holen.

Rückblickend lässt sich sagen, dass es nicht zufällig ist, welche (Vor-) Namen in Österreich an die Öffentlichkeit drangen bzw. öffentliches

Interesse weckten. Es waren vor allem die »spektakulären« Femi(ni)-zide bzw. jene, die sich von rassistischen Gruppen und Politiker*innen für eigene Zwecke instrumentalisieren ließen. Dazu zählen etwa die brutalen Ermordungen von Nadine, Leonie sowie Fadumo und Shugri. Die Nennung ihrer Namen an dieser Stelle ist somit mit der Ambivalenz verbunden, auf der einen Seite – anknüpfend an lateinamerikanische Strategien – den Ermordeten Identität und ihre Geschichten zurückzugeben und andererseits die beschriebenen Dynamiken zu reproduzieren. Weil die Namen aber bereits bekannt und zu einem zentralen Bestandteil (kritischer) Auseinandersetzungen mit Femi(ni)ziden geworden sind, haben wir uns dazu entschieden, sie hier zu nennen und die Taten zu schildern.

Nadine war 2021 von ihrem Ex-Partner an ihrem Arbeitsplatz mit Benzin übergossen und danach angezündet worden. Sie starb einen Monat später an den schweren Verletzungen in einem Krankenhaus. Die 13-jährige Leonie war von drei jungen Männern vermutlich unter Drogen gesetzt, vergewaltigt und ihr toter Körper anschließend auf einer Grünfläche im öffentlichen Raum abgelegt worden. Fadumo und Shugri wurden vom Ex-Partner ersterer mit einem Messer erstochen. In allen genannten Fällen sind die Täter nicht in Österreich geboren bzw. nicht im Besitz eines österreichischen Reisepasses. Insbesondere die Ermordung der minderjährigen Leonie wurde ausgiebig von rechtsextremen Parteien wie der FPÖ und Gruppen wie den Identitären oder ihrer Nachfolgeorganisation Die Österreicher für ihre rassistische Propaganda ausgeschlachtet. Eine Gegenreaktion auf die rassistische und sexistische Berichterstattung gab es von der Gruppe WEFA, Wiener Einsatzgruppe Feministische Alarmabteilung, die in Büros des Boulevard-Unternehmens Oe24 protestierte. Dabei kritisierten die Aktivist*innen die einerseits verharmlosende Berichterstattung (beispielsweise durch Bezeichnungen wie »Rosenkrieg«), wenn die Täter *weiß* sind und die rassistische Vereinnahmung, sobald die Täter rassifiziert werden. Andererseits zielte die Kritik auf den Herausgeber, gegen den ehemalige Mitarbeiter*innen Vorwürfe sexualisierter Übergriffigkeit geäußert hatten.[57] Diese Aktion wurde zwar in zahlreichen Medien, auch über Österreich hinaus, aufgegriffen, jedoch um sie zu diskreditieren, anstatt tatsächlich über Femi(ni)zid-Berichterstattung zu sprechen.[58]

Im Fall von Nadine kam hinzu, dass viele Menschen sie aufgrund ihres Berufs als Trafikantin gekannt hatten und der Mord daher auch Betroffenheit in ihrem »Grätzel« (Kiez) ausgelöst hatte. Dies führte beispielsweise dazu, dass 2022 eine Initiative für die Umbenennung eines kleinen Platzes gegenüber der Trafik, in der sie gearbeitet hatte und in der sie ermordet wurde, in »Ni una Menos-Park-Alsergrund« gestartet wurde. Die Namen von Fadumo und Shugri hingegen hatten Angehörige und Freund*innen im Zuge öffentlicher Statements ihrer Trauer sowie um Spendengelder für die Begräbniskosten zu sammeln, veröffentlicht.

Seit Beginn der Proteste am ehemaligen Karlsplatz gab es jedoch noch einen weiteren Femi(ni)zid, auf den wir hier näher eingehen wollen: Der aufgrund seiner misogyn-sexistischen Facebook-Nachrichten an die Grünen-Politikerin Sigrid Maurer bekannte »Bierwirt« hatte seine Ex-Partnerin in Anwesenheit ihrer Tochter und eines Nachbarn erschossen. Gerade dieser Femi(ni)zid verdeutlicht nicht nur erneut die Kontinuität patriarchaler Gewalt, die bei Beleidigungen und Abwertungen von FLINTAs beginnt und sich bis hin zur gewaltsamen Ermordung steigert bzw. steigern kann. Gleichzeitig wurden an dem Beispiel auch bürgerliche Affekt- und Aufmerksamkeitsökonomien deutlich, da über 1000 Menschen (und somit auffallend mehr als sonst) an der Demonstration nach dem Femi(ni)zid teilnahmen und auch zahlreiche Journalist*innen vor Ort waren, während andere Femi(ni)zide deutlich weniger Empörung und Wunsch nach Protest auslösen und in der medialen Berichterstattung aufgegriffen werden. Dass der Name der ermordeten

57 Heisterkamp, Lucia / Wilhelm, Zsolt (2022): »Österreichs #MeToo-Skandal«. In: *Spiegel*. URL: www.spiegel.de/ausland/oesterreich-vorwuerfe-der-sexuellen-belaestigung-gegen-den-medienmacher-wolfgang-fellner-a-370b2616-3e92-4d8f-b6ba-a6a2bd78739d

58 Siehe den Twitter-Post von: WEFA (2021): »An die Redaktion von oe24«. URL: https://twitter.com/femizidestoppen/status/1412812038880038917

Ex-Partnerin nicht – wie im Falle der anderen aufmerksamkeitserregenden Femi(ni)zide – durch die Medien und die öffentliche Debatte geisterte, bestärkt das oben angeführte Argument, dass vor allem jene Namen an die Öffentlichkeit gelangen, die sich rassistisch vereinnahmen lassen.

Die Namen der durch femi(ni)zidale Gewalt Ermordeten zu nennen, fungiert im Gegensatz zum Umgang in Lateinamerika und der Karibik nicht dazu, ihre Identitäten und Geschichten sichtbar zu machen und Empathie herzustellen. Je mehr die abstrakten Toten und Täter zu konkreten Personen werden, desto besser lassen sich daraus auch rassistisch motivierte Angst- und Schreckensbilder generieren, die an im kulturellen Gedächtnis tief verankerte, kolonialrassistische Bilder anknüpfen können: jene des als »fremd« markierten (Schwarzen und/oder »muslimischen«) Mannes, der eine »Gefahr« für »unsere« (*weißen*) Mädchen und Frauen darstellen würde. Sind die Täter jedoch *weiß* und Angehörige der Dominanzgesellschaft, wird zumeist weder den Namen noch den Geschichten der Ermordeten nennenswerte Aufmerksamkeit zuteil. Im Gegenteil zeigt sich die mediale Berichterstattung und öffentliche Debatte nicht selten darum bemüht, die Motive des Täters zu verstehen und dadurch Empathie mit seiner Perspektive herzustellen – schließlich ist er ja auch »einer von uns«. Werden die Ermordeten doch erwähnt, dann zumeist, um eine (Teil-)Schuld bei ihnen zu suchen, beispielsweise durch die Taten relativierende Darstellungen ihrer Biografien oder ihres Verhaltens.

Markierungen und Platzumbenennungen als Protest- und Erinnerungsformen

Rund um die Mobilisierungen von CTS und darüber hinaus entstanden zahlreiche dezentrale Aktionen, die versuchten, auf verschiedenen Ebenen, an unterschiedlichen Orten und mit vielfältigen Methoden Femi(ni)zide zu politisieren. Auch wenn der direkte Zusammenhang mit den Protesten am ehemaligen Karlsplatz nicht auf den ersten Blick erkennbar ist, wurden manche der folgenden Beispiele von ihnen durchgeführt, angestoßen und inspiriert. Die Gleichzeitigkeit und Vielfältigkeit dieser Protestformen ist dabei nicht nur Ausdruck der Breite und Wirkmächtigkeit der Politisierungen von Femi(ni)ziden, sondern wirkt auch in dem Sinne bestärkend auf CTS zurück, als sie Indiz dafür sind, dass der Kampf gegen patriarchale Gewalt an vielen Orten stattfindet und von vielen Mitstreiter*innen und Verbündeten geführt wird. Der (unvollständige) Einblick in Aktionen konzentriert sich vor allem auf Politisierungen von Femi(ni)ziden, in denen die Kritik von patriarchalen Gewaltverhältnissen eine wichtige Rolle einnimmt, jedoch nicht den Hauptfokus ausmacht – nicht zuletzt, weil die Breite des Themas den Rahmen sprengen würde.

Markierungen entlang vielfältiger Protestformen

Zu den zahlreichen Strategien, Femi(ni)zide zu politisieren, zählen neben Demonstrationen und Kundgebungen Performances, Straßentheater sowie Kampagnen und öffentliche Briefe. Um nur ein paar Beispiele zu nennen: Im deutschsprachigen Raum finden nicht nur in den österreichischen Städten Graz, Innsbruck und Wien, sondern auch in Bern, Basel, Zürich, Freiburg, Leipzig oder Hannover regelmäßig Demonstrationen und Aktionen statt, um auf Femi(ni)zide aufmerksam zu machen. Auch in anderen europäischen Ländern wurde das Thema beispielsweise im Rahmen des Feministischen Streiks in Spanien aufgegriffen und von nationalen sowie regionalen Ni una menos Bewegungen (beispielsweise Ni una menos Berlin oder Non una di meno in Italien) politisiert. In Berlin protestierten rotgekleidete Aktivist*innen 2020 zuerst am 8. März auf dem Dach des Berliner Reichstags, im August dann mit rund 50 Aktivist*innen der Gruppe Femen vor dem Brandenburger Tor gegen Femi(ni)zide. In Zürich färbten Aktivist*innen 2021 den Adolf-Escher-Brunnen am Bahnhofsvorplatz mit blutrotem Wasser ein und in Berlin-Steglitz wurden 2019 117 rote Schuhe (für die Anzahl der ermordeten FLINTAs in Deutschland in demselben

Jahr) aufgestellt. Auch in Österreich fanden immer wieder Straßentheateraktionen statt, um ergänzend zu Demonstrationen und Reden auch symbolisch auf Gewalt gegen FLINTAs aufmerksam zu machen. So organisierten feministische Aktivist*innen, beispielsweise von Ni Una Menos Austria, Alerta Feminista Austria oder Chile despertó, mehrfach die vom chilenischen feministischen Aktionskollektiv Las Tesis ins Leben gerufene Performance »Un violador en tu camino« (»Ein Vergewaltiger auf deinem Weg«) an öffentlichen Plätzen in Wien – insbesondere am ehemaligen Karlsplatz im Zuge des 8. März 2020.

Die internationalen Verbindungen patriarchaler Gewalt sowie internationale Solidarität sind kontinuierlich Thema. Unter dem Namen »Keine einzige weniger!« riefen am 21. April 2021 Feminist*innen zur Teilnahme an einer »global organisierte[n] Mahnwache gegen den Femizid an Jeyasre Kathiravel, einer indischen Arbeiterin in einer H&M-Zulieferfabrik«, auf.[59]

Um die instrumentalisierende und rassistische mediale Berichterstattung sichtbar zu machen, endeten die Demonstrationen von CTS des Öfteren vor den Redaktionsräumen des Medienunternehmens Oe24, wo weitere Redebeiträge gehalten wurden.

Zu den Aktionen, die rund um die Mobilisierungen von CTS stattfinden, zählt u. a. die Errichtung einer Gedenkstätte für die durch Femi(ni)zide Ermordeten in Österreich am viel frequentierten Wiener Yppenplatz, die von dem feministischen Verein Viva La Vulva gemeinsam mit dem Kollektiv Kimäre initiiert wurde. Mit einem – zumindest anfangs – regelmäßig aktualisierten Graffito, das die aktuelle Anzahl ermordeter FLINTA Personen in Österreich benannte, wollten die Initiator*innen ein Zeichen in der Öffentlichkeit setzen, um die verübten Femi(ni)zide nicht in Vergessenheit geraten zu lassen.[60] Da sich die Ge-

59 o. A. (2021): »Keine einzige weniger!« In: *emrawi*. URL: https://emrawi.org/?Keine-einzige-weniger-1574

60 o. A. (2021): »Gedenkstätte für Femizide in Wien errichtet«. In: *Heute.at*. URL: https://www.heute.at/s/gedenkstaette-fuer-femizide-in-wien-errichtet-100137134

denkstätte jedoch auf einer öffentlichen Graffitizone befindet, war ihre Existenz nicht dauerhaft gesichert. Sie wurde immer wieder übermalt oder auch beschmiert, jedoch – eine Zeit lang – auch wieder neu angebracht. An dieser Intervention zeigt sich beispielhaft die permanente Umkämpftheit der Sichtbarmachung und Sichtbarkeit von Femi(ni)-ziden und auch die oben genannte und von Lozano (2019, 70 f.) angeführte Unterscheidung von Erinnerung der Öffentlichkeit und der Öffentlichkeit der Erinnerung.

Ende 2021 stellten zudem (uns) Unbekannte im Auer-von-Welsbach-Park im 15. Wiener Bezirk weiße Kreuze auf, auf denen die Daten aller in Österreich verübter Femi(ni)zide zu lesen waren. An dem Ort entwickelte sich eine Eigendynamik, die sich vor allem daran zeigte, dass in regelmäßigen Abständen Menschen Kerzen und Blumen vorbeibrachten und sich somit am Gedenken beteiligten. Abseits dieser erwähnten Praxen bleibt die öffentliche Erinnerung oft an die durch Femi(ni)zide Ermordeten auf unpersönliche Verweise auf Statistiken in den Warnungen von feministischen NGOs oder Reden von Politiker*innen beschränkt.

Femplak Wien, eine intersektionale feministische FLINTA-Gruppe, die über vergeschlechtlichte Gewalt plakatiert, beklebt seit geraumer Zeit Wände im öffentlichen Raum (beispielsweise am Wiener Donaukanal oder bei einer Brücke auf der Donauinsel) mit Botschaften über sexualisierte Gewalt sowie Femi(ni)zide. Als Kollektiv Femplak schlossen sich Aktivist*innen in französischen Städten zusammen, um durch gemeinsames Malen und Plakatieren öffentlichen Raum als Ort des Austauschs sowie zur Generierung von Öffentlichkeit zu nutzen. Generell lässt sich festhalten, dass feministische Streetart in den letzten Jahren in vielen Städten deutlich sichtbarer geworden ist. Andere feministische Praxen zielen darauf ab, die Brutalität von Femi(ni)ziden ergänzend zur Benennung der einzelnen Taten über am Boden liegende, mit Theaterblut beschmierte oder zu Boden fallende Körper von FLINTAs zu thematisieren, die zumeist auch mit Kreide umrandet werden, um so symbolisch die Tatorte zu markieren. Kollektiv lauter* wiederum veröffentlichte »ein Zine über sexualisierte Gewalt« (2021) und organisiert

Lesungen und Diskussionsveranstaltungen, unter anderem mit Fokus auf trans und disability.

Aktionen bzw. Kampagnen wurden in Österreich zudem u. a. von der Sozialistischen Jugend, dem Jugendrat, SPÖ Frauenorganisationen, Künstler*innen wie Aufstand der Schwestern sowie Ni Una Menos Austria oder One Billion Rising Austria, einer weltweiten Kampagne für ein Ende der Gewalt gegen Mädchen und Frauen, organisiert. Auch die kurdische Organisation junger Frauen (Teko-jin) protestierte in Wien im Oktober 2020 im Rahmen der Kampagne »Wir sagen NEIN!« gegen Femi(ni)zide, während der Verein Simone seine »Feminizide Stoppen« Kampagne auf aufstehen.org direkt an die österreichische Frauenministerin Susanne Raab sowie die Justizministerin Alma Zadić adressierte. Des Weiteren sammelt das »#Verharmlosungsradar« problematische Berichterstattungen von österreichischen Medien zu patriarchaler und femi(ni)zidaler Gewalt, um auf diese aufmerksam zu machen und ein gesellschaftliches Bewusstsein dafür zu schaffen.[61] In Österreich beteiligten sich zudem in den letzten Jahren rund 200 Organisationen an der UN-Kampagne »Orange the World – End Violence against Women now!«, die jährlich während der »16 Tage gegen Gewalt« stattfindet und mittels orange gefärbter Gebäude ein sichtbares Zeichen gegen Gewalt an Frauen setzen möchte. Im Mai 2021 wandten sich rund 200 Kulturschaffende aus Österreich – darunter bekannte Schriftsteller*innen wie Barbara Frischmuth, Doron Rabinovici oder Julya Rabinowich – unter dem Titel »Gegen Gewalt an Frauen. Frauenmorde – Es geht uns alle an« mit einem Aufruf an die Öffentlichkeit, in dem sie u. a. »eine großangelegte öffentliche Kampagne zur Thematisierung der Gewalt an Frauen sowie eine massive Aufwertung und Unterstützung der Frauenhäuser und verpflichtende Anti-Gewalt-Therapie für gewalttätige Männer«[62] forderten. Zudem startete die SPÖ

61 o. A. (o. J.): »#Verharmlosungsradar«. URL: https://www.aufstehn.at/verharmlosungsradar

(Sozialdemokratische Partei Österreich) Ende 2021 eine Petition sowie eine Plakatkampagne unter dem Motto »Stoppt Femizide. Endlich ein Ende der Gewalt gegen Frauen«. Mit Lichtinstallationen bzw. einer Leuchttafel will zudem das Kunstprojekt »hellwach« das Thema Gewalt gegen Frauen »sichtbar machen, und nachhaltig sensibilisieren, indem sie 365 Tage im Jahr in den öffentlichen Raum ›hineinleuchtet‹«.[63] Aufstand der Schwestern versuchte mit einer Performance, bei der sie ein riesiges pinkes Kreuz durch die Stadt in die Nähe des Rathauses trugen, Augenmerk auf die Thematik zu richten.

Nicht zuletzt machen feministische Organisationen sowie Einzelpersonen auf zahlreichen Social-Media-Kanälen mit Hashtags, Podcasts, Zeitschriftenartikeln oder Blogbeiträgen sowie Diskussionsveranstaltungen auf das Thema aufmerksam. Hinzu kommt die unverzichtbare Arbeit zahlreicher feministischer NGOs, die wie beispielsweise der Verein Autonome Österreichische Frauenhäuser, die Wiener Frauenhäuser oder Frauen beraten Frauen in ihrer Beratungspraxis und Betreuung gewaltbetroffener FLINTAs sowie durch Öffentlichkeitsarbeit für »Frauen* gegen Gewalt« stärken und die Gesellschaft für die Problematik sensibilisieren. Anlaufstellen für von Gewalt betroffene trans Personen stellen zudem die Beratungsstelle Courage oder der Verein TransX dar; die Internetseite »Schrei gegen Gewalt« bietet Informationen für von Gewalt betroffene gehörlose Frauen; der Verein LEFÖ für migrantisierte Frauen*.

62 o. A. (2021): »Nach Frauenmordserie: Über 200 Kulturschaffende starten Aufruf«. In: *DerStandard*. URL: https://www.derstandard.at/story/2000126321368/nach-frauenmordserie-ueber-200-kulturschaffende-starten-aufruf

63 Mehr dazu findet sich auf der Homepage der Künstlerin: Zwettler, Angela (2021): »hellwach – ›Leuchttafel gegen Gewalt an Frauen sucht Platz im öffentlichen Raum‹«. URL: https://www.angelazwettler.com/neues/hellwach-leuchttafel-gegen-gewalt-an-frauen-sucht-platz-im-oeffentlichen-raum/ [Zugriff am 19.12.2022].

Platzumbenennungen: Der ehemalige Karlsplatz

Als weitere kollektive, politische Praxis führen Feminist*innen an unterschiedlichen Orten (symbolische) Platzumbenennungen durch, um auf diese Weise die Politisierung von Femi(ni)ziden in die Öffentlichkeit zu rücken und Räume der Erinnerung aber auch des kollektiven Austauschs zu schaffen. So wurden in Zürich, Leipzig, Freiburg oder Innsbruck im Zuge von Kundgebungen zentrale Orte in Ni una menos-Plätze oder in Berlin in Platz der Sorge umbenannt. In Wien wurde die Praxis der Platzumbenennung als offener Prozess gestartet, bei dem es weniger um die konkrete Umbenennung als um die Schaffung eines öffentlichen Raums der Auseinandersetzung und des feministischen Austauschs sowie durch den wiederkehrenden Verweis auf den *ehemaligen* Karlsplatz, zu dem CTS in seinen Mobilisierungen aufruft, um angestoßene Irritationsmomente geht (AG Feministischer Streik 2022a, 18 ff.). So tauchten die Fragen, was oder wo dieser Ort sei, ebenso wie die nach dem Grund für die Bezeichnung *ehemaliger Karlsplatz* immer wieder auf. Das *ehemalige* bezieht sich dabei einerseits auf den unabgeschlossenen Prozess der Platzumbenennung, andererseits problematisiert es bereits den Namen des Ortes und verweist kritisch auf seine Geschichte – zwei Aspekte, auf die wir hier anhand einer schematischen Nachzeichnung der Geschichte des Ortes näher eingehen werden. Letztlich aber müssten Forderungen nach einer offiziellen Umbenennung an die Politik bzw. den Staat gerichtet werden, was der sonstigen politischen Praxis von CTS, das seine Anliegen in der Regel nicht an offizielle Stellen adressiert, widerspricht und die Gefahr der Instrumentalisierung durch Parteipolitik oder bestimmte Organisationen birgt. Dass CTS größtenteils abseits von offiziellen Stellen agiert, ist nicht zuletzt auf das Selbstverständnis der Vernetzung als autonom organisiert zurückzuführen – um unabhängig zu bleiben, sich nicht von der Gunst politischer Entscheidungsträger*innen abhängig zu machen oder (auf politischen Druck hin) die Radikalität der Kritik an patriarchalen Geschlechterverhältnissen abzuschwächen. Vielmehr verweigert sich CTS einer Politik der Forderungen im Wissen, dass sich die Vorstellungen der offenen feministischen Vernetzung nicht ohne Weiteres umsetzen lassen würden – schließlich haben politische Entscheidungsträger*innen selbst Interesse an der Aufrechterhaltung jener Verhältnisse, die wir politisieren und grundlegend verändern wollen. Der Staat und seine Institutionen tragen, wie in Kapitel 3 ausgeführt, maßgeblich zur Ermöglichung von Femi(ni)ziden bei. Hinter der scheinbaren Forderungslosigkeit von CTS – zumindest was politische Entscheidungsträger*innen, Parteien oder staatliche Institutionen betrifft – steht folglich eine politische Strategie, weder verhandeln noch Abhängigkeiten oder Kompromisse eingehen zu wollen. Zudem gibt es zahlreiche NGOs, die seit vielen Jahrzehnten entsprechende Forderungen formulieren, die viele Aktivist*innen von CTS zu großen Teilen auch im Rahmen ihrer Möglichkeiten unterstützen. Die Geschichte bisheriger feministischer Kämpfe hat jedoch mehr als einmal gezeigt, dass zumeist jene unterstützt werden, die sich als opportun erweisen und nicht jene, die nicht von der fundamentalen Infragestellung der gesellschaftlichen Verhältnisse abrücken wollen. CTS will niemandem gefallen (müssen) und sich nicht mit weniger zufrieden geben als mit der fundamentalen Veränderung aller Verhältnisse, die den Nährboden und die Grundlage von Femi(ni)ziden ausmachen. Zudem kämpfen die im Rahmen von CTS aktiven Feminist*innen an vielen Fronten und diese vielfältigen Kämpfe lassen sich folglich auch nicht auf ein paar Forderungen reduzieren – abgesehen davon ein solches Unterfangen auch die Gefahr von Hierarchisierungen von Dringlichkeiten birgt.

Zurück zum ehemaligen Karlsplatz, zu dem zunächst noch Folgendes gesagt werden muss: Der »Karlsplatz« ist kein Platz im eigentlichen Sinne, sondern wirkt vielmehr wie ein kleiner Stadtteil, der sich über den 1. und 4. Wiener Gemeindebezirk erstreckt und von zentralen Gebäuden (Karlskirche, Wien Museum, Musikverein, Handelsakademie, Ringstraße, Staatsoper, Sezession, Technische Universität) des bürgerlichen Wiens umrandet ist. Wenn CTS zum *ehemaligen Karlsplatz* aufruft, dann finden die Kundgebungen im Resselpark vor der Karlskirche statt.

Der ehemalige Karlsplatz wurde nach Karl VI. benannt. Er ließ im frühen 18. Jahrhundert nach Ende der Pestpandemie die nach Karl Borromäus benannte Karlskirche bauen. Kaiser Karl VI. ist in Österreich vor allem als Vater von Maria Theresia bekannt und aufgrund der pragmatischen Sanktion, die die Erbfolge auch für Töchter verankerte, in die Geschichte eingegangen. Was allerdings in der Fokussierung auf diese Darstellung von Karl VI. unerwähnt bleibt, sind sein Antijudaismus, Antisemitismus und Antiziganismus, die sich in der Repression, Folter und systematischen Verfolgung von Jüdinnen*Juden, Rom*nja und Sinti*zze äußerte.[64] Der Erzbischof Karl Borromäus, der von Karl VI. verehrt wurde, war aufgrund seiner Unterstützung der Gegenreformation von der katholischen Kirche heiliggesprochen worden. Allerdings wird auch in dieser bis heute tradierten Bezugnahme die damit einhergehende Repression, Folter und Ermordung gegen von Borromäus als »Hexen« bezeichneten Personen ausgespart (AG Feministischer Streik 2022a, 14; Schmied/Goetz 2021, 9). In diesem Sinne können anhand dieses Platzes historische Bezüge zwischen femi(ni)zidaler Gewalt im Zuge der sogenannten Hexenverfolgung und aktuellen Femi(ni)ziden hergestellt werden. So wird die Politisierung von Femi(ni)ziden am ehemaligen Karlsplatz auch in Kontinuität zu der für die Durchsetzung des Kapitalismus zentrale Kontrolle über und Zurichtung von feminisierten Körpern in der »Hexenverfolgung« und der Verübung von Femi(ni)ziden als dem Geschlechterverhältnis inhärenter Gewalt historisch wie aktuell thematisiert.

Des Weiteren stellt der ehemalige Karlsplatz auch einen Ort dar, an dem sich historisch einerseits aufgrund ihrer Homo- oder queeren Sexualität diskriminierte Personen aufhielten, andererseits wurden sie

64 ROMA2020 (o. J.): »Die Rom_nija im 17.–18. Jahrhundert – Nach dem Krieg beginnt die Verfolgung«. URL: https://burgenland-roma.at/index.php/geschichte/die-roma-im-17-18-jhdt. Auf der Internetseite von ROMA2020 finden sich zahlreiche Informationen über die Geschichte und Verfolgung von Rom*nja und Sinti*zze in Österreich.

durch verstärkte Polizeipräsenz von dort verdrängt. So wurden in der ersten Hälfte des 20. Jahrhunderts der Resselpark und seine öffentlichen Toiletten als Treffpunkte von Homosexuellen genutzt. Bereits davor von Repression betroffen, wurden sie während des Nationalsozialismus (insbesondere dort) von der Polizei aufgegriffen, inhaftiert und verfolgt (Krist/Lichtblau 2017, 174–177).[65] Ab den 1980ern bis Anfang der 2000er Jahre war der Karlsplatz als Drogenumschlagplatz und -konsumort bekannt. Auch damit gingen polizeiliche Repression und Verdrängungsprozesse einher.[66] Dieser Ort wirft somit historisch die Fragen auf, was Sicherheit für alle bedeuten kann und wie tatsächlich aufgrund von kapitalistischen, patriarchalen, rassistischen, ableistischen Normen Sicherheit nur für wenige gedacht und durchgesetzt wird. Im Zuge der Politisierung von Femi(ni)ziden greift CTS dieses Thema auch immer wieder auf; indem das Bündnis zum ehemaligen Karlsplatz aufruft, weitet es die Frage nach Sicherheit auf den Kontext vergeschlechtlichter Gewaltverhältnisse aus. Während gerade politische Maßnahmen der Versicherheitlichung von öffentlichen Räumen an der Vorstellung des auf offener Straße lauernden Vergewaltigers festhalten, und zugleich die Gefahr, der FLINTAs im vermeintlich Privaten begegnen, tendenziell seltener thematisiert wird, tragen wir mit unserer Präsenz, unserem Protest und unserem Gedenken das »Private« wortwörtlich auf die Straße.

Nichtsdestotrotz geht es nicht darum, diese Trennung zwischen »öffentlich« und »privat« gegeneinander auszuspielen, sondern darum, anzuerkennen, dass beide Bereiche grundsätzlich keine sicheren, sondern von Machtverhältnissen durchzogene Räume sind. Besonders Personen, die keine »eigenen vier Wände« haben, wie beispielsweise Obdachlose,

65 Mehr dazu auch in: o. A. (o. J.): »The Vienna Project«. URL: https://theviennaproject.org/research/. Demnächst soll diesbezüglich im Resselpark ein Denkmal errichtet werden. o. A. (o. J.): »Denkmal für die Opfer der Homosexuellen-Verfolgung in der NS-Zeit«. In: *MeinBezirk.at*. URL: https://www.meinbezirk.at/wieden/c-politik/denkmal-fuer-opfer-der-homosexuellen-verfolgung-in-ns-zeit_a5371045

66 o. A. (o. J.): »Karlsplatz«. URL: https://www.geschichtewiki.wien.gv.at/Karlsplatz

sind potentiell struktureller Gewalt in der Öffentlichkeit ausgesetzt. Dass sich vermeintliche Sicherheitskonzepte nicht an, sondern vielmehr gegen sie richten, lässt sich ebenfalls anhand des ehemaligen Karlsplatzes veranschaulichen. So wurde dort 2005 eine erste und 2010 eine zweite sogenannte Schutzzone errichtet, welche die flächendeckende Videoüberwachung und eine verstärkte Polizeipräsenz zur Konsequenz hatte.[67] Damit geht außerdem das polizeiliche Recht einher, Personen, von denen vermeintlich »kriminelle Handlungen zu erwarten« seien, des Platzes zu verweisen. Aus intersektionaler Perspektive schreibt Thompson über sogenannte »Gefahrenorte« in Deutschland, welche analog zum Konzept der »Schutzzone« funktionieren: »Diese Bezirke werden […] zu einer räumlichen Zone erklärt, in der die Polizei jede Person anhalten und durchsuchen kann, ohne diese Kontrollen auf Grundlage von ›verdächtigem‹ Verhalten rechtfertigen zu müssen (Belina 2016, 2017). Dies sind oft Bezirke, in denen ein großer Anteil armer rassifizierter Menschen arbeitet und/oder in denen die Intersektionen der Kriminalisierung von Migration/Sexarbeit/psychischer Gesundheit/Wohnungslosigkeit und/oder informelle Ökonomien zu Tage treten (Belina 2017; Keitzel 2021)« (Thompson 2021, 77 f.). Wie die AG Feministischer Streik schreibt, dient diese Aktion zur »Repression und Vertreibung von Personen, die sich nicht in das gewünschte Stadtbild und Normvorstellungen fügen (können).«[68] Die Frage von Sicherheit, die mit der Errichtung einer »Schutzzone« nicht nur ungelöst bleibt, sondern unseres Erachtens nur eine Scheinlösung darstellt, wirft CTS dementsprechend auch mit der Politisierung gerade dieses Ortes auf.

Einen letzten Aspekt, den wir in Bezug auf die Problematik dieses Ortes nicht unerwähnt lassen wollen, ist sein kolonialistischer Bezug.

67 o. A. (2010): »Gesamter Karlsplatz ab Donnerstag Schutzzone«. In: *DerStandard*. URL: https://www.derstandard.at/story/1282979205520/drogenpraevention-gesamter-karlsplatz-ab-donnerstag-schutzzone

68 AG Feministischer Streik (2021): »Der Feministische Streik gegen Staat und Polizei«. URL: https://www.facebook.com/RadikaleLinke/posts/3782000451837923

Dies betrifft nicht unmittelbar jenen Ort, an dem die Kundgebungen von CTS abgehalten werden, sondern den ehemaligen Karlsplatz im räumlich gesprochen weitesten Sinne: Gegenüber der Karlskirche, am Eingangsbereich der Handelsakademie, stehen die Statuen von Adam Smith und Christoph Kolumbus. Das Wiener Kollektiv Decolonizing in Vienna! verweist darauf, dass es in Wien mindestens zehn Orte gibt, an denen Kolumbus als Namensgeber für Plätze oder Straßen oder als Statue präsent ist (Kollektiv Decolonizing in Vienna! 2021, 41). Indigene, de- und antikoloniale Kollektive und Gruppen machen weltweit bereits lange auf die fragwürdigen Heroisierungen von Kolonialist*innen aufmerksam, welche die koloniale Geschichte unsichtbar machen bzw. verherrlichen. So rief auch das Kollektiv antikoloniale Interventionen in Wien am 12. Oktober 2021 erneut statt zum »Kolumbus-Tag« zum »Día de la Resistencia Indígena, Negra y Popular« (»Tag des Indigenen, Schwarzen und verbreiteten Widerstandes«) auf, und feierte diesen am Kolumbusplatz im 10. Wiener Gemeindebezirk. 2017 organisierte das Kollektiv Trenza eine öffentliche Intervention an der Kolumbusstatue vor der Handelsakademie.[69] Dementsprechend zeigt sich vor dem Hintergrund der komplexen Verknüpfung von gesellschaftlichen Herrschaftsverhältnissen und Ideologien der Ungleichheit die Notwendigkeit zu thematisieren, wie diese auch im öffentlichen Raum reproduziert und normalisiert werden. So schreibt Torres an anderer Stelle: »Die Namen und die Geschichten hinter den Plätzen, Straßen, Werbemarken, Speisetellern sind die Fortsetzung von Ideen, die mittels kolonialer Praktiken entstanden sind. Diese Begriffe weiterhin zu verwenden, ihre Infragestellung zu vermeiden, führt zu der Normalisierung dessen, was sie repräsentieren« (Torres Heredia 2020). Der ehemalige Karlsplatz dient demzufolge als Beispiel eines Raumes, an dem sich diese Verhältnisse über den Namen, Ort und seine Gestaltung verdichten. Über den

69 Kroyer, Kristina / Bauer, Dominique / Paredes Grijalva, Daniela (2020): »Kolumbus? Nein danke!« In: *mosaik blog*. URL: https://mosaik-blog.at/kolumbus-nein-danke/

Prozess der Platzumbenennung genauso wie über die Praxis der Raumeinnahme nach bekannt gewordenen und in Österreich verübten Femi(ni)ziden kann diese Produktion von Raum und Reproduktion diskriminierender und gewaltvoller Verhältnisse und Strukturen in Frage gestellt werden.

Die Politisierung von Räumen durch Claim the Space

Durch den Prozess der Umbenennung des Platzes und damit der Öffnung eines gemeinsamen kollektiven Prozesses konnten Überlegungen zu dem durch die Mobilisierungen geschaffenen Raum selbst, zu den Ausschlüssen, die er (re)produziert oder seine Verwobenheit mit gesellschaftlichen Macht- und Herrschaftsverhältnissen analysiert werden. Wie in Kapitel 3 bereits beschrieben, ergibt sich in der Politisierung dieser Trennung zwischen »privat« und »öffentlich« in Zusammenhang mit patriarchaler Gewalt und Femi(ni)ziden auch die Frage der Intersektion mit vielfältigen Gewaltverhältnissen. Einerseits müssen wir danach fragen, wer sich wie in der Öffentlichkeit Raum nehmen kann. Gerade in Bezug auf den ehemaligen Karlsplatz muss diese Frage vor dem Hintergrund des Polizierens, »also [der] Kontrolle bestimmter Bevölkerungsgruppen durch polizeiliche Maßnahmen« (Thompson 2022), und konkret der bereits erwähnten Errichtung von »Schutzzonen« gestellt werden. Insbesondere Schwarze feministische Perspektiven machen schon lange darauf aufmerksam, dass rechte, bürgerliche, aber auch (liberal-)feministische Forderungen nach mehr Überwachung des öffentlichen Raums als Antwort auf das Narrativ, dieser sei (für Frauen) ein besonders gefährlicher Ort, monokausal sind und intersektionale Herrschaftsverhältnisse nicht in den Blick nehmen – zumal das Narrativ auch nicht für *weiße*, bürgerliche, finanziell bessergestellte, ableisierte Frauen gilt, denn auch hier ist das vermeintlich Private aus geschlechtsbezogener Gewalt-Perspektive gefährlich. Des Weiteren führen diese Forderungen zu einer verstärkten Überwachung bestimmter Gruppen. Besonders Debatten um »karzeralen Feminismus« (Bernstein 2010) kritisieren diese Forderungen: »Mit dem Konzept lehnt sie [Elisabeth Bernstein] sich an die Kritik radikaler Schwarzer Feminist:innen und Feminist:innen of Color an, die seit langem argumentieren, dass neoliberale Versicherheitlichungsregime rassistische und vergeschlechtlichte Logiken weiter perpetuieren und intersektional vulnerable Gruppen kriminalisieren und gleichzeitig aus den Ökonomien und Anerkennungsregimen der zu Schützenden ausschließen« (Thompson 2021, 90). Raum einnehmen und einfordern bedeutet sichtbar zu machen, für wen dieser wie zugänglich ist. Diese Überlegungen spielen in dem heterogenen Bündnis CTS, in dem vielfältige und unterschiedliche Feminismen zusammen- und ins Gespräch kommen, eine Rolle.

Andererseits stellt sich im Anschluss daran die Frage, für wen die Trennung zwischen »öffentlich« und »privat« und damit zusammenhängend der »eigene Haushalt« oder die »eigenen vier Wände« tatsächlich als gewaltsamster oder gefährlichster Ort gilt. Dieses ambivalente Verhältnis, das auch in der Politisierung von Femi(ni)ziden besteht, die sich im deutschsprachigen Raum sehr stark an der Idee das »Private ist politisch« orientiert, thematisiert Alex Wischnewski in Bezug auf Deutschland: »Im Jahr 2019 sind nicht nur 117 Frauen getötet worden [...]. Es waren 117, die durch ihre (Ex-)Partner starben, aber insgesamt wurden 275 Frauen und Mädchen getötet, mehr als doppelt so viele. Zu den Umständen der Tötungen außerhalb von Partnerschaften gibt es allerdings noch weniger Untersuchungen als zu jenen innerhalb von Partnerschaften. Mit einem fortschreitenden Rechtsruck der Gesellschaft und einer Zunahme an Gewalt gegen politisch aktive Frauen, gegen trans Personen und an rassistisch motivierter Gewalt sollte auch der öffentliche Bereich stärker in den Blick genommen werden« (Wischnewski 2022, 168). Mit diesem Zitat gehen allgemeiner auch Fragen der Zählung und der ihr zugrundeliegenden Gefahr einher (siehe Kapitel 5).

Feministische Handlungsfähigkeiten: Verwobenheit von Emotionen-Körper-Kollektivität

Emotionen

Wenn die Vernetzung CTS für Kundgebungen und Demonstrationen zum ehemaligen Karlsplatz aufruft, dann, um dort »unsere Trauer und unsere Wut auf die Straße [zu] tragen bis wir keine* Einzige* mehr weniger werden!«[70] Durch verschiedene Formate und Praxen, wie das bereits erwähnte Gedenken, das gemeinsame Schreien von feministischen Parolen, vorgetragene Reden mit unterschiedlichen inhaltlichen Schwerpunkten – mal analytischer mal persönlicher –, das kollektive Singen des »Canción sin miedo«, das gemeinsame Demonstrieren, wird für vielfältige Emotionen Raum geschaffen. Diese gehen über die beiden genannten, Wut und Trauer, hinaus: Die Anzahl an Femi(ni)ziden, plastisch dargestellt, indem die Daten mit Kreide auf den Boden geschrieben werden, können zu Gefühlen von Überwältigung, Fassungslosigkeit und Schwindel führen. Bei der Kundgebung vom 19. Juni 2022 beendete ein*e Aktivist*in das Gedenken, also die Aufzählung der bekannten Femi(ni)zide in den letzten 365 Tagen, angesichts der Anzahl und der sprunghaften Steigerung in den Wochen zuvor[71], damit, ein Gefühl von Erdrückung zu benennen. Indem mit diesen Kundgebungen ein »space of the absent« (Campos-Medina et al. 2020, 1) hergestellt wird, werden jene, die aufgrund femi(ni)zidaler Gewalt nicht mehr da

70 o. A. (2021): »Kundgebung: Nehmt ihr uns eine*, antworten wir alle!« In: *OTS*. URL: https://www.ots.at/presseaussendung/OTS_20210503_OTS0007/kundgebung-nehmt-ihr-uns-eine-antworten-wir-alle

71 Hausbichler, Berta (2022): »Auch dieses Jahr: Anstieg der Femizide im Frühsommer«. In: *DerStandard*. URL: https://www.derstandard.at/story/2000136538264/auch-dieses-jahr-anstieg-der-femizide-im-fruehsommer

sein können, in ihrer Abwesenheit sicht- und erfahrbar gemacht. Dadurch, dass sich die Aufzählung allerdings auf die letzten 365 Tage beschränkt, fallen aus dieser kontinuierlich jene Morde raus, die davor verübt wurden. Die Entscheidung, so vorzugehen, wurde innerhalb von CTS getroffen und war vor allem eine pragmatische. Tatsächlich ist diese Praxis des Gedenkens sehr emotional und intensiv, sodass es das Bedürfnis gab, sie einzugrenzen. Gleichzeitig werden damit kontinuierlich ermordete FLINTAs aus diesem geschaffenen »space of the absent« zunächst präsent und auch wieder abwesend gemacht.

Aktivist*innen sprechen zudem davon, dass Emotionen manchmal in den Hintergrund treten, gerade die zuvor bereits erwähnte Ritualisierung der Kundgebungen kann das ermöglichen. Die Broschüre der AG Feministischer Streik enthält einen Text mit dem Titel »Die Gewaltförmigkeit der Politisierung von patriarchaler Gewalt und der Versuch, sie in Texte zu packen«. Darin schreibt beispielsweise ein*e Aktivist*in: »Ich empfinde sehr wenig dort vor Ort, außer einen Raum zu öffnen und in der Orga-Rolle zu sein – für mich fühlt sich das aber gut an« (AG Feministischer Streik 2022, 44). Damit schaffen feministische Kundgebungen und Praxen gegen Femi(ni)zide und patriarchale Gewalt Räume, in denen Emotionen und Gefühle öffentlich ausgetragen werden und Platz bekommen. So wird ihre Vereinzelung und ihre Privatisierung performativ in Frage gestellt und den gesellschaftlichen Verhältnissen, die eben diese vermeintlich dichotome Sphärentrennung von privat/emotional/weiblich und öffentlich/rational/männlich (re)-produzieren, ein solidarischer und kollektiver Umgang entgegengesetzt. In Anlehnung an Gago schreibt Jule Govrin, wie dadurch sichtbar wird, wie »das gemeinsame Protestieren auf der Straße, die geteilte Sorgearbeit, die dedomestiziert und in den öffentlichen Raum getragen wird, in die Körper einschreibt und affektive Gegen-Habitualisierungen hervorruft, die sich gegen die Vereinzelung und Verwundbarmachung der sorgenden Körper wendet« (Govrin 2021). Wenn feministische Gruppen sich also öffentlichen Raum nehmen, wenden sie sich gegen die vergeschlechtlichten Zuschreibungen, welche Emotionen ins vermeintlich Private verschieben. Vielmehr wird damit auf unsere Verletzlichkeiten und Verwobenheiten miteinander aufmerksam gemacht. Ein relationales Moment liegt in der »invitation to connect sensorially, memorially, and bodily with others« (Campos-Medina et al. 2019, 4). Die vergeschlechtlichte Raumteilung soll somit durchbrochen werden: In der Raumnahme begleitet von den Redebeiträgen und Diskussionen von CTS gibt es den Versuch, die Komplexität patriarchaler Gewalt zu fassen und die binäre Einteilung der Welt und Strukturierung von Raum zu benennen. Es soll Platz für vielfältige Identitäten geschaffen sowie vergeschlechtlichte Zuschreibungen und ihre Wirkmächtigkeit kritisiert werden. Dennoch wird durch die Politisierung bestimmter Femi(ni)zide, orientiert an der medialen Berichterstattung und an Statistiken, eine Binarität reproduziert.

Wischnewski sieht die Notwendigkeit, sich in der Politisierung von Femi(ni)ziden im deutschsprachigen Kontext eingehender mit der Anknüpfung an die eigene(n) Position(en) und Erfahrung(en) auseinanderzusetzen. Aus den lateinamerikanischen Kämpfen kann in diesem Sinne über abstrakte Begriffsarbeit hinausgehend gelernt werden, wie diese mit uns und unseren Körpern zusammenhängen: »[...] die argentinische Debatte trägt auch in sich, dass es nicht nur um Diskussionen von abstraktem Wissen über Femizide und ihre strukturellen Bedingungen gehen kann und auch nicht nur um Solidarität, verstanden als Unterstützung von anderen Personen in einem Kampf, der nicht mein eigener ist. Es geht um eine Verknüpfung mit der eigenen Erfahrung, um ein tatsächliches Erleben der eigenen Betroffenheit, um einen subjektiven Bezug statt einer rein kognitiven Einsicht in die Verwerflichkeit der Taten« (Wischnewski 2022, 163).

Gerade das Verständnis von Femi(ni)ziden als Teil eines Kontinuums patriarchaler Gewalt, wie wir es in den Kapiteln zuvor und in Anlehnung an zahlreiche Debatten konzeptualisiert haben, ermöglicht, eigene vergeschlechtlichte, sexualisierte, patriarchale Gewalterfahrungen innerhalb von diesem zu verorten und Verbindungen zu ziehen. Dementsprechend spielen Emotionen nicht nur an den Kundgebungsorten selbst eine Rolle. Besonders die monatlichen Offenen Feministischen Treffen, an denen oft zu gleichen Teilen neue und bereits aktive FLINTAs teilnehmen, sollten Orte sein, an denen diese Emotionen ausgesprochen, reflektiert und Umgänge mit ihnen und teils unterschiedlichen Bedürfnissen gefunden werden (können). Tatsächlich war und ist das der Anspruch dieser Treffen, dem aber nicht immer gerecht wird, beispielsweise wenn Emotionen im Vergleich zum konkreten *Tun* abgewertet werden. Dadurch wird wiederum eine bestimmte Vorstellung von politischem Aktivismus, die stark output- und öffentlichkeits-orientiert ist, reproduziert. Anschließend an Emma Craddock, die sich mit der vergeschlechtlichten Dimension von Aktivismus auseinandersetzt, lässt sich auch hier festhalten: »activism [is] a form of caring for others« (Craddock 2019, 150). Dementsprechend verändert sich auch die Praxis von CTS. Gefühle von Belastung aufgrund der Häufigkeit der Kundgebungen und der Schwere der Thematik stehen neben dem Bedürfnis, keinen Femi(ni)zid unbeantwortet zu lassen. Auch die eigene vergeschlechtlichte Position, in Intersektion mit zahlreichen anderen, die bestehenden gesellschaftlichen Verhältnisse und der Wunsch, dass alles anders wird, führen zu dem Bedürfnis, dass weiterhin Momente kollektiven Handelns entstehen.

Damit verändern sich die jeweiligen Praxen. Beispielsweise gibt es Überlegungen, Kundgebungen und Demonstrationen nur mehr einmal am Ende des Monats zu organisieren und so nicht direkt auf einen konkreten Femi(ni)zid, sondern auf patriarchale Gewalt allgemeiner zu antworten und alle (in diesem Monat) verübten Femi(ni)zide. In Innsbruck und Graz wurden solche Veränderungen in die Praxis umgesetzt. So treffen sich seit Mai 2022 in Innsbruck Aktivist*innen an jedem ersten Samstag im Monat für eine Demowerkstatt mit anschließender Demonstration am Ni Una Menos-Platz.[72] In Graz ruft der FxStreik Graz

72 Feministisches Aktionskollektiv (2022): »›Stoppt Feminizide‹ Demos«. In: *Links vom Inn*. URL: https://linksvominn.noblogs.org/post/2022/05/29/stoppt-feminizid-demos/ [Zugriff am 19.12.2022].

seit Anfang Jänner 2022 zur Demonstration am letzten Donnerstag im Monat auf.[73] Damit geht es auch darum, die Praxis so zu organisieren, dass ein kollektives, achtsames, sorgsames Miteinander, gerade angesichts der Schwere der Thematik und der vielfältigen Betroffenheiten, so gut es geht möglich wird. Innerhalb von CTS wurden diese Veränderungen und Aspekte diskutiert, aber auch eingeworfen, dass dies vielleicht zu einer unerwünschten Ritualisierung führen könnte, wohingegen die Unregelmäßigkeit der Kundgebungen gerade als Entwöhnung der Normalität patriarchaler Gewalt fungieren kann. In Wien führten diese Überlegungen also dazu, dass CTS sich abseits von klassischen Kundgebungen Raum nimmt. So wurde im Mai 2022 beispielsweise nach mehreren Femi(ni)ziden nicht öffentlich zu einem Treffen aufgerufen. Hingegen tauschten sich Aktivist*innen in einer kleineren Runde zu ihren Wünschen in Bezug auf die Praxis, ihren Emotionen und Verknüpfungen mit der Thematik aus. Diese Praxisform ermöglicht zwar einerseits direkteren Austausch, andererseits schließt es systematisch zahlreiche Personen aus, die nicht über dieses Treffen informiert waren oder aus anderen Gründen nicht anwesend sein konnten.

Körper

Der Moment der Versammlung, sowohl während der Kundgebung als auch im Offenen Feministischen Treffen, der Zusammenschluss von Feminist*innen für zahlreiche dezentrale Aktionen, bringt viele Körper zusammen, die sich alle in dem bereits in Kapitel 2 genannten Spannungsfeld zwischen konkreter verkörperter Erfahrung und gesellschaftlichen Verhältnissen befinden. Angesichts unterschiedlicher gesellschaftlicher Positionierungen können diese Erfahrungen sehr vielfältig aus-

73 F*Streik Graz (2022): »Femizid Demos in Graz: Jeden letzten Donnerstag im Monat«. URL: https://fstreikgraz.diebin.at/2022/05/18/feminizid-demos-in-graz/ [Zugriff am 19.12.2022].

fallen. In den feministischen Praxen sollen sie keineswegs unsichtbar gemacht oder homogenisiert, sondern die strukturellen Ebenen benannt werden. Anschließend an das aus Argentinien stammende Konzept *poner el cuerpo* schreiben Janna Tegeler und Martina Resnik, wie über feministische Raumnahmen vermeintlich individuelle Probleme, konkret die Kriminalisierung von Schwangerschaftsabbrüchen, als kollektive Erfahrungen erkannt und aufgearbeitet werden und wie damit Formen des Widerstands verbunden sind. Entgegen feminisierten Zuschreibungen des Häuslichen, vermeintlich Privaten, und des Rückzugs in dessen Vereinzelung, wehrt sich die Versammlung von Körpern dagegen: »Das Persönliche politisch zu machen bedeutet, dass diese Körper an unvorhergesehenen Orten auf unvorhergesehene Weise auftauchen« (Tegeler/Resnik 2019). Damit bilden die jeweiligen Körper zwar konkrete Orte spezifischer Erfahrungen, sie können aber nie abgekoppelt von den strukturellen Verhältnissen verstanden werden, die Positionen zu- und festschreiben. Körper bilden damit gleichzeitig Orte möglicher Gewalt und Repression, aber auch der Knüpfung von Beziehungen. Sie ermöglichen es, uns als voneinander abhängig wahrzunehmen und zugleich gesellschaftliche, gewaltvolle Abhängigkeitsstrukturen zu kritisieren. »Der Körper wird als Ort verstanden, wo das Private und das Politische sich miteinander verbinden, wo das Ich und die kollektive Ebene zusammentreffen« (ebd.).

Hier lässt sich nochmal an Gagos Konzeptualisierung des Körper-Territoriums anknüpfen (siehe Kapitel 3). In der feministischen Demonstration gegen beispielsweise Femi(ni)zide werden die Körper zum Territorium, sie widersprechen der Einhegung ins vermeintlich Private und lassen sich, dadurch, dass sie Verbindungen untereinander herstellen und die Vereinzelung aufzuheben versuchen, nicht widerstandslos in dieses zurückdrängen. Dabei werden die Körper nicht vereinheitlicht, sondern sowohl geteilte als auch divergierende Erfahrungen können sichtbar gemacht werden. Jedoch birgt das Potential, das Geteilte sichtbar zu machen, auch die Gefahr, unterschiedliche Positionierungen und Erfahrungen zu homogenisieren. Es bedarf dementsprechend einer

Reflexion, die sowohl Homogenisierungen als auch Hierarchisierungen von Betroffenheiten und Erfahrungen entgegenwirkt. In den Worten von Gago sind Versammlungen zentrale Elemente feministischer Proteste: »Durch ihre Zusammensetzung, die von Kämpfen und Konflikten ausgeht, wird eine gemeinsame Ebene strukturiert, die Differenzen nicht glättet und auch nicht ein Zeugnis reiner Opfer inszeniert (jene Bühne, auf der uns das Patriarchat gerne situiert)« (Gago 2021, 206).

Den Ort, an dem aufgrund von Femi(ni)ziden protestiert wird, als »space of the absent« (Campos-Medina et al. 2020, 1) zu verstehen, und zugleich die körperliche Versammlung und die verkörperte Erfahrung hervorzuheben, bedeutet auch, sich die Frage zu stellen, welche Körper anwesend sein können und welche nicht. Neben den Ermordeten sind auch jene nicht körperlich da, die sich der unbezahlten Reproduktionsarbeit nicht entziehen, sie nicht verschieben oder einer anderen Person übertragen konnten; es sind auch jene Personen nicht da, die Lohnarbeiten verrichten, von denen wiederum andere zutiefst abhängig sind (beispielsweise sei hier die 24-Stunden-Betreuung erwähnt). Auch sprachliche oder infrastrukturelle Barrieren oder beispielsweise kein Aufenthaltsstatus und damit ein größeres Risiko, von polizeilicher Repression betroffen zu sein, können Gründe für körperliche Abwesenheit darstellen. Im Kontext von CTS bzw. der letzten Jahre muss zudem die Covid-19-Pandemie erwähnt werden, die insbesondere Menschen mit unterschiedlichen gesundheitlichen Vulnerabilitäten daran hinderte, persönlich an den Kundgebungen teilzunehmen. Und zuletzt kann, ausgehend von den zuvor genannten Emotionen, die in einem engen Verhältnis zu eigenen Erfahrungen stehen können, der Ort des Protests für all jene ausschließend sein, die sich in diesem konkreten Kontext nicht mit dem Verhältnis der Politisierung von Femi(ni)ziden einerseits und den gemachten Erfahrungen andererseits auseinandersetzen wollen. Unterschiedliche Erfahrungen sichtbar zu machen, bedeutet somit auch, den Raum auf Ausschlüsse zu hinterfragen.

Eine Art dieser Hinterfragung und des Präsent-Machens bilden sogenannte Leere Blöcke in Demonstrationszügen. So wurde beispielsweise in Wien bei der Demonstration am 8. März 2021 ein solcher Block ermöglicht, um auf all jene aufmerksam zu machen, die aufgrund femi(ni)zidaler Gewalt nicht anwesend sein konnten. Viele kleine Transparente, die bei den einzelnen Femi(ni)zid-Kundgebungen angefertigt wurden und auf denen die Daten und Orte der in Österreich Ermordeten geschrieben standen, füllten den Raum dieses Blocks. Des Weiteren kann sich für Personen, die aus anderen Gründen nicht anwesend sein können, das Wissen darüber, dass ein solcher Ort der Politisierung patriarchaler Gewalt kollektiv organisiert wird, ermächtigend anfühlen. Auch Live-Schaltungen, Streams oder die Veröffentlichung von Redebeiträgen, wie am 8. März 2021, bei manchen Kundgebungen von CTS sowie der Demonstration am Trans Day of R*[74] in Wien, ermöglichen neben der Dokumentation von Bewegungswissen auch Personen einzubeziehen, die nicht bei den Kundgebungen sein können.

Der Raum, der somit über die Versammlung von Körpern entsteht, muss kritisch auf Ausschlüsse hinterfragt werden. Er kann aber zugleich, gerade auch in dieser kritischen Reflexion, die Entwicklung von kollektiven Handlungsfähigkeiten ermöglichen.

Auf der Suche nach Feministischen Kollektivitäten

Der Versuch, kollektive Handlungsfähigkeiten zu entwickeln, entsteht aus vielfältigen Positionen und Bedürfnissen, die in der gemeinsamen Raumnahme und den Versammlungen, wie beispielsweise den Offenen Feministischen Treffen in Bezug auf CTS, verbunden werden. Im Falle von Femi(ni)zid-Kundgebungen organisiert sich der Protest nicht nur als Antwort und Reaktion auf den konkreten, diesem Protest vorangegangenen Femi(ni)zid, sondern gegen die herrschenden und unterdrückenden Verhältnisse, die zu dieser Zuspitzung im Kontinuum

74 Siehe unter anderem zur Zugänglichkeit der Demonstration: trans day of r* (o.J.): »Route«. URL: https://rrrr.noblogs.org/sample-page/route/

patriarchaler Gewalt führten. Jedoch ist dieser Wunsch nach Handlungsfähigkeit von Widersprüchen begleitet, denn es kommt nicht zu einer vollkommen »unabhängigen« Machtposition oder »absoluten« Handlungsfähigkeit – und um diese geht es auch gar nicht. In Bezug auf die Kundgebungen von CTS heißt das konkret, dass die Praxis von medialer Berichterstattung und polizeilichen Informationen abhängt, da diese häufig die einzigen öffentlichen Quellen für Femi(ni)zide sind. Das bedeutet, sich in eine Warteposition gegenüber jenen Institutionen zu begeben, die (insbesondere in Bezug auf die Polizei) repressiv sind, verharmlosend berichten und vor allem Gegenstand der Kritik von feministischen Kämpfen sind. So schreiben Kyra Schmied und Judith Goetz in einem Zine, das sich mit diesem ambivalenten Gefühl von Macht und Ohnmacht auseinandersetzt: »Feminizide zu politisieren bedeutet, täglich mehrmals die Medien zu lesen und sich zu vergewissern, dass nicht noch eine FLINT-Person ermordet wurde« (Schmied/Goetz 2021, 7). Auch wenn sich Femi(ni)zide häufen oder – was des Öfteren vorkommt – CTS sich in Reaktion auf einen oder mehrere Femi(ni)zide am ehemaligen Karlsplatz versammelt und vor Ort von einem weiteren Femi(ni)zid erfährt, kann sich diese Warteposition oder der Moment der Reaktion wie ein Nicht-Hinterherkommen anfühlen. Während manchmal über einen längeren Zeitraum von keinem neuen Fall berichtet wird, überlappt sich zu anderen Zeitpunkten die Anzahl der Morde. Angesichts der Kontinuität der gesellschaftlichen Verhältnisse wird das Warten zu einem Ausharren. Eine Aktivist*in formulierte es so: »Die Femi(ni)zide bestimmen mein Tempo. Ich komme nicht mehr mit« (AG Feministischer Streik 2022, 44). In dieser Praxis verbinden sich also die Reaktion auf konkrete Femi(ni)zide in Form von Kundgebungen und Demonstrationen, die Analyse und Bekämpfung patriarchaler Gewaltverhältnisse, die konstante Auseinandersetzung mit krasser Gewalt, eigenen Lebensrealitäten und Erfahrungen. Dadurch entsteht ein ambivalentes Verhältnis zwischen kämpferischer und auslaugender Praxis. Der organisatorische Modus, den es vielleicht braucht, um die Kundgebungen am Laufen zu halten, birgt somit die Gefahr, dass es vor Ort weniger Raum für Austausch und das kollektive Auffangen von Betroffenen von Gewalt(-Erfahrungen) gibt.

Jedoch ermöglicht die Kontinuität dieser Politisierung, einen Raum zu stellen, an dem unterschiedliche Stimmen, Betroffenheiten oder Positionierungen zur Sprache kommen. Indem CTS eine gewisse Routine und, wie weiter oben dargestellt, Ritualisierung eingebracht hat, können sich unterschiedliche Gruppen diesen Raum für ihre Wut, Trauer und feministischen Kämpfe nehmen. So stellten beispielsweise Aktivist*innen der Gruppe Ciocia Wienia bei der Kundgebung am 13. November 2020 Verknüpfungen zwischen der Kriminalisierung von Abtreibungen, Femi(ni)ziden und dem feministischen/Frauen*Streik in Polen her, der zu diesem Zeitpunkt hunderttausende Personen auf die Straßen mobilisierte. Zirka ein Jahr später wurde zu diesem Thema erneut ein Redebeitrag gehalten: Eine schwangere Person verstarb in Polen, weil ihr eine Abtreibung verwehrt wurde. Im September 2021 wurden in Wien zwei Femi(ni)zide an Frauen aus Somalia verübt – diese wurden aufgrund ihrer rassistischen Vereinnahmung hier bereits erwähnt. Zahlreiche Personen, die sie aus feministischen Kontexten kannten, kamen zum ehemaligen Karlsplatz, um öffentlich zu trauern. Zeitgleich war auch eine Delegation von Zapatistas vor Ort, die gerade auf ihrer Tour durch Europa in Wien waren. Die AG Feministischer Streik schrieb diesbezüglich: »Der ehem. Karlsplatz ist heute ein gefüllter Raum. Voller Menschen, voller Trauer, voller Wut und voller Solidarität. [...] Viele der Reden sind persönlich, sprechen aus einer Perspektive von gemeinsamen Erfahrungen und Freundschaft.«[75] Internationale Bezüge entstehen ebenso durch das kollektive Rufen der feministischen Parole »jin jiyan azadi« (»Frauen, Leben, Freiheit«) in Solidarität mit der Frauenrevolution in Rojava/Kurdistan. Am 16. März 2021 zog die Demonstration

75 AG Feministischer Streik (2021): »Aufruf«. URL: https://www.facebook.com/story.php?story_fbid=pfbid02q9F3sCmaXpZjV9ZsAgApVcBpDBfZjLR2z8B1xRhi1rSoCR2qaZM41JEz6S7hswwyl&id=101786188724441&mibextid=Nif5oz [Zugriff am 19.12.2022].

vom ehemaligen Karlsplatz zur Kolumbianischen Botschaft: In Redebeiträgen und Parolen wurde auf den femi(ni)zidalen Suizid von Alison Meléndez sowie auf die darauffolgenden Proteste gegen sexualisierte Gewalt (durch die Polizei) und deren Repression durch Staat und Militär aufmerksam gemacht.[76] Einen Monat später wurde am ehemaligen Karlsplatz eine Kundgebung von Ni Una Menos Austria, Kollektiv antikolonialer Interventionen in Wien, Migraciones y Genero, AG Feministischer Streik Wien und Kollektiv lauter* in Solidarität mit Feminist*innen in Spanien, die gegen Femi(ni)zide und die patriarchale Justiz demonstrierten, organisiert.[77] Nach der gewaltvollen Machtübernahme durch das Taliban-Regime im August 2021 trafen sich Feminist*innen am ehemaligen Karlsplatz, um sich über die Situation von Frauen und Queers in Afghanistan und in Refugee-Camps sowie allgemeiner über die Notwendigkeit sicherer Fluchtrouten auszutauschen.[78] Im Kontext des Austritts der Türkei aus der Istanbul Konvention im Frühjahr 2021 wurde diese vermehrt in Redebeiträgen thematisiert, um sich mit den zahlreichen Feminist*innen, die in der Türkei für einen besseren Gewaltschutz und grundsätzlicher ein Ende vergeschlechtlichter Gewalt kämpfen, zu solidarisieren. Der ehemalige Karlsplatz wird so nach und nach zu einem Ort, an dem nicht nur symbolisch zahlreiche Feminismen zusammenkommen, sondern auch Vernetzungen geschaffen und Beziehungen geknüpft werden können, um (transnationale) Kämpfe zu verbinden, voneinander zu lernen und in Austausch miteinander zu kommen. Diese Bezugnahmen auf unter-

76 Ni Una Menos Austria (2021): »Demo-Aufruf«. URL: https://www.facebook.com/story.php?story_fbid=pfbid02ZDsWFeV7AfRKTnG3yDU8hTCCVUQxyVFfSpMZnGwDieMqPsTACzvSjkg4ztq9QxBnl&id=128563319819356O&mibextid=Nif5oz [Zugriff am 19.12.2022].

77 Ni Una Menos Austria et al. (2021): »Feminist Solidarity Demo with the Spanish Comrades«. URL: https://www.facebook.com/events/3986776688111489/

78 Ni Una Menos Austria (2021): »Demo-Aufruf«. URL: https://www.facebook.com/story.php?story_fbid=pfbid02nFPQVhjydLEcj9nEXopkaq5Bd4bcGEMcd6bUuw5WrEHLoaqoL1XDaFcLfMs2aVH1l&id=128563319819356O&mibextid=Nif5oz [Zugriff am 19.12.2022].

schiedliche Proteste und Praxen erweitern und reichern das Verständnis und den Begriff von Femi(ni)zid und femi(ni)zidaler Gewalt an. Dementsprechend schreibt die AG Feministischer Streik anlässlich eines Offenen Feministischen Treffens folgendes: »Wir lernen [in unserer Praxis, Anm.] miteinander und voneinander, haben Ohnmacht, Wut und Trauer miteinander erlebt und uns immer wieder durch unsere gemeinsame Praxis ermächtigt gefühlt. Wir spüren aber auch Ambivalenzen in der Politisierung von Feminiziden, in unseren Praxen und unseren Analysen und stellen uns Fragen. Auch dafür brauchen wir Raum und auch dafür nehmen wir uns Raum! Heute haben wir uns am ehemaligen Karlsplatz getroffen[,] um Perspektiven auf vergeschlechtlich[t]e Gewalt und feministische Praxis miteinander zu diskutieren. Claim the Space!«[79] Damit schließt dieser Raum an die Idee des Feministischen Streiks an, die wir bereits im Kapitel 2 angesprochen haben. Der Versuch, durch die Versammlung kollektive Handlungsfähigkeit zu entwickeln, bildet ein bestimmtes Moment oder vielleicht auch das Potential des Feministischen Streiks: Auf der Suche nach (neuen) kollektiven feministischen Praxisformen und in den vielfältigen Verbindungen zwischen unterschiedlichen Praxen wird, mit den Worten von Gago, »eine unbestimmte Handlungsmacht« prozesshaft erzeugt, »die sich als Wunsch äußert, alles zu verändern« (Gago 2021, 11).

Die Versammlung geht also über sich hinaus und lebt in den geschaffenen Vernetzungen und zahlreichen Interaktionen weiter, die jenseits der konkreten Reaktion auf einen Femi(ni)zid stattfinden. Das kollektive Einnehmen eines Raumes schafft einen Ort, an dem kontinuierlich vielfältige Kritiken an der Beschaffenheit von Raum im Konkreten und den gesellschaftlichen Verhältnissen im Allgemeinen formuliert werden können und an dem kollektiv Verständnisse und Vorstellungen davon,

79 AG Feministischer Streik (2021): »Offenes Feministisches Treffen«. URL: https://www.facebook.com/story.php?story_fbid=pfbid02MTdpSM1uoTChZ11pfvufJM27a66makKsbq6Vpj5ntdAeCozeaTzie34keb734aiAl&id=101786188724441&mibextid=Nif5oz [Zugriff am 19.12.2022].

wie es anders sein könnte, entwickelt werden. Sich diesen Raum zu nehmen, bedeutet demnach, präsent zu sein und so den Raum, der sich von Mal zu Mal unterscheidet, zu gestalten.

In diesem Zusammenhang lässt sich nochmal auf den im 2. Kapitel dieses Buches ausgeführten Begriff des Grenzaktivismus verweisen: In den Versammlungen und Vernetzungen werden Verbindungen zwischen verschiedenen feministischen Positionen geknüpft. Die Aktivist*innen von CTS beziehen sich nicht in einer essentialistischen Weise aufeinander, sie sind mit ihren Körpern präsent und wollen darüber etwas ausdrücken – beispielsweise, dass sie (noch) präsent sind, im Gegensatz zu den ermordeten FLINTAs, an die erinnert wird; aber auch, dass sie gemeinsam, kollektiv präsent sind, sich nicht vereinzeln oder ins vermeintlich Private zurückdrängen lassen. Gleichzeitig thematisieren sie unterschiedliche gesellschaftliche Positionalitäten. Diese Mitkonstitution von Raum geht dabei über die konkrete Präsenz von Körpern hinaus: Einerseits ermöglicht die kollektive Raumnahme, Verbindungen her- und wiederherzustellen, die Grenzen, die uns in unseren Positionen trennen, sichtbar zu machen, zu benennen, zu bearbeiten und zu politisieren und damit die Begrenztheit des Raums in Frage zu stellen und so den Raum selbst auszuweiten. Andererseits müssen und können zugleich die (körperlichen) Abwesenheiten thematisiert und politisiert und so die Grenze zwischen An- und Abwesenheit in Frage gestellt werden. CTS ist damit ein Aufruf, eine Aufforderung und eine Praxis divergierender, gemeinsam kämpfender, vielfältiger Identitäten.

5. ALLES FEMI(NI)ZID?

Überlegungen zu Zählungen, Begriffen und Benennungen

Auslassungen und Erweiterungen

Im Anschluss an die vorangegangenen Kapitel und an zahlreiche feministische Bewegungen weltweit verstehen wir *Femi(ni)zid* sowohl als analytische Perspektive als auch als politischen Begriff, um patriarchale Gewaltformen sichtbar zu machen und zu bekämpfen. Die kollektive Auseinandersetzung mit Femi(ni)zid eröffnet Claim the Space sowie uns als Autor*innenkollektiv neue Debatten und ermöglicht es, mehr Dimensionen und Formen von patriarchaler Gewalt zu begreifen. Wie in Kapitel 2 und 3 expliziert, ist das Konzept Femi(ni)zid und die damit einhergehende (globale) Politisierung derart wirkmächtig, weil es darauf abzielt, sowohl die gesellschaftlichen Strukturen der Gewaltformen als auch die Spezifika diverser Lebenserfahrungen im Verhältnis zueinander sichtbar zu machen, das heißt, sie immer in einem inneren Zusammenhang zu betrachten. Die kollektive Thematisierung von (vielfältigen) Erfahrungen ermöglicht es dabei, spezifische Gewaltverhältnisse abzubilden, zu benennen und zu bekämpfen. Dafür braucht es verschiedene

Perspektiven. Nur so ist es möglich, die vielfältig ineinander verwobenen Strukturen, die in den Erfahrungen eingelassen sind, sichtbar zu machen. Erst in der Beschäftigung mit diversen Lebensrealitäten und in den Diskussionen miteinander entstehen weitere Perspektiven und Konzepte – Femi(ni)zid bleibt damit ein offenes Konzept.

An zahlreichen Stellen haben wir bereits auf die vielfältigen Debatten, Prozesse und Auseinandersetzungen, die durch die Politisierung von Femi(ni)ziden im Allgemeinen und die politische Praxis von CTS im Besonderen angestoßen wurden, verwiesen. Zentral sind für CTS u. a. die Offenen Feministischen Treffen, in denen Überlegungen über bisherige Wissensbestände und Erfahrungen im Sinne eines Voneinander-Lernens geteilt werden. Zudem entstanden und entstehen im Prozess der kontinuierlichen politischen Praxis einige Herausforderungen und offene Fragen, die sich beispielsweise darum drehen, wie sowohl der Begriff des Femi(ni)zids als auch die Politisierung gegen patriarchale Gewalt, breit und inklusiv sein können. Immer wieder stellte sich bei CTS die Frage, welche Themen und damit verknüpft, welche Lebensrealitäten fokussiert werden, welche zu wenig Raum bekommen und wie wir unsere Perspektiven verschieben oder erweitern können. So änderten sich im Laufe der Proteste nicht nur die konkreten Praxen, indem die bestehenden immer wieder diskutiert und an die jeweiligen Debatten angepasst wurden, sondern auch die mit den Mobilisierungen verbundenen politischen Ansprüche. Die Politisierung der Femi(ni)zide war zwar von Beginn an ein reflexiver Prozess, es wurden Fragen nach der Reproduktion von Ein- und Ausschlussmechanismen oder nach vereinfachenden Erklärungen für femi(ni)zidale Gewalt fortwährend gestellt, sie begleiteten jedoch manchmal mehr, manchmal weniger die kollektive Praxis. Damit einher geht auch, anzuerkennen, wie komplex, schwierig und auslaugend die Thematik ist, der eins nie gerecht werden kann.

Gleichzeitig bieten die kontinuierlichen Diskussionen in CTS die Möglichkeit, Erfahrungswissen zu sammeln und zu reflektieren, neue Perspektiven und Standpunkte zu entwickeln und feministische Streitkulturen, die Widersprüche aushalten können, voranzutreiben. Viele erwähnte Aspekte treffen letztlich auf den Prozess des Buchschreibens selbst zu, da auch wir versuchen, unterschiedliche Perspektiven miteinander in Diskurs zu bringen und über bisherige (auch unterschiedliche) Erfahrungen nachzudenken.

In diesem Kapitel wollen wir einen Einblick in einige zentrale Diskussionsstränge geben – rekonstruiert aus unseren subjektiven Wahrnehmungen und Beobachtungen als Autor*innen ohne Anspruch auf Vollständigkeit. Wir werden hier Debatten abbilden, allerdings nicht mit dem Ziel, neue Begriffe oder Definitionen festzuschreiben, sondern Diskussionen über diese Begriffe sichtbar zu machen und so neue Fragen aufzuwerfen. Dieses Kapitel zielt nicht darauf ab, abschließend Antworten darauf zu geben, ob bestimmte Taten als Femi(ni)zide eingeordnet werden sollten oder andere Begriffe passendere Beschreibungen sind. Es ist ein Versuch, die Möglichkeiten des politischen Konzepts Femi(ni)zid zu reflektieren, potentiell zu erweitern und spezifische Taten im Kontext femi(ni)zidaler Gewalt zu diskutieren. Bei den folgenden Ausführungen handelt es sich um unsere Vorschläge, begriffliche Debatten, auf die wir im Rahmen der Recherchen sowie im Austausch mit Genoss*innen gestoßen sind, sowie Benennungen, die wir kritisieren. Diese Begriffe und Debatten beziehen sich meist auf Gewaltformen, die im Konzept des Femi(ni)zids nicht ausreichend sichtbar sind oder oft homogenisiert werden. Eine Auseinandersetzung damit im Buch, sowie bei CTS, finden wir insbesondere vor einer breiten und strukturellen Definition von Femi(ni)zid und damit einhergehend auch patriarchaler Gewalt notwendig. Sie stellt eine Grundlage dar, Differenzen anzuerkennen, jedoch nicht in einem trennenden Sinne, sondern als Bedingung für gemeinsame, kollektive und solidarische Kämpfe. Die unterschiedlichen Benennungen fungieren somit nicht als individualisierende Instrumente, sondern ermöglichen wichtige Kritiken und Reflexionen über das Konzept des Femi(ni)zids.

Die Auswahl der hier abgebildeten begrifflichen sowie praktischen Reflexionen ist vor dem Hintergrund der in den Kapiteln 3 und 4 bereits formulierten Ambivalenz von Sichtbar- und Unsichtbarkeit zu verstehen. Bevor wir uns den unterschiedlichen Begriffsdiskussionen widmen, wollen wir Zählungen und Zählweisen von Femi(ni)ziden problematisieren. Dementsprechend setzen wir uns auch mit der Frage auseinander, was überhaupt gezählt und benannt wird und wie damit Unsichtbarmachungen festgeschrieben werden. Entlang konkreter Fälle, die uns in der Praxis begegnet sind, versuchen wir in weiterer Folge, einige Ambivalenzen und Widersprüchlichkeiten des Femi(ni)zid-Konzeptes herauszustreichen. Damit folgen wir der Idee von Amorós Puente (2008), auf die wir uns an mehreren Stellen im Buch beziehen: »Konzeptualisieren heißt politisieren«. Diese Konzeptualisierung ermöglicht zwar die Politisierung – das heißt im konkreten Fall zu entscheiden, ob wir auf die Straße gehen oder nicht –, aber genauso wie die Praxis nicht starr bleibt, bieten auch unsere vorläufigen Überlegungen keine definitiven oder abschließenden Antworten. Insofern geht es uns darum, Debatten abzubilden, zu verbinden und anzuregen, die hier im Zusammenhang von wissenschaftlichen Auseinandersetzungen, Recherchen sowie Bewegungs-, Erfahrungs- und verkörpertem Wissen entstehen.

Was zählt?

Es ist sehr schwierig, akkurate Aussagen über die Entwicklung der Anzahl von Femi(ni)ziden zu treffen. Statistiken zeigen zwar, dass die Anzahl der durch femi(ni)zidale Gewalt Ermordeten ansteigt, zugleich gibt es jedoch in sämtlichen Ländern zu wenige Statistiken, die erfassen, ob und bei welchen Morden es sich um Femi(ni)zide handelt. Im Rahmen von CTS finden immer wieder Diskussionen darüber statt, welche Femi(ni)zide nicht gezählt werden und welche Auswirkungen diese (vor allem durch offizielle Stellen) Nichtbenennung auf die Politisierung hat. Im Folgenden gehen wir, ausgehend von unseren Erfahrungen in CTS, auf Ambivalenzen von Zählungen ein.

Es ist ein zentraler und wichtiger Teil des politischen Kampfes, Daten zu Femi(ni)ziden zu erheben, die es ermöglichen, die Taten öffentlich verhandelbar zu machen (Dyroff et al. 2020, 30 f.). Gerade die Praxis der Zählung von Femi(ni)ziden aus Lateinamerika und der Karibik hat gezeigt, dass durch das statistische Erfassen von Femi(ni)ziden einerseits wichtige Debatten angestoßen wurden und sich andererseits Statistiken von Aktivist*innen selbst dann oft von staatlichen unterscheiden, wenn das Delikt im Strafgesetzbuch verankert ist. Insofern mag es nicht verwundern, dass sich die Zählung von CTS von jener der Autonomen Österreichischen Frauenhäuser (AÖF), auf die sich sowohl die mediale Berichterstattung als auch die Politik in der Regel beziehen, unterscheidet, da die Organisation von einem engen Verständnis von Femi(ni)zid ausgeht und beispielsweise den Mord durch einen Polizisten, den wir später in diesem Kapitel diskutieren, nicht zählt.

Zu Beginn der Proteste von CTS stellte die Dokumentation der AÖF eine wesentliche Ressource dar, da es keine anderen Statistiken gab, auf die CTS zugreifen konnte. Mittlerweile übt das feministische Bündnis aber Kritik an dieser Zählung und hat eigene Methoden und Zugänge entwickelt. Als rassistische Narrative bedienend muss etwa der Umstand erwähnt werden, dass die AÖF immer die »Herkunft« der Täter erwähnen, selbst wenn diese längst über einen österreichischen Reisepass verfügen. CTS und AÖF teilen die Forderung, Femi(ni)zide explizit als solche zu benennen, was im österreichischen Kontext auch teilweise gelungen ist.

Im Austausch mit internationalen Aktivist*innen begegneten uns einige Projekte, die die Benennung und Dokumentation von Femi(ni)ziden als zentrales Ziel ihrer politischen Praxis benennen, weil diese mangelhaft bis nicht vorhanden war/ist. Feministische Initiativen an verschiedenen Orten bemühen sich nicht nur um die Ermittlung valider Zahlen, sondern versuchen auch, Femi(ni)zide detailreicher zu dokumentieren. Dazu zählt beispielsweise das Projekt Feminizidmap[80] aus Deutschland, das »in response to the limitations of current criminal statistics with regard to femi(ni)cide cases« konzipiert wurde und »disaggregate data that enable a deeper analysis of contexts and patterns« einfordert. Auch das 2005 gegründete Advocacy-Netzwerk Transgender Europe (TGEU) hat es sich zur Aufgabe gemacht, mit Unterstützung von mehr als 150 aktiven Mitgliedsorganisationen in fast 50 Ländern »Trans Murder Monitoring« (TMM), »a systematic collection, monitoring and analysis of reported killings of gender-diverse/trans people worldwide«[81] zu betreiben.

Counting matters

Die Autor*innen der Publikation »Towards a Global Femicide Index. Counting the Costs« heben hervor, dass die Gründe für das (feministische) Bestreben, Gewalt gegen FLINTAs systematischer zu quantifizieren, zu messen und zu zählen, vielfältig ausfallen können. Grundsätzlich stellt die Zählung von Femi(ni)ziden ein wichtiges Mittel dar, um Aufmerksamkeit, Sichtbarkeit und Problembewusstsein für die Thematik zu erlangen: »The counting of these killings is generally understood as aimed at protecting lives« (Walklate et al. 2020, 94). Entsprechend mag es nicht verwundern, dass auch in Österreich die mediale Berichterstattung und das öffentliche Interesse vor allem zu einem Zeitpunkt stiegen, als Österreich zu einem europäischen Spitzenreiter bei der Anzahl an begangenen Femi(ni)ziden avancierte. »Österreich hält EU-Rekord bei Morden an Frauen« (2018), »Im EU-Vergleich. Zahl der Frauenmorde in Österreich am höchsten« (2020) oder »Österreich

80 Feminizidmap (o. J.) »Ein Rechercheprojekt zu Femi(ni)ziden in Deutschland«. URL: https://feminizidmap.org/de [Zugriff am 19.08.2022].
81 o. A. (o. J.): »TvT Project«. In: *Transrespect.* URL: https://transrespect.org/en/about/tvt-project

bei Femiziden über EU-Durchschnitt« (2021)[82] lauten die teilweise reißerischen Titel, mit denen Medien bis heute über Femi(ni)zide berichten.

Gerade fehlende oder wenig verlässliche Zahlen führen in vielen Regionen der Welt zu einer »Unterschätzung« patriarchaler wie auch femi(ni)zidaler Gewalt und können letztlich auch als Ausdruck des Unwillens der jeweiligen Gesellschaft, insbesondere staatlicher Behörden, gesehen werden, das Problem ernst zu nehmen. Aber selbst in Ländern, in denen Zählungen zumindest stattfinden oder Femi(ni)zide sogar einen eigenen Straftatbestand darstellen (z. B. Argentinien), sind entsprechende Zahlen oft von Widersprüchen und Uneinheitlichkeiten geprägt. Insofern fungieren detaillierte und genaue Erfassungen als eine Form der Anerkennung, es »wert« zu sein, in den Statistiken vorzukommen. Diese Form der Differenzierung in »lebenswerte« und »nicht lebenswerte« Körper, die Judith Butler (2009) ausführt, spiegelt sich im (Nicht-)Zählen der Toten wider. In diesem Sinne beantworten auch die Autor*innen von »Towards a Global Femicide Index« die Frage »Why counting matters«: »Counting intimate femicides is a way of keeping the cost of lives taken violently in circumstances where gender and intimacy are central visible in the present« (Walklate et al. 2020, 47). Umso notwendiger erscheinen feministische Interventionen in die bisherige Praxis der Zählungen von Femi(ni)ziden, die u. a. auf die Entwicklung von »methodological and conceptual tools to build new empirical datasets showing gender patterns and homicide prevalence« (ebd., 67) abzielen und dabei auch intersektionale Ansätze berücksichtigen.

82 Winkler, Jacqueline (2018): »Österreich hält EU-Rekord bei Morden an Frauen«. In: *Salzburg24*. URL: https://www.salzburg24.at/news/salzburg/oesterreich-haelt-eu-rekord-bei-morden-an-frauen-60456022; Langer, Adrian (2020): »Zahl der Frauenmorde in Österreich am höchsten«. In: *MeinBezirk*. URL: https://www.meinbezirk.at/c-lokales/zahl-der-frauenmorde-in-oesterreich-am-hoechsten_a4218450; o. A. (2021): »Österreich bei Femiziden über EU-Durchschnitt«. In: ORF. URL: https://orf.at/stories/3228930/.

Die Sammlung nützlicher Zahlen setzt Walklate et al. (2020) zufolge jedoch nicht nur einen sensiblen Umgang mit selbigen voraus, sondern auch das Bewusstsein über die eigene politische Rolle in diesem Prozess (ebd., 102), der mit drei zentralen Risiken verbunden ist, die auch im Kontext von CTS zu Debatten führten: 1) »the data gaps and their consequences«, 2) »counting as both a practice and an epistemological framework« und 3) »commissioning or facilitating structural violence(s)«. Die mit dem ersten Risiko beschriebenen Datenlücken beziehen sich einerseits auf unterschiedlich angewendete Femi(ni)zid-Verständnisse, variierende Parameter der Zählungen, fehlende Informationen (wie beispielsweise der Beziehung zwischen Tätern und Ermordeten), andererseits aber ebenso auf operationelle Herausforderungen. Gerade der Verweis auf die geschlechtsspezifischen Gründe der Tötungen führt zur Schwierigkeit, wie »effectively and accurately« gezählt werden kann, »when part of what it is we are seeking to count is embedded attitudinal and systemic prejudice towards and hatred of women that cannot be readily measured?« (ebd., 63).

Die bereits in den vorigen Kapiteln angesprochenen Diskussionen machen jedoch deutlich, dass es zu einfach wäre, alle Femi(ni)zide nach bestimmten Schemata zu klassifizieren. Gesellschaftliche Realitäten sind zumeist komplexer als mathematische Einordnungssysteme. Zahlen führen folglich nicht nur zu Vereinfachungen, sondern lassen in ihren scheinbar klaren Benennungen keinen Platz für Widersprüche, Unklarheiten oder Ambivalenzen. Durch entsprechende (scheinbar widerspruchsfreie) Anerkennungen, welche Fälle als Femi(ni)zid gezählt werden und welche nicht, werden letztlich Realitäten geschaffen, die in weiterer Folge von Politik und Medien aufgegriffen und interpretiert werden (können). Selbst wenn wir auf den vorliegenden Seiten immer wieder betont haben, dass es uns darum geht, die hinter den Femi(ni)ziden stehenden patriarchalen, gewaltförmigen Strukturen in den Blick zu nehmen und die Morde nicht als Einzelschicksale zu verhandeln, kommt dennoch hinzu, dass der starke Fokus auf Zahlen die Ermordeten und ihre Lebensgeschichten zu Nummern werden lässt. Wie Walklate et al. (2020) betonen und auch im Kontext von CTS diskutiert wird, ist zudem die Erfassung der hinter Femi(ni)ziden stehenden patriarchalen Gewalt numerisch ohnehin nicht möglich, wodurch der Fokus auf Zahlen immer auch die Gefahr birgt, die systematische Komponente außer Acht zu lassen.

Machtvolle Zählungen

Das zweite Risiko, das Walklate et al. anführen, bezieht sich auf den Umstand, dass (quantitative) Wissensproduktion selbst als Ausdruck gesellschaftlicher Machtverhältnisse verstanden werden muss. Wie in Kapitel 2 in Bezug auf die dekoloniale Kritik an Wissensproduktion ausgeführt, muss der Blick auch auf die in die Produktionsprozesse von Wissen eingeschriebenen Normen und Werte gerichtet werden ebenso wie auf die Grenzen des anerkannten generierten Wissens. Es sei daher, Walklate et al. (2020, 65) zufolge, »critically important [that] we recognize the processes of acquiring knowledge by counting as well as all the specific risks embedded in counting intimate femicide such as data gaps, invisibilities, how such collated knowledges might be used, and how these are already embedded in gendered political projects of knowledge production«.

Zählungen müssen zudem immer entlang bestimmter Kriterien vorgenommen werden. Damit gehen eine Reihe von Schwierigkeiten einher, die einerseits den grundlegenden Umgang mit Zahlen und ihrer Verwobenheit mit Machtstrukturen betreffen, andererseits aber auch die Frage, welche Kriterien für die statistische Erfassung herangezogen werden, da Geschlechtsidentitäten abseits binärer Vorstellungen zumeist nicht berücksichtigt werden. Wie auch im Rahmen der bei CTS geführten Debatten vielfach problematisiert, kann beispielsweise die Verwendung des Begriffs »Frauen« die falsche Annahme begünstigen, dass der Term ausreichen würde, um alle femi(ni)zidalen Tötungen zu benennen, die wir mit der Kritik an vergeschlechtlichten und patriarchalen Herrschaftsverhältnissen politisieren wollen. Im Kontext der Politisierung von CTS sowie im Austausch mit Genoss*innen aus anderen Städten und Ländern kam auch die Frage nach einem sogenannten *methodologischen Nationalismus* auf, da sich die jeweiligen Zählungspraxen immer auf einen nationalen Kontext beziehen. In der konkreten Politisierung wurde zwar immer wieder versucht, die nationalstaatliche Fokussierung zu durchkreuzen, indem transnationale Bezüge hergestellt wurden (siehe Kapitel 4), der nationale Fokus bleibt dennoch bestehen. Ein dekoloniales Verständnis von Femi(ni)ziden und patriarchaler Gewalt zu entwickeln würde zudem bedeuten, globale Ausbeutungsverhältnisse und die jeweiligen Verstrickungen der eigenen politischen Praxen zu thematisieren.

Selbst die Zählweisen innerhalb von Österreich unterscheiden sich. Dies verdeutlicht, dass nicht nur das Generieren von Zahlen von gesellschaftlichen Machtverhältnissen beeinflusst wird, sondern den generierten Zahlen selbst die Macht innewohnt, unterschiedlich – beispielsweise bestimmten politischen Interessen entsprechend – interpretiert werden zu können. Gerade das Beispiel des kleinen Landes Österreich, in dem die Zahlen summarisch niedrig, relational allerdings sehr hoch ausfallen, zeigt, dass Schwankungen sehr schnell sichtbar werden. Auch die Koppelung der Anerkennung von Femi(ni)ziden als gesellschaftliches Problem an Zahlen lässt in Vergessenheit geraten, dass jeder einzelne Femi(ni)zid einen zu viel darstellt, unabhängig davon, ob die Zahlen im Vergleich zu anderen Jahren stagnieren, höher werden oder sinken. Schließlich wollen wir gemeinsam mit unseren Verbündeten, dass wir überall auf der Welt keine* einzige* weniger werden!

Das letzte Risiko, das Walklate et al. (2020) ansprechen, betrifft den Umstand, dass die Datensammlungsprozesse über geschlechtsbasierte Gewalt selbst von patriarchalen Logiken beeinflusst und Teil der Schaffung von Wissen und sozialen Prozessen sind, die stets auch geschlechtsbasierte und unterdrückende Komponenten aufweisen: »Such inequalities rely on and reinforce the structural complicity and institutional silencing, supporting the commission of everyday violence and intimate femicide and making counting so difficult« (ebd.). So zeigt sich, dass auch die Politisierung von Femi(ni)ziden im Kontext von CTS nicht davor gefeit ist, im Sinne der angesprochenen Kompliz*innenschaft zu weiteren Unsichtbarkeiten und Auslassungen beizutragen.

Verbesserte Zählungen als Grundlage der Präventionsarbeit

Um dem Problem der Vergleichbarkeit nationaler Zählungen von Femi(ni)ziden entgegenzuwirken, hat die UNO Anfang März 2022 unter dem Titel »Statistical framework for measuring the gender-related killing of women and girls (also referred to as ›femicide/feminicide‹)«[83] Empfehlungen für die statistische Erfassung von Femi(ni)ziden verabschiedet. Das Dokument enthält dabei nicht nur Definitionen, sondern auch eine Typologie geschlechtsspezifischer Tötungen sowie eine Liste von Variablen, die verwendet werden sollten, um die verschiedenen Arten von Femi(ni)ziden zu identifizieren, unabhängig von nationalen Gesetzgebungen zu zählen und global miteinander vergleichen zu können. Um dem Verständnis von Femi(ni)ziden der UN zu entsprechen, muss der Mord sowohl vorsätzlich verübt werden als auch geschlechtsbasierte Komponenten aufweisen, womit nicht die spezifische Motivation des Täters gemeint ist, sondern die eigentlichen, gesellschaftlichen Ursachen wie beispielsweise männliche Überlegenheitsideologien. Dafür wurden u. a. »Core variables for identifying gender-related killings of women and girls (femicide/feminicide)« festgelegt. Unter den »Disaggregating variables for analytical purposes« wird die »gender identity« als relevante Information benannt und in diesem Kontext »Male

83 o. A. (2022): »Statistical framework for measuring the gender-related killing of women and girls (also referred to as ›femicide/feminicide‹)«. In: *UNODC*. URL: https://www.unodc.org/documents/data-and-analysis/statistics/Statistical_framework_femicide_2022.pdf

Transgender« und »Female Transgender« sowie »Gender diverse«, »Not applicable« und »Not Known« zumindest erwähnt, Geschlechtsidentitäten abseits binärer Vorstellung finden jedoch im restlichen Dokument keine Berücksichtigung.

Eine abschließende und zufriedenstellende Einschätzung, auf welche Art und Weise Femi(ni)zide gezählt werden sollten, um den benannten Problemen und Herausforderungen gerecht zu werden, können wir an dieser Stelle nicht anbieten – letztlich bleiben Zählungen immer ein machtvolles Instrument, das unterschiedlich eingesetzt werden kann. Vielmehr kann und soll die Reflexion der Fragen, »wer« zählt und »was« zählt, nicht nur dazu genutzt werden, bestimmte Gewaltmuster, von denen z. B. konkrete Personengruppen (wie trans Personen) betroffen sind, sichtbar zu machen, sondern auch die eigenen Ein- und Ausschlusspraxen mitzudenken. Umso wichtiger erscheint es, sowohl intersektionale Perspektiven stets einzubeziehen als auch die eigene politische Praxis konstant zu hinterfragen und weiterzuentwickeln. Durch starke Konzentration auf die durch Femi(ni)zide Ermordeten können zudem die relevanten Informationen über die Täter aus dem Blick geraten: »If we only count women, we will not be able to see and stop the gendered violence that men commit« (Walklate et al. 2020, 70). Erwähnt sei an dieser Stelle auch, dass die Konzentration auf die Zählung der Ermordeten oftmals wenig Raum lässt, sich mit jenen zu beschäftigen, die überlebt haben bzw. auch das eigene tagtägliche Überleben in gewaltvollen Verhältnissen zum Thema zu machen.

Mit den hier formulierten Überlegungen betonen wir die Notwendigkeit, die Praxis des Zählens hinsichtlich ihrer epistemischen, methodologischen, konzeptionellen und politischen Herangehensweise zu reflektieren, ohne sie verwerfen zu wollen. Dies ist insbesondere für die eigene Reproduktion von Sichtbarkeits- und Unsichtbarkeitslogiken von Bedeutung. Letztlich sind alle Instrumente der Zählung in einer von Machtverhältnissen geprägten Wissensproduktion involviert. Dies erfordert von uns und vielen Feminist*innen eine doppelte Rolle: einerseits, die schon entwickelten Instrumente zu verwenden und auszubreiten und andererseits, sie in Frage zu stellen und nach Möglichkeiten zu suchen, bis jetzt nicht ausreichend erfasste Gewaltverhältnisse zu thematisieren. Dementsprechend müssen die Instrumente an die Komplexität der Kontexte und Lebenserfahrungen adaptiert werden. Diese reflexive Haltung ist nicht nur in Bezug auf das Zählen von Femi(ni)ziden wichtig, sondern auch im Sinne der Debatten um Konzeptualisierung und ihre Politisierung grundlegend.

Folglich möchten wir uns in den nächsten Abschnitten solchen Konzeptualisierungen und Möglichkeiten der Benennungen widmen. Dafür zeichnen wir beispielsweise die Diskussionen rund um jene Femi(ni)zide nach, die in der öffentlichen Debatte lange Zeit als »erweiterte Suizide« verharmlost wurden und schlagen anschließend an feministische Politisierungen als Alternative die Verwendung des Begriffs *Femi(ni)zid-Suizid* vor. In den weiteren Abschnitten diskutieren wir begriffliche Debatten, die versuchen, die Vielzahl an Positionalitäten der Betroffenen im Detail abzubilden. Beispielhaft diskutieren wir Infantizide (als Morde an Kindern), Lesbizide (als Ermordung von Lesben oder Personen, die für Lesben gehalten werden) und Transizide (als Ermordung von trans Personen oder Personen, die für trans Personen gehalten werden). Nicht zuletzt war es uns auch wichtig, ausgehend von konkreten Beispielen darauf einzugehen, warum CTS auch von FLINTAs, Familiensystemen oder Polizisten verübte Morde an FLINTAs im Kontext femi(ni)zidaler Gewalt politisiert.

Femi(ni)zid-Suizide

Seit Beginn der Proteste am ehemaligen Karlsplatz formulieren Aktivist*innen in Aufruftexten und Redebeiträgen immer wieder Kritik an der medialen Berichterstattung, allem voran an verharmlosendem Vokabular wie »Familiendramen«, »Rosenkriege« oder »Eifersuchtstaten«, die als Erklärungen für die gewaltsame Ermordung von Frauen, Lesben, inter, nichtbinären, trans oder agender Personen angeführt werden. Als weiterer verharmlosender Begriff wurde bei Claim the Space auch der des »erweiterten Suizids« problematisiert. Auf diesen und die daran anknüpfenden Debatten gehen wir im Folgenden näher ein.

Verharmlosung: Erweiterter Suizid

Die unter anderem von CTS kritisierte Beschreibung als »erweiterter Suizid« taucht in den Medien nicht selten auf, wenn sich der Täter (zumeist unmittelbar) nach dem von ihm verübten Femi(ni)zid selbst tötet. Dabei rückt die Bezeichnung nicht nur den Suizid des Täters in den Vordergrund und erklärt diesen zur zentralen Tat, sondern erweckt gleichzeitig den Eindruck, es würde sich bei den Ermordeten lediglich um eine Begleiterscheinung handeln. Femi(ni)zide oder Ermordungen anderer Personen werden dadurch nicht klar und deutlich als solche benannt, sondern unsichtbar gemacht. In eine ähnliche Richtung geht auch der teilweise synonym verwendete Begriff »Mitnahmesuizid«, der nahe legt, dass der Täter weitere Personen in den Tod mitgenommen hätte und verschleiert, dass die Ermordung weiterer Personen entweder intendiert war oder zumindest in Kauf genommen wurde. Obgleich in (populär-)wissenschaftlichen Debatten und auch in der medialen Berichterstattung immer wieder darauf verwiesen wird, dass zumeist als männlich positionierte Personen entsprechende Taten beispielsweise aus ökonomischen Gründen oder in Trennungssituationen verüben, »weil sie glauben, dass auch ihre Familie mit den Problemen nicht fertig werden könne« oder sie »dem verhassten Partner (sic) selbst nach dem eigenen Tod die Kinder keinesfalls überlassen [...] wollen«[84], erfolgt in den Erklärungen entsprechender Taten zumeist keine explizite Benennung der geschlechtsspezifischen Komponenten. Der durchwegs passendere Begriff »Homizid-Suizid« hingegen hat bis heute kaum Eingang in entsprechende Debatten gefunden, obwohl er – wenn auch erneut ohne Thematisierung geschlechtsspezifischer Faktoren – zumindest auf die vorangegangene Ermordung einer oder mehrerer Personen hinweist. Als Alternative zu den genannten Bezeichnungen hat sich im Rahmen der Proteste von Claim the Space der Begriff »Femi(ni)zid-Suizid« etabliert. Er benennt klar, dass vor dem Selbstmord des Täters ein oder mehrere Femi(ni)zid(e) verübt wurden und ermöglicht dadurch eine Auseinandersetzung mit der hinter den Morden stehenden patriarchalen Gewalt.

Im Englischen und teilweise auch im Spanischen findet der Begriff Femi(ni)zid-Suizid zumindest in der wissenschaftlichen Auseinandersetzung[85] und der Arbeit von NGOs und Lobby-Organisationen bereits

84 o. A. (2009): »Erweiterter Selbstmord«. In: *Hamburger Abendblatt*. URL: https://www.abendblatt.de/region/norddeutschland/article106753293/Erweiterter-Selbstmord.html

85 Jane Koziol-McLain et al. (2006) untersuchten in ihrer Studie »Risk factors for femicide-suicide in abusive relationships: results from a multisite case control study« Risikofaktoren für Femi(ni)zid-Suizide in elf Städten in den Vereinigten Staaten. In ihrer Studie »Suicidios, femicidios-suicidios y armas de fuego en Argentina. La masculinidad hegemónica en debate« (2020) beschäftigt sich Alejandra Otamendi mit dem Verhältnis von hegemonialer Männlichkeit und dem Einsatz von Schusswaffen bei Suiziden und Femizid-Suiziden. Ana Carcedo und Montserrat Sagot behandeln in ihrer im Jahr 2000 veröffentlichten Studie über Femi(ni)zide in Costa Rica 1990–1999 das Thema vergeschlechtlichte Gewalt im Abschnitt »Selbstmord der Aggressoren« (Otamendi 2020, 64). Sie entwickeln dabei ein Erklärungsmuster für die Entscheidung der Täter, die nach dem Femi(ni)zid Selbmord begehen. Darin stellen sie einen engen Zusammenhang zwischen der Entscheidung, sich selbst das Leben zu nehmen und dem intimen Femi(ni)zid her. Andere Ansätze, die versuchen, Femi(ni)zide im Zusammen-

seit einiger Zeit Verwendung. So wird er beispielsweise in der von der UN veröffentlichten Publikation »Femicide, its causes and recent trends: What do we know?« (Corradi 2021) im Rahmen der dort ausgeführten Klassifizierung von Femi(ni)ziden in der Kategorie »Family (non-intimate) femicide«, neben »Femicide in the name of honour« und »Dowry death«, »Femicide-suicide« erwähnt. Konkret heißt es: »Intentional murder of a woman followed by the perpetrator's suicide is an incident reported in almost all European countries [...] « (ebd., 7). Ebenfalls wird die Notwendigkeit, sich intensiver mit der Thematik auseinanderzusetzen, hervorgehoben: »This type of femicide is insufficiently recorded and highlights the need to focus on special preventative measures for perpetrators with mental health problems and adult women walking out of violent and abusive relationships, a time when the risk of femicide is very high« (ebd.). Obgleich es sich, wie Koziol-McLain et al. (2006) betonen, bei dem »killing of women by men who then take their own lives (femicide-suicide)« um »the most common form of homicide-suicide« handelt, fand der Begriff im deutschsprachigen Raum bislang nur selten Eingang in die mit Femi(ni)ziden verbundenen Debatten.

hang mit vergeschlechtlichter Gewalt zu erklären, verweisen auf die bestehenden Bedingungen von Gewalt oder Ungleichheit, die zu der Entscheidung für einen Suizid führen können. In dieser Analyse werden verschiedene Akteur*innen, die an der Reproduktion von Bedingungen der Ungleichheit, Unsicherheit, Vernachlässigung und Ausgrenzung beteiligt sind, für diese Entscheidung verantwortlich gemacht, darunter auch die Nationalstaaten (Toledo Velasquez 2009, 29).

Die vergeschlechtlichten Dimensionen von Femi(ni)zid-Suiziden

Auch abseits der beschriebenen Verharmlosungstendenzen und des fehlenden Einbezugs geschlechtsbezogener Überlegungen wirft nicht nur die Rede vom »erweiterten Suizid«, sondern auch die Benennung bestimmter Morde als Femi(ni)zid-Suizid eine Reihe weiterer Problematiken auf. Während die Diskussionen zur Einordnung jener Taten, in denen die Betroffene gänzlich gegen ihren Willen – beispielsweise in für FLINTAs äußerst gefährlichen Trennungssituationen – ermordet wurde, zumeist weniger Fragen offen lassen, fallen entsprechende Benennungen deutlich schwieriger aus, wenn es sich um einen scheinbar gemeinsam geplanten Suizid handelt. In dieser Hinsicht müssten beide Begrifflichkeiten eigentlich von sogenannten Doppel- oder Paktsuiziden oder auch Tötungen auf Verlangen unterschieden werden. Die Praxis hat jedoch gezeigt, dass entsprechende Differenzierungsversuche gerade vor dem Hintergrund der Kritik an patriarchalen Gewaltverhältnissen alles andere als einfach umgesetzt werden können. Die meisten Fälle scheinbar gemeinsamer Selbstmorde, mit denen wir uns im Rahmen der Proteste von Claim the Space auseinandergesetzt oder von denen wir in vergangenen Jahren aus Zeitungen erfahren haben, verliefen nach einem ähnlichen Muster. In der Regel handelte es sich um ein älteres Paar, das am gemeinsamen Wohnort tot aufgefunden wurde, woraufhin Ermittlungen ergaben, dass der Mann – oftmals mit einer Schusswaffe – zuerst seine Partner*in und dann sich selbst ermordete. Ermittler*innen sowie mediale Berichterstattung vermuteten nicht selten eine schwere Erkrankung (meistens der FLINTA) als Tatmotiv. Und in manchen Fällen wurde zudem ein (vermutlich gemeinsam verfasster) Abschiedsbrief gefunden. Gerade in den Diskussionen dieser Fälle im Kontext von CTS (und darüber hinaus) wurde mehr als deutlich, dass die Strukturkategorie Geschlecht auf mehreren Ebenen eine relevante Rolle spielt, sei es in der Umsetzung der Tötungen, bei den Tatmotiven als auch in der Frage nach Selbstbestimmung, die unter den Vorzeichen einer bürgerlich-kapitalistischen Gesellschaftsordnung, die den Wert von Menschen(leben) an ihrer Verwertbarkeit bemisst, nie gänzlich frei von äußeren Zwängen sein kann.[86] Bereits bei der Umsetzung der Taten zeigen sich die vergeschlechtlichte Dimension und die heteronormativen Muster vor allem daran, dass nicht etwa beide sich gleichzeitig das Leben nehmen, sondern der Täter – hegemonialen patriarchalen Männlichkeitsvorstellungen entsprechend – die aktive, tötende Rolle einnimmt, während die FLINTA passiv getötet wird. Auffallend sind zudem die in den Medien häufig angeführten Erklärungen, dass die Erkrankungen (der FLINTA) so starke Verzweiflung und Überforderung hervorgerufen hätten, dass sich der Täter oder auch die Paare nicht anders zu helfen wussten als mit einem Mord und anschließendem Suizid – wodurch letztlich Empathie mit dem Täter generiert wird. Nachdem ein 60-jähriger Mann seine Mutter und seinen Bruder ermordet hatte, hieß es beispielsweise in einem Bericht auf orf.at: »Der Mann hatte sich um seine bettlägerige Mutter sowie um den Bruder gekümmert, der krank gewesen sein dürfte, so Polizeisprecher Fritz Grundnig am Mittwoch: ›Das dürfte ihm wohl zu viel geworden sein.‹«[87] Ein weiterer Artikel reagiert auf das vor allem im Juni 2022 verstärkt auftretende Phänomen: »Nicht selten kommt es vor, das (sic) pflegende Angehörige mit der Betreuung ihrer Familienmitglieder überfordert sind. Patientenombudsschaft und Männernotruf machen einmal mehr auf Hilfsangebote aufmerksam.«[88] Allerdings wird durch die geschlechtsneutrale Schreibweise nur implizit anhand der Verweise auf vorangegangene Femi(ni)zid-Suizide sowie den Männernotruf deutlich, dass es sich bei den Überforderten zumeist um Männer handelt. Während FLINTAs mit großer

86 Zu feministischer Kritik an Sterbehilfe siehe u. a.: Tovesson, Tove (2016): »Mein Tod gehört mir. Über selbstbestimmte Sterbehilfe«. In: *Missy Magazine*. URL: https://missy-magazine.de/blog/2016/10/18/mein-tod-gehoert-mir/

87 o. A. (2022): »Doppelmord: Motiv war wohl Überforderung«. In: *ORF*. URL: https://steiermark.orf.at/stories/3141363/

88 o. A. (2022): »Überforderung bei Pflege: Hilfsangebote«. In: *ORF*. URL: https://steiermark.orf.at/stories/3159188/

Selbstverständlichkeit familiäre Angehörige oftmals über Jahre hinwegund unter großer Selbstaufgabe pflegen, gilt selbiges in vielen Fällen nicht für männlich positionierte Personen, die in Übereinstimmung mit vorherrschenden Männlichkeitsvorstellungen von Care-Tätigkeiten überfordert sind. Weitere Gründe dafür könnten sein, dass viele FLINTAs vor dem Hintergrund gesellschaftlicher Geschlechterverhältnisse und Rollen anderen nicht zur Last fallen wollen.[89] Auch vermeintlich romantische Vorstellungen, dass Ehen oder vergleichbare Partner*innenschaften bis in den Tod halten sollen, können entsprechende Entscheidungen verstärken. Ohne auf paternalistische Art und Weise den betroffenen FLINTAs absprechen zu wollen, dass sie sich selbst für die Beendigung ihres Lebens entschieden hätten, wird an den genannten vergeschlechtlichten Aspekten ersichtlich, dass im Grunde genommen alle Entscheidungen vor dem Hintergrund patriarchaler Gewaltverhältnisse nie gänzlich selbstbestimmt getroffen werden können, sondern maßgeblich von jenen Verhältnissen beeinflusst werden, die den Nährboden für Femi(ni)zide bereiten. Der starke Einfluss von strukturellen Gewaltverhältnissen auf die Leben aller Menschen und damit auf ihre Entscheidungen betrifft selbstverständlich nicht nur Suizide, sondern zeigt sich in vielen weiteren Bereichen, die sich um körperliche Selbstbestimmung drehen – beispielsweise Abtreibung. Vor diesem Hintergrund verweisen feministische Forderungen nach reproduktiver Gerechtigkeit darauf, dass es nicht ausreicht, sich für einen legalen Zugang zu Schwangerschaftsabbrüchen einzusetzen, sondern dass entsprechende Themen auch mit Fragen sozialer Gerechtigkeit und den gesellschaftlichen Bedingungen, in denen Menschen Entscheidungen treffen, verbunden werden müssen.

89 In feministischen Studien wird das Narrativ, niemandem zur Last fallen zu wollen, vielfach problematisiert und theoretisiert (u. a. Folbre 1995). Auch in der 2015 erschienenen empirischen Studie von Koppetsch und Speck (Koppetsch/Speck 2015) »Wenn der Mann kein Ernährer ist« wird dieses Narrativ als Selbstbeschreibung und Legitimation für Mehrfachbelastungen von den Teilnehmer*innen angeführt.

Der Begriff des Femi(ni)zid-Suizids hilft, sichtbar zu machen, welche Strukturen hinter diesen Morden stehen. Viele von ihnen wurden von Claim the Space im Kontext femi(ni)zidaler Gewalt politisiert. Die Antworten darauf, ob beispielsweise ein gemeinsamer Abschiedsbrief ausreicht, um diese Taten nicht als Femi(ni)zid zu politisieren, kann nur kollektiv und situativ gefunden werden.

Gerontozide

Die beschriebenen Femi(ni)zid-Suizide wurden bei Claim the Space auch vor dem Hintergrund möglicher Gerontozide diskutiert, der Ermordung älterer Menschen. Bei dem Begriff handelt es sich um eine Ableitung von dem griechischen Wort *gérōn*, das mit »alter Mensch« übersetzt werden kann. Gemeint ist damit u. a., dass angesichts der vermeintlichen Überalterung der Gesellschaft und den damit verbundenen Kosten für das Gesundheitssystem ein Nachdenken über ein »sozialverträgliches Frühableben« angestoßen wurde bzw. eine »Verhandlung der Lebensdauer in der Moderne« (Hillenkamp 2020, 727). Entsprechend suggerieren bestimmte gesellschaftspolitische Diskurse, ältere Menschen würden »der engeren Umwelt wie der Gesellschaft nur noch zur Last fallen [...] und die Ressourcen der Gesundheitsfürsorge ›unverhältnismäßig‹ belasten [...]« (ebd.). Die Konsequenzen dieser Debatten können u. a. zum Selbstmord führen, weil das eigene Leben als nicht mehr lebenswert erachtet wird. Parallel dazu findet in einigen Ländern aktuell ein Ausbau von aktiver Sterbehilfe statt. Um auf das Thema aufmerksam zu machen, hieß es in einem Aufruftext anlässlich der von CTS organisierten Demonstration gegen Femi(ni)zide am 10.5.2021: »Am Mittwoch ermordete außerdem ein 73-Jähriger seine Frau* und sich selbst. Es wird von einem ›erweiterten Suizid‹ bzw. weiblichen Gerontozid [...] ausgegangen. Wir wissen nicht, wie selbstbestimmt dieser Tod seitens der Frau war. Diese fälschlicherweise als ›Doppelsuizide‹ benannten Morde basieren nicht selten auf patriarchalen Vorstellungen sowie Abhängigkeiten. Deshalb nehmen wird diesen vermeintlichen Suizid bzw. Mord in die Liste der Feminizide auf.«[90]

Viele Gerontizide können als Spezifika von Femi(ni)zid-Suiziden verstanden werden, demnach sind auch die oben beschriebenen vergeschlechtlichten Muster zutreffend. Insbesondere hinsichtlich anfallender Care- und Sorgetätigkeiten mit zunehmendem Alter verstärken sich Mechanismen der Sorge-Verantwortung, die zumeist Zeit ihres Lebens von als Frauen positionierten Personen übernommen wurden. Feminist*innen weisen darauf hin, dass nicht nur die Verteilung von Care- und Sorgearbeit vergeschlechtlicht ist. Damit im Zusammenhang steht auch die strukturelle Abwertung von Sorge allgemeiner als strukturelle Sorglosigkeit des Kapitalismus (Aulenbacher/Dammayr 2014). So sind die beschriebenen Diskurse der vermeintlichen gesellschaftlichen Überalterung nicht ohne eine strukturelle Abwertung von Pflege sowie allgemeiner von Sorge zu verstehen, die sich auch in den dauerhaft mangelnden Ressourcen im Gesundheits- und Pflegebereich abzeichnet. Die strukturelle Abwertung von allem, was sich nicht für den Kapitalismus als Arbeitskraft verwerten lässt, zeigt sich besonders in Bezug auf alte, aber auch auf nicht-ableisierte oder kranke Menschen.

Femi(ni)zidale Suizide

Ein weiteres Thema, das im Kontext von CTS zwar nur am Rande, in vielen feministischen Bewegungen in Lateinamerika und der Karibik jedoch breit diskutiert wird, dreht sich um Selbstmorde als Folge von geschlechtsbasierter Gewalt. Patriarchale Gewalt führt nicht nur zur Ermordung von FLINTAs, sondern kann FLINTAs auch »in den Tod«, also zum Selbstmord, treiben. Um dieses Phänomen zu beschreiben,

90 Claim the Space (2021): »Nehmt ihr uns eine*, antworten wir alle! Keine* einzige weniger!«. In: *emrawi*. URL: https://emrawi.org/?Nehmt-ihr-uns-eine-antworten-wir-alle-Keine-einzige-weniger-1632

wurde von der schon mehrfach erwähnten südafrikanischen feministischen Aktivistin Russell auf der Internationalen Konferenz über Gewalt, Missbrauch und die Rolle der Frau, die 1996 in England stattfand, der Begriff »Femizidaler Suizid« in die Diskussion eingeführt. Russell wollte damit aufzeigen, dass sich immer wieder FLINTAs, die vergeschlechtlichte Gewalt (wie sexualisierte Übergriffe, Vergewaltigungen, Belästigungen, partnerschaftliche Gewalt, Demütigungen, Erniedrigungen etc.) erfahren haben, dazu entscheiden, ihr Leben zu beenden. So schreibt Russell in Bezug auf Frauen einige Jahre später darüber: »Es ist bekannt, dass Frauen, insbesondere diejenigen, die sich machtlos fühlen, dazu neigen, ihre Wut auf sich selbst zu richten. Daher sind einige (oder viele) der Selbstmorde von Frauen wahrscheinlich verdeckte Fälle von Femizid« (Russell 2001, 106). Neben den direkten Erfahrungen spielen dabei auch gesellschaftliche Faktoren (u. a. Umgang mit vergeschlechtlichter Gewalt, Victim Blaming, Verharmlosungen etc.) sowie institutionelles bzw. staatliches Versagen (z. B. mangelnder Opferschutz, Straflosigkeit der Täter) eine entscheidende Rolle. Das chilenische Netzwerk gegen Gewalt gegen Frauen (Red Chilena contra la Violencia hacia las Mujeres) spricht in seiner Studie über »Extreme Gewalt gegen Frauen in Chile« von zwei Typen femi(ni)zidaler Suizide: einerseits jenen, deren Ursachen »in der einzig möglichen Begrenzung der Aggression durch ihre Partner, Liebhaber, Ehemänner, Stalker zu finden sind; als ›einziger Ausweg‹ angesichts des drohenden Todes«, und andererseits werden Fälle von FLINTAs benannt, »die Selbstmord begehen, weil sie von der Straflosigkeit, der Viktimisierung und der Nachlässigkeit der für ihren Schutz zuständigen Institutionen überwältigt werden«.[91]

2018 wurde in El Salvador und 2020 im mexikanischen Bundesstaat Jalisco der Delikt »Suicidio femicida« als Straftatbestand in die jewei-

91 Espinoza C, Natalia (2021): »›Suicidio femicida‹: cuando la violencia de género provoca que las mujeres se quiten la vida«. In: *elmostrador*. URL: https://www.elmostrador.cl/braga/2021/10/08/suicidio-femicida-cuando-la-violencia-de-genero-provoca-que-las-mujeres-se-quiten-la-vida/

ligen Gesetzgebungen aufgenommen. Bereits ein Jahr später, 2019, kam es in San Vicente (El Salvador) erstmals durch die Staatsanwält*innen der Abteilung für Kinder-, Jugend- und Frauenkriminalität (Fiscales de la Unidad de Delitos Relativos a la Niñez, Adolescencia y la Mujer) zur Verurteilung eines Mannes, der seine Freundin nach einer Vergewaltigung in den Selbstmord getrieben hatte. Der Täter wurde wegen Vergewaltigung und Beihilfe zum Selbstmord angeklagt und zu acht Jahren Gefängnis verurteilt.[92] Auch in Chile gibt es seit einigen Jahren eine große Kampagne, die eine Kriminalisierung von femi(ni)zidalen Suiziden und eine diesbezügliche Änderung des Strafgesetzes zum Ziel hat. So arbeitet eine Koordinationsstelle, die verschiedene feministische Organisationen mit Angehörigen von Betroffenen vernetzt, seit Anfang 2022 an einem »Primer Registro Nacional de Victimas de Suicidio Femicida« (»Ersten nationalen Register der Opfer von femi(ni)zidalen Suiziden«) und versucht, über unterschiedliche Protestformen auf das Thema aufmerksam zu machen.[93] Die Benennung und Politisierung dieser Suizide im Kontext femi(ni)zidaler Gewalt ermöglicht, die hinter den Selbstmorden stehenden tödlichen Auswirkungen patriarchaler Gewalt sichtbar zu machen.

Im deutschsprachigen Raum macht die feministische Gruppe Kali Feminists auf mehrere Fälle femi(ni)zidaler Suizide aufmerksam, beispielsweise auf den Selbstmord von Kasia Lenhardt 2021. Diesem waren ein diffamierendes Interview mit ihrem Ex-Partner, dem Fußballer Jérôme Boateng, in der Bild-Zeitung sowie darauffolgende Shitstorms, welche ihr in patriarchalen Logiken die Zerstörung seines Lebens unter-

92 Rivas, Litzardo (2019): »FGR de San Vicente logra la primera condena por suicidio feminicida por inducción«. In: *Fiscalía General de la República*. URL: https://www.fiscalia.gob.sv/fgr-de-san-vicente-logra-la-primera-condena-por-suicidio-feminicida-por-induccion/

93 Siehe bspw. die Seite der Petition von La Cuchara Feminista (2022): »¿Qué es el suicidio femicida?«. URL: https://www.change.org/p/totiorellanag-minmujeryeg-tipificaci%C3%B3n-penal-del-suicidio-femicida-chile/u/30290560 [Zugriff am 23.08.2022].

stellten und ihr ihre Erfahrungen absprachen, vorausgegangen.[94] Im selben Jahr beging Ella Nik Bayan öffentlich Suizid – sie war in ihrem Alltag permanent mit Rassismus und Transfeindlichkeit konfrontiert, auch die Berichterstattung nach ihrem Tod machte davor keinen Halt.[95] Femi(ni)zidale Suizide bzw. transizidale Suizide (siehe Kapitel 5.7) müssen im Kontext patriarchaler Gewaltverhältnisse verortet werden. Zugleich zeigen gerade diese Beispiele, dass sie meist nur dann medial thematisiert werden, wenn es sich um Personen handelt, die aus welchen Gründen auch immer bereits in der Öffentlichkeit stehen oder den Selbstmord im öffentlichen Raum begehen. Des Weiteren machen Feminist*innen in diesem Kontext auf die (Re)Produktion patriarchaler Gewalt im digitalen Raum aufmerksam, welche bestehende und erlebte Gewalterfahrungen verstärken kann.[96]

Außerdem muss erwähnt werden, dass patriarchale Gewalt krank macht, so sterben betroffene FLINTAs zwar oftmals vermeintlich eines natürlichen Todes, letztlich ist dieser jedoch auf die Gewaltverhältnisse, denen sie ausgesetzt waren, zurückzuführen. Gerade der Umstand, dass auch diese Formen femi(ni)zidaler Gewalt bislang kaum öffentlich thematisiert oder beforscht werden und entsprechend nicht in Statistiken aufscheinen, erschwert ihre Politisierung, macht diese zugleich aber umso notwendiger.

94 Kali Feminists (2022): »Was ist ein feminizidaler Suizid?«. URL: https://www.facebook.com/218und219awegstreiken/posts/896517687725788

95 Kali Feminists (2021): »Statement feminizidaler Suizid am Alexanderplatz«. URL: https://www.facebook.com/218und219awegstreiken/posts/829306181113606

96 Siehe u. a. Pabst, Silvia / Neumann, Ella (2021): »Der Tod von Kasia Lenhardt – ein feminizidaler Suizid?« In: *Die Freiheitsliebe*. URL: https://diefreiheitsliebe.de/gesellschaft/der-tod-von-kasia-lenhardt-ein-feminizidaler-suizid/

Infantizide

Ein weiteres komplexes Thema bilden Infantizide und die Frage, ob es einen Unterschied macht, welches Elternteil die Kinder ermordet und welches Geschlecht die ermordeten Kinder haben. In der Fachliteratur werden Tötungen von Kleinkindern innerhalb der ersten 24 Stunden nach der Geburt als Neonatizid, bis zur Vollendung des ersten Lebensjahres als Infantizid, danach als Filizid gefasst. Der Begriff Infantizid setzt sich aus den lateinischen Wörtern *infans* (Kind) und *-cidere* (töten) zusammen. Seine Verwendung unabhängig von den unterschiedlichen Altersgruppen ist bis heute am weitesten verbreitet. Bei pränatalen Geschlechtsselektionen wiederum werden Föten mit weiblichen Geschlechtsmerkmalen systematisch abgetrieben bzw. deren Geburten reguliert.

Auch Neonatizide, Infantizide und Filizide sowie systematische Geschlechtsselektionen stehen im Zusammenhang mit patriarchalen Macht- und Herrschaftsverhältnissen und müssen im Kontext femi(ni)zidaler Gewalt begriffen werden. Kinder, denen ein weibliches Geschlecht zugewiesen wird, werden deutlich häufiger ermordet.[97] Das hängt oft damit zusammen, dass in als männlich gelesene Kinder größere (ökonomische) Hoffnungen gesetzt werden, dass diese später Geld verdienen oder sich zumindest besser durchschlagen können und somit keine finanzielle Belastung darstellen.[98] In anderen Fällen wiederum sind Infantizide auf misogyne Rachemotive zurückzuführen, beispielsweise wenn die Täter mit der Tötung der Kinder ihre (Ex-)Partner*innen »bestrafen« bzw. erniedrigen wollen. Neben gewaltvollen Trennungs-

97 o. A. (o. J.): »What is female infanticide?« In: *the pixel project*. URL: https://www.thepixelproject.net/vaw-facts/about-female-infanticide/. Die Häufigkeit weiblicher Infantizide hat in bestimmten Ländern zu einem deutlichen Männerüberschuss geführt.

98 o. A. (o. J.): »Female infanticide in India and China«. In: *gendercide.org*. URL: https://www.gendercide.org/case_infanticide.html.

situationen sind besonders schwangere Personen vermehrt von Gewalt durch ihre Partner betroffen (Clemm 2020, 123), die sich auf die Überlebensfähigkeit des Fötus auswirken kann. Wenig bis kein Wissen gibt es über Tötungen von intergeschlechtlichen Kindern. Die verbreitete und gesellschaftlich weitgehend akzeptierte Praxis, das Geschlecht dieser Kinder bereits kurz nach der Geburt durch operative Eingriffe an das binäre Geschlechtersystem anzupassen, verdeutlicht nicht nur den brutalen Zwang zur Vereindeutigung, sondern lässt auch vermuten, dass der gewaltvolle Umgang mit Intergeschlechtlichkeit bereits im Kindesalter zu Tötungen führen kann.

Anlass für Diskussionen im Rahmen von CTS gab ein Fall, bei dem eine Mutter zuerst ihre vierjährige Tochter und dann sich selbst ermordet hatte. Nachdem in den Medien keine möglichen Motive für diesen Fall genannt wurden, sollen auch hier keine Spekulationen angestellt werden. Auffallend ist dennoch, dass kein einziges Medium von einem »erweiterten Suizid« sprach. Einem Bericht in Der Standard[99] zufolge sind mit 72 Prozent »die meisten tötenden Elternteile Mütter«, »[b]ei einem Drittel der Filizide folgte auch ein Suizid«, zudem seien viele der Täter*innen aufgrund ihrer Gewaltgeschichte bereits amtsbekannt. Die für den Beitrag interviewten Expert*innen, die forensische Psychologin Sabine Amon und die Psychiaterin Claudia Klier, erwähnen auch »homicidal-suicidal fathers«, die rund 17 Prozent der Fälle ausmachen und zumeist »in der Familie eine Vorgeschichte von Gewalt« aufweisen. »Drei Viertel dieser Männer töten sich nach dem Filizid auch selbst.« Weitere elf Prozent werden von Elternteilen verübt, »die zu impulsiven, gewalttätigen Handlungen neigen, das Kind zuvor schon misshandelt hatten«, »28 Prozent sind Alleinerzieherinnen und (wenige) Alleinerzieher, die bei der Tat nüchtern sind – auch sie sind meistens amtsbekannt«. Als Gründe, warum FLINTAs entsprechende Morde begehen,

99 Breit, Lisa / Fellner, Sebastian (2021): »Warum töten Eltern ihre Kinder – und wie kann man das verhindern?« In: *DerStandard*. URL: https://www.derstandard.at/story/2000125629262/warum-toeten-eltern-ihre-kinder-und-wie-kann-man-das

führen die Expert*innen u.a. die Überforderung an, den normativen Vorstellungen eines glücklichen Familienlebens zu entsprechen, beispielsweise bei FLINTAs, bei denen die »erwartete Erfüllung durch die neue Mutterrolle [...] meist nicht eingetreten« ist. Die bereits genannten Expert*innen sprechen in diesen Fällen, die rund ein Viertel der Taten ausmachen, von »prosocial, psychotic parents«. Die gesellschaftliche Tabuisierung von Schwierigkeiten mit dem eigenen Familienleben und der daraus resultierenden Unmöglichkeit, eigene Unzufriedenheiten zu besprechen, würden in manchen Fällen zu Psychosen führen.

In einem Fall, in dem ein Vater seine beiden Töchter erstickt und erwürgt hatte, entschied Claim the Space sich dafür, auf die Straßen zu gehen und die Taten als Femi(ni)zide zu politisieren. Dass der Täter einen »massiven Überforderungszustand« für sein Handeln anführte, gibt Aufschluss über die vergeschlechtlichte Verteilung von Care- und Sorgearbeiten, die von FLINTAs tagtäglich auch unter Mehrfachbelastungen übernommen werden, während viele Männer dieselben Tätigkeiten als Überanstrengung wahrnehmen. Mit Überforderung nicht anders als mit extremer Brutalität und Gewalt umgehen zu können, kann dabei im Zusammenhang mit hegemonialen Männlichkeitskonstruktionen gesehen werden, die keinen Raum für Schwäche oder andere Bewältigungsstrategien lassen. Der Täter hatte eigentlich vor, sich nach der Tat ebenfalls das Leben zu nehmen, um im Himmel »ohne Druck und ohne Belastung mit ihnen spielen«[100] zu können, wie er bei seinem Prozess angab.

100 o. A. (2021): »20 Jahre Haft für Tiroler Vater wegen Mord an kleinen Töchtern«. In: *Kurier*. URL: https://kurier.at/chronik/oesterreich/kinder-tirol-getoetet-vater-pro zess/401455348

Femi(ni)zide im Namen sogenannter Ehre

Im Rahmen der Diskussionen von Claim the Space wurden rassistische Instrumentalisierungen von Femi(ni)ziden immer wieder problematisiert, und so sind wir auch in diesem Buch darauf eingegangen, wie bestimmte Morde rassifiziert und auf besondere Weise in den Medien verhandelt werden. Ein zentrales Anliegen von CTS und von uns als Autor*innen ist es, kontextspezifische Unterschiede und Differenzen von Gewalt nicht auszublenden oder zu nivellieren. Wie in Kapitel 3 mit Lugones und Segato diskutiert, betrifft patriarchale Gewalt in ihrer normierenden Weise alle Menschen, aber in einem neokolonialen und kapitalistischen Herrschaftsgefüge alle auf unterschiedliche Weise. Im Anschluss an Castro Varela und Nikita Dhawans Text »Die Migrantin retten?!« (2016) begreifen wir Geschlechterverhältnisse und -politiken als funktional für die ideologische Legitimierung von kolonialen Macht- und Herrschaftsverhältnissen einerseits und für die Konstitution von Identitäten in nationalistischen Politiken andererseits. Die Dynamiken um die Kulturalisierung und rassistische Instrumentalisierung von patriarchaler Gewalt sind laut Varela und Dhawan nicht ohne die Analyse von globalen Ungleichheiten sowie postkolonialen Kontinuitäten erfassbar. Ein intersektionales Verständnis impliziere nicht nur das Aufdecken rassistischer Diskurse für die Externalisierung von Gewalt, sie fordere auch eine Benennung von spezifischen Formen von Gewalt beispielsweise in migrantisierten Communitys, um (u. a. staatliche) verletzungsgefährdende Strukturen, denen migrantisierte und rassifizierte FLINTAs ausgesetzt sind, benennen zu können.

Demnach finden wir es wichtig, die Thematik aufzugreifen, damit verbundene rassistische Diskurse zu kritisieren und uns die Frage zu stellen, wie intersektionale feministische Positionen aussehen können, die weder die Spezifika bestimmter Femi(ni)zide herunterspielen, noch

Gefahr laufen, rassistische Narrative zu reproduzieren. Ein Diskurs kam vor allem im Gespräch mit migrantischen Genoss*innen und in der eigenen Erfahrung mit sozialer Arbeit zur Sprache: Femi(ni)zide, die im Namen sogenannter Ehre begangen und diskutiert werden. Dieser Abschnitt kann nur einen Teil der Thematik abdecken und konzentriert sich vor allem auf eine Diskussion hinsichtlich ihrer Legitimationsmuster – die spezifischen Formen von Gewalt, denen migrantisierte und rassifizierte FLINTAs ausgesetzt sind, müssen dringend in weiteren Projekten untersucht werden.

Im Folgenden gehen wir zuerst auf den rassistischen Diskurs ein, der im Zusammenhang mit dem Begriff der »Ehre« geführt wird, diskutieren Gemeinsamkeiten unterschiedlicher Verständnisse von »Ehre« und stellen diese im Anschluss in einen größeren Kontext von Kontroll- und Besitzlogiken. Zudem zeigen wir auf, dass Femi(ni)zide im Namen sogenannter Ehre ein globales Problem darstellen und als solches bekämpft werden müssen.

Wir verwenden die Bezeichnung *Femi(ni)zide im Namen sogenannter Ehre* im Sinne eines Arbeitsbegriffs, da uns aktuell kein treffenderer bekannt ist, der sowohl die patriarchale Legitimierungsweise als auch die rassistische Vereinnahmung sichtbar macht. Anders als sogenannte Eifersuchtstaten, die mit dem Erklärungsmuster »zu große Liebe« die vergeschlechtlichten Komponenten der Taten verschleiern und beschönigen, werden Femi(ni)zide im Namen sogenannter Ehre zumeist von Beginn an im Kontext geschlechtsbezogener Gewalt diskutiert. In der globalen Diskussion über geschlechtsbezogene Gewalt wird oft der Begriff »Ehrenmorde« verwendet, den wir zum einen aufgrund seiner rassistischen Konnotation und zum anderen hinsichtlich der Fokussierung auf Legitimationsmuster der Täter ablehnen. Die von uns gewählte Bezeichnung klingt zwar sperrig, ermöglicht es jedoch, deutlich zu machen, dass es sich um femi(ni)zidale Gewalt handelt – schließlich werden die Morde ebenfalls aus geschlechtsspezifischen Motiven verübt, sind Ausdruck fortwirkender patriarchaler Denkmuster und weisen zudem große Ähnlichkeiten mit jenen Femi(ni)ziden auf, die im Nachgang von Trennungen verübt werden.[101] Auch die »Rechtfertigung« der Taten durch gesellschaftliche sowie familiale Strukturen ist bei femi(ni)zidaler Gewalt häufig der Fall.

Wir wollen mit der zweifachen Distanzierung »im Namen der Ehre« und »sogenannter Ehre« einerseits Ehre als Legitimation für Femi(ni)zide kritisieren und andererseits die Konstruktion des Konzepts Ehre an sich in Frage stellen. Angebliche Ehrverletzungen und Wiederherstellungsversuche selbiger werden mit »im Namen der Ehre« als zentrale Legitimationsgrundlage von Morden angeführt – und teilweise auch von Gerichten und Gesetzgebungen als Begründung der Taten anerkannt. Dabei ist uns bewusst, dass die Reproduktion des Ehrbegriffs in diesem Kontext kritisiert wird und die Gefahr mit sich bringt, rassistische Narrative fortzuschreiben. Gerade deswegen erscheint es uns wichtig, den Begriff selbst als »sogenannte Ehre« zum Thema zu machen.

Das von Segato vorgeschlagene Konzept des »Mandats der Männlichkeit« (Segato 2021, 63 ff.) ist in diesem Zusammenhang hilfreich, um zu verstehen, wie die Konstruktion von Ehre mitunter dafür dient, Männlichkeit zu produzieren und aufrechtzuerhalten. Segatos Konzept thematisiert zwei analytische Ebenen, zum einen eine horizontale und zum anderen eine vertikale Dimension der Aufrechterhaltung von

101 Erstaunlich differenziert versucht eine Veröffentlichung des EU Parlaments Femi(ni)zide »according to the perpetrator's behaviour; the relationship with victims; and the broader context of this crime's occurrence« zu klassifizieren. An erster Stelle wird dabei der »Intimate partner femicide« genannt, gefolgt von »Family (non-intimate) femicide«, der in verschiedenen Unterformen spezifiziert wird: »Ehrenmorde«, Mitgiftmorde und die bereits erwähnten Femizid-Suizide. Als weitere Kategorien werden »Femicide in war and conflict settings«, »Female sex selection«, »Witch Hunting« sowie »Other types, in a human rights-based approach« angeführt. Obgleich Feminist*innen, Wissenschaftler*innen sowie in einzelnen Fällen auch Politiker*innen v. a. in Europa, insbesondere Deutschland (siehe u. a. Backes/Bettoni 2021; Goldmann 2020; Kasselt/Oberwittler 2011; Lembke 2021; Yazgan 2014), auf die femi(ni)zidalen Aspekte der Taten hingewiesen haben, werden die Tötungen selten als Femi(ni)zide benannt.

Männlichkeit. Erstere versucht zu benennen, dass als Männer positionierte Subjekte ein Bild von Männlichkeit gegenüber anderen Mitgliedern einer »Bruderschaft« konstruieren, bestätigen und verteidigen. Dieses Bild von Männlichkeit ist u. a. mit einer Vorstellung von sogenannter Ehre verknüpft. Um das Gefühl der Zugehörigkeit zur »Bruderschaft« abzusichern, werden eine Reihe von Symbolen, Gesten und Handlungen angewandt. Damit versuchen, so Segato, männlich positionierte Personen, ihre Machtposition zu legitimieren, während die Körper von FLINTAs zum Feld der Herrschaft werden. Die vertikale Dimension, die Segato anspricht, bezieht sich auf die Disziplinierung, Zensierung und Eindämmung feminisierter Körper – ebenso mit dem Ziel, den Status der Männlichkeit zu bestätigen. Mit diesem Analyseraster werden patriarchale Unterdrückungsformen und die Rolle der Vergeschlechtlichung benannt. Das heißt, dass Weiblichkeit und Männlichkeit im Kontext patriarchaler Verhältnisse konkrete Bedeutungen und Positionen zukommen und Menschen entsprechend dieser zugeschriebenen Geschlechterpositionen und -identitäten (vergeschlechtlicht) sozialisiert werden. Die Absicherung von sogenannter Ehre wird hier zur gefährlichen Legitimation femi(ni)zidaler Gewalt.

Die gesellschaftlichen Debatten, politischen Instrumentalisierungen und unterschiedlichen juristischen Bewertungen (in manchen Kontexten strafmildernd, in anderen rassistisch vereinnahmend) verdeutlichen die Notwendigkeit, sich mit dem Phänomen profunder zu beschäftigen. Entsprechend ist der vorliegende Abschnitt als Diskussionsbeitrag auf der Suche nach passenden Benennungen sowie als Kontextualisierung und Problematisierung der verwendeten Begriffe innerhalb eines andauernden Prozesses zu verstehen.

»Kulturdelikte« und »importierte Gewalt«

In der Auseinandersetzung mit dem Thema müssen zunächst die Begriffe »Ehrenmord«, »Mord aus Gründen der Ehre« oder »für die Ehre« selbst kritisch hinterfragt werden, da sie die Anerkennung des Motivs einer scheinbar notwendigen Wiederherstellung von »Ehre« als Bestrafung von FLINTAs, die sich »unehrenhaft« verhalten hätten, reproduzieren. Dadurch wird, wie beispielsweise auch vom AK Fe.In (2019) betont, »unhinterfragt die frauen*verachtende Rechtfertigung« übernommen. Eine weitere Schwierigkeit in der Beschäftigung mit dem Thema ergibt sich aus dem Umstand, dass in der medialen, politischen wie auch gesellschaftlichen Debatte über Femi(ni)zide, die von nicht-*weißen* bzw. nicht-autochthonen Männern verübt werden, oftmals der kulturelle bzw. ethnische Hintergrund der Täter überbetont und die Motive der Taten in selbigen gesucht werden. So kritisiert das AK Fe.In, dass gerade in »der medialen Berichterstattung des weißen, deutschsprachigen Mainstream-Diskurses« ähnliche Taten, wenn sie durch *weiße* deutsche oder österreichische Männer verübt werden, nicht selten als »Eifersuchtsdrama«, »Familientragödie« oder »erweiterter Suizid« verharmlost werden. »Wenn allerdings der Täter nicht weiß und deutsch ist, wird, sofern es eine Beziehung zwischen Opfer und Täter gab, oft ein ›Ehrenmordmotiv‹ unterstellt und sowohl das Delikt als auch eine verkürzte, imaginierte Motivlage genannt« (AK Fe.In 2019, 96 f.). Eine Problematisierung des hinter den Femi(ni)ziden stehenden Besitz- und Kontrolldenkens, der toxischen Männlichkeitskonstruktionen und patriarchalen Rollenmuster findet folglich zumeist nur statt, wenn es sich bei den Tätern um als »fremd« markierte Männer handelt. Gleichzeitig wird durch diese rassistische Zuschreibung und einseitige Problematisierung eine Abgrenzung zur vermeintlich »eigenen«, »aufgeklärten« Gesellschaft geschaffen und die dort stattfindende Gewalt negiert.

Anders als in Deutschland, wo Femi(ni)zide, die als »Ehrenmorde« bezeichnet werden, zu jenen Morden zählen, die durch landesweite, überproportionale Berichterstattung medial und politisch am sichtbarsten gemacht werden, spielen entsprechende Debatten in Österreich kaum eine Rolle. So wird das Thema – nicht zuletzt aufgrund der wenigen (bekannt gewordenen) Fälle – in den Medien und der Politik eher abstrakt verhandelt, beispielsweise neben Kopftuch, Zwangsverheiratungen oder FGM (Weibliche Genitalverstümmelung) im Rahmen jener Diskussionen, die mit dem rassistischen Label »Kulturdelikte« oder »importierte patriarchale Gewalt« geframt werden. Gerade in diesen Diskursen wird der Begriff »Ehrenmorde« als politischer Kampfbegriff eingesetzt und ein bestimmtes Verständnis von Patriarchat konstruiert, das als grundlegende Differenz zur vermeintlich »eigenen« wahlweise österreichischen, deutschen, europäischen Gesellschaft dargestellt wird. Im Anschluss an Kapitel 3 lässt sich das aus einem österreichischen oder deutschsprachigen Kontext mit der Gewalt und Ethnisierung der Täter (und auch Ermordeten) erklären, wodurch die herrschenden patriarchalen Strukturen verschleiert oder unsichtbar gemacht werden sollen.

In diesem Sinne müssen, um den rassistischen Diskurs zu problematisieren, zu dekonstruieren und vor allem nicht zu reproduzieren, der Begriff und die Zuschreibung von »Ehre« grundlegend hinterfragt werden. Ausverhandlungen von und Bezüge auf Ehre sind im Alltag vieler Gesellschaften weltweit tief verankert und so auch im deutschsprachigen Raum – sei es durch Kalendersprüche, die zahlreichen Ehrenmäler, die zumeist an (problematische) alte *weiße* Männer (Ehrenmänner), Nationalsozialist*innen (»Unsere Ehre heißt Treue«) und/oder Kolonialherren (z. B. in Berlin »zu Ehren des Begründers des deutschen Kolonialwesens«) erinnern, Ehrenauszeichnungen wie Ehrenmitglieder oder -präsidenten, die Ehre, besondere Aufgaben zu übernehmen, oder dem Vorwurf, keine Ehre zu haben. Diese Omnipräsenz und überwiegend positive Deutung verschiedener Ehrvorstellungen erschwert letztlich die Problematisierung des Begriffs an sich, wenngleich nicht alle Ehrverständnisse gesellschaftlich gleich akzeptiert werden bzw. ihre Anerkennung oder Ablehnung stets kontextgebunden ist. Aus den bisher beschriebenen Diskussionen, Gesetzgebungen und juristischen Praxen lässt sich ablesen, dass das Konzept der »Ehre« sowohl eine zentrale Rolle für Identitätskonstruktionen innerhalb der beschriebenen binär-hierarchischen Geschlechterordnung einnimmt als auch bei der konkreten Ausgestaltung von vergeschlechtlichten, sozialen Beziehungen. Wenngleich die konkreten Ehrverständnisse dabei sehr unterschiedlich ausfallen können, verbindet sie wohl der geteilte Grundgedanke, dass nicht alle Menschen automatisch und dauerhaft mit Ehre ausgestattet sind, sondern diese erst durch – für den jeweiligen Kontext unterschiedlich definiertes – ehrenhaftes Verhalten hergestellt und für die Ausschmückung der eigenen Identität herangezogen werden kann. Dass der Besitz von Ehre nie dauerhaft abgesichert ist, sondern immer wieder erneut unter Beweis gestellt bzw. verteidigt werden muss, macht ihn zu einem sehr prekären Identitätspfeiler, der gerade durch die enge Verzweigung von Männlichkeit und Ehre viel Gewaltpotential in sich birgt. Ein Angriff auf die eigene »Ehre« wird von vielen Männern gleichzeitig als Bedrohung der eigenen Männlichkeit und Identität interpretiert – im rechten Denken damit verbunden auch als Schwächung der Wehrhaftigkeit beispielsweise zur Verteidigung von Volk und Vaterland oder religiöser Werte. Je stärker die eigene Identität an die beschriebenen Vorstellungen von Ehre geknüpft ist, desto vehementer wird sie zumeist auch verteidigt. Für Rechtsextreme sind Männlichkeiten, Kameradschaft und Wehrhaftigkeit ebenso stark mit Ehrvorstellungen verbunden.

Ob FLINTAs innerhalb solcher Diskurse zu Ehre »fähig« sind und diese nach außen hin (selbst) verteidigen können, wird durchwegs unterschiedlich verhandelt. Insgesamt lässt sich aber sagen, dass bei FLINTAs nicht von der Existenz einer eigenständigen Ehrfähigkeit ausgegangen wird. Dementsprechend wird sie im Sinne patriarchaler Zugehörigkeits- und Besitzlogiken nicht selten an größere Zusammenhänge wie Familienstrukturen, Gemeinschaften oder das Volk gekoppelt. Verhalten sich FLINTAs »unehrenhaft«, indem sie beispielsweise gegen die Regeln, Werte und Normen dieser Zusammenhänge verstoßen, kann dies als Schande für die oder eben als Zerstörung der Ehre der jeweiligen

Struktur gewertet werden und zu ihrem Ausschluss führen. Während sich manche Betroffene ohnehin nicht mit den jeweiligen Kollektiven identifizieren bzw. diese vielleicht auch freiwillig verlassen (können), sind andere in ähnlichen Situationen massiver Gewalt ausgesetzt, die bis zur Tötung von FLINTAs führen kann. Darin spiegeln sich die patriarchalen Besitz- und Kontrolllogiken wider, welche im binär-hierarchischen Geschlechterverhältnis verankert sind und über Ausübung von Gewalt abgesichert werden. Da »Männlichkeit« aus einem Dominanzverständnis und -verhältnis heraus entsteht und zugleich die Vorstellung von Verfügungsmacht über andere, abgewertete besteht, wie wir in Kapitel 3 argumentiert haben, wird dadurch nicht nur ein hierarchisches Verhältnis, sondern auch die damit verbundene Gewaltausübung zu seiner Aufrechterhaltung legitimiert.

Straftatbestand »Ehrenmord«

Trotz zahlreicher Gemeinsamkeiten unterschiedlicher Ehrverständnisse werden im Diskurs über Femi(ni)zide im Namen sogenannter Ehre nicht nur rassistische Bilder und Ängste bedient, die sich hervorragend von konservativen, rechten und rechtsextremen Gruppierungen und Parteien instrumentalisieren lassen, sondern die entsprechenden Zuordnungen führen in der Regel auch zu unterschiedlichen juristischen Bewertungen. »Ehrenmörder erhalten im Durchschnitt nicht geringere, sondern deutlich höhere Freiheitsstrafen als etwa Männer, die ihre Partnerin oder Ex-Partnerin umgebracht haben«, schreibt die Juristin Julia Kasselt (Kasselt/Oberwittler 2011). In einem Kommentar in Die Zeit fordert Ulrike Lembke (2021) eine Änderung der unterschiedlichen Bestrafung von »Ehrenmorden« und »Trennungstötungen« ein, da dadurch »patriarchale Strukturen nicht erkannt oder nur ›Fremden‹ zugeschrieben« werden. Sie kritisiert dabei, dass Gerichte nicht selten »großes Einfühlungsvermögen für den verlassenen Mann, seine ›Verlustangst‹, seine Wut, seine ›Verzweiflung‹, seine ›Sorge um die

Kinder‹, seinen zerstörten Lebenstraum« zeigen und dadurch immer einen »nachvollziehbaren Beweggrund« finden, »welcher es erlaubte, in einer Gesamtbewertung die Verwerflichkeit der Tat auszuschließen«. Zur entsprechenden gerichtlichen Praxis zählt etwa die Überprüfung, wer sich von wem getrennt oder ob die betroffene Person Gründe für die Eifersucht geliefert hatte. Auch Lembke unterstreicht den gänzlich anderen Umgang mit nicht-*weißen* Tätern, die kaum auf vergleichbares Verständnis oder Empathie bauen können und in deren Fällen »verachtenswertes ›Besitzdenken‹ und illegitimer privater Herrschaftsanspruch« bei der Bewertung der Taten herangezogen werden. Diese werden jedoch nicht etwa aus der patriarchalen Verfasstheit der Gesellschaft abgeleitet, sondern in der Regel an den (zugeschriebenen) kulturellen, ethnischen oder religiösen Hintergründen der Täter festgemacht. Der United Nations Population Fund (UNFPA) schätzt die Anzahl weltweit verübter Femi(ni)zide im Namen sogenannter Ehre auf rund 5.000 jährlich.[102] Valide Zahlen gibt es jedoch nicht, da zahlreiche dieser Morde weder gemeldet noch ausreichend dokumentiert werden und zudem straflos bleiben.

Die beschriebenen Gerichtspraktiken, die Tötungen nach einer Trennung nicht entsprechend bestrafen und Verständnis für die Täter aufbringen, sind eine globale Problematik. So werden in zahlreichen Ländern entsprechende Taten als »Morde aus Leidenschaft« bzw. »Straftaten aus Leidenschaft« verhandelt und sind teilweise sogar in Strafgesetzbüchern verankert. Darauf verweist beispielsweise der »Report of the Special Rapporteur on Violence against Women« (2001): »In many societies, wife murder cases (but not husband murder cases) soon came to be defended as crimes of passion. The emphasis in such cases was placed not on the nature of the crime itself, but on the degree to which

102 Während Expert*innen die Anzahl von verübten sogenannten Ehrenmorden in Deutschland auf drei bis zwölf Fälle pro Jahr schätzen, gibt es für Österreich keine Zählungen.

the husband intended to commit it.«[103] Zudem wird erwähnt, dass sich »Verteidigungen der Ehre« – teilweise oder vollständig – in den Strafgesetzbüchern von Peru, Bangladesch, Argentinien, Ecuador, Ägypten, Guatemala, Iran, Israel, Jordanien, Syrien, Libanon, der Türkei, dem Westjordanland und Venezuela finden. Noch 2012 berichtete beispielsweise die größte Tageszeitung Spaniens, El País, darüber, dass sechs Bundesstaaten der Republik Mexiko in ihren Strafgesetzbüchern an der Einstufung bestimmter Verbrechen als »Ehrenmorde« (homicidios por »razón de honor«) festhalten, die eine Strafmilderung für den Täter vorsehen, wenn der Mann zum Beispiel »seine Ehefrau beim Geschlechtsakt oder kurz vor dessen Vollzug überrascht und sie tötet«.[104] Das in diesen Fällen verhängte Strafmaß fällt zumeist sehr niedrig aus. In der mexikanischen juristischen Handhabe kommen folglich Vorstellungen von Besitzdenken, angeblich verletzter »Ehre«, Leidenschaft und Affekthandlungen zusammen und veranschaulichen einmal mehr den engen Zusammenhang dieser »Motive«. Die erwähnten Beispiele verdeutlichen zudem nicht nur, dass Femi(ni)zide im Namen sogenannter Ehre, sondern insbesondere jene, die im Nachgang von Trennungen verübt werden, an unterschiedlichen Orten der Welt ein Problem darstellen und Staaten sowie Gerichte als ihre Exekutivorgane maßgebliche Beihilfe zu diesen Taten leisten – sei es durch Legitimationsstrategien, Straflosigkeit oder fehlende Prävention.

103 Coomaraswamy, Radhika (2002): »Report of the Special Rapporteur on Violence against Women, Its Causes and Consequences«. In: *UN Digital Library*. URL: https://digitallibrary.un.org/record/459009#record-files-collapse-header

104 Chouza, Paula (2012): »Feminicidio ›por honor‹«. In: *El País*. URL: https://elpais.com/sociedad/2012/03/05/actualidad/1330981386_402961.html

Femi(ni)zide im Namen sogenannter Ehre im Kontext femi(ni)zidaler Gewalt thematisieren

Es wäre zu einfach, die Diskussion von Femi(ni)ziden, die im Namen sogenannter Ehre verübt werden, mit anderen Femi(ni)ziden gleichzusetzen, ohne die Spezifika dieser Diskurse um »Ehre« zu betrachten. Insofern stellt sich beispielsweise die Frage, wie der verharmlosende und strafmildernde Umgang mit sogenannten Trennungstötungen, also Femi(ni)ziden, die nach einer Trennung verübt werden, mit Femi(ni)ziden im Namen sogenannter Ehre ins Verhältnis gesetzt sowie gemeinsam politisiert und bekämpft werden können. In unserer Beschäftigung mit der Thematik stehen wir (als Autor*innen dieses Buchs) relativ am Anfang und auch kollektive Auseinandersetzungen im Kontext von CTS stehen (zumindest, soweit wir beteiligt waren) noch aus, um tatsächlich Umgangsformen in der Politisierung zu finden und nicht postkoloniale Machtstrukturen weiter zu bestätigen.

Unter den Vorzeichen der rassistischen Verfasstheit der Gesellschaft ist es kein einfaches Unterfangen, bestimmte Mechanismen oder Spezifika femi(ni)zidaler Gewalt zu thematisieren und zu politisieren, die so stark rassistisch vereinnahmt und konnotiert sind. Wir sind aber überzeugt davon, dass eine intersektionale feministische Perspektive gleichermaßen die rassistischen Vereinnahmungen ausgewählter Femi(ni)zide als auch die Spezifik von Femi(ni)ziden im Namen sogenannter Ehre problematisieren muss. Erst durch ihre Sichtbarmachung wird es möglich, die Gemeinsamkeiten unterschiedlicher Formen femi(ni)zidaler Tötungen aufzuzeigen. So bedarf es klarer Differenzierungen, um wirksame Gegenstrategien und Prävention entwickeln zu können. Zu den Besonderheiten zählen beispielsweise, dass Femi(ni)zide im Namen sogenannter Ehre nicht ausschließlich von (Ex-)Partner*innen, sondern in der Regel von anderen Familienangehörigen wie Brüdern, Vätern oder Onkeln verübt werden. In einzelnen Fällen sind auch FLINTAs an den Taten beteiligt, wobei hier erwähnt werden muss, dass allgemein familiäre bzw. gesellschaftliche Strukturen in vielen Fällen femi(ni)zidaler Gewalt eine diese »schützende« oder »schweigende« Rolle einnehmen, beispielsweise indem Verwandte von Gewaltverhältnissen wissen, jedoch nichts gegen diese unternehmen oder diese sogar akzeptieren. Die Bezugsrahmen und Inhalte der jeweiligen Wert- und Ehrvorstellungen können sich aber je nach sozialem Umfeld unterscheiden, beispielsweise ob der Verlust der angeblichen Ehre einer ganzen Familie imaginiert wird. Sie haben ihren Ursprung jedoch in jedem Fall in patriarchalen Strukturen, das heißt in Dominanzansprüchen gegenüber FLINTAs, in Besitz- und Kontrolllogiken, in der Verteidigung der eigenen (männlichen) Position. Wie bereits erwähnt, finden sich in diversen (kulturellen, gesellschaftlichen) Kontexten fragile Verbindungen von bestimmten Männlichkeitskonstruktionen mit Ehrvorstellungen oder damit vergleichbaren Werten und Idealen wie männliche Kontrolle, Härte, Stärke, Autorität und Macht, die gemäß der ihr inhärenten Logik nach außen hin verteidigt werden müssen und deren Verletzung, Bedrohung oder Infragestellung nicht selten als Legitimation von Femi(ni)ziden angeführt werden. Gerade darin zeigt sich die Doppelmoral dieser Ehrvorstellungen: »Während die Beteiligten die Achtung ihrer Ehre einfordern, beachten sie selbst nicht die Ehre anderer. [...] Aus der skizzierten Doppelmoral der Ehre wurde hingegen aufgezeigt, dass die Ehre in dieser Hinsicht nur als Deckmantel dient, um einerseits den eigenen Bedürfnissen nachzukommen und andererseits dem sozialen Ansehen innerhalb des patriarchalischen Umfeldes nicht zu schaden. Dadurch suggeriert der Täter, dass seine Beweggründe ein hehres Ziel darstellen« (Tiz 2022, 179). Im Festhalten an patriarchalen Wertvorstellungen wie einer vermeintlich natürlichen binär-hierarchischen Geschlechterordnung und daraus abgeleiteten Geschlechterrollen zeigt sich erneut der Zusammenhang zu anderen Formen von Femi(ni)ziden, insbesondere jenen nach einer Trennung. Auf die strukturellen Ähnlichkeiten weist Enis Tiz (2022, 211) auch hin: »Die Tatmotivation ist bei einem Ehrenmord und einer Intimpartnertötung regelmäßig identisch, da Eifersucht und Besitzdenken gegenüber der Frau bei beiden Delikten geläufig sind.« Gemeinsam ist den Taten zudem, dass ihnen meist eine längere Geschichte vergeschlechtlichter Gewalt vorausgeht und sie daher in einem Kontinuum patriarchaler Gewalt gesehen werden müssen, sie wie alle Femi(ni)zide patriarchalen Logiken folgen und in diese eingebettet sind. Dementsprechend muss einmal mehr die Unterscheidung zwischen »Ehrenmorden« und »Trennungstötungen« auf ihre rassistischen Implikationen hin kritisiert werden.

Ausgehend von unseren Überlegungen wollen wir zusammenfassend festhalten, dass ein intersektionales, feministisches Verständnis von und ernstzunehmendes Engagement gegen Femi(ni)zide im Namen sogenannter Ehre, die Ursachen nicht in den jeweiligen »Kulturen«, sondern in patriarchalen Verhältnissen suchen muss, um dadurch die Gemeinsamkeiten und Spezifika unterschiedlicher Formen von femi(ni)zidaler Gewalt sichtbar machen und den gleichen gesellschaftlichen, politischen und juristischen Umgang einfordern zu können. Das bedeutet aktuell insbesondere die rassistische Gerichtspraxis sowie die Verschleierung der »Tödlichkeit patriarchaler Normen« hierzulande anzuprangern, um wirksam dagegen vorgehen zu können. Zudem braucht es eine globale Perspektive sowie globale Strategien, um gegen femi(ni)zidale Gewalt vorzugehen. Der rassistisch instrumentalisierende Charakter wird nämlich auch dann deutlich, wenn sich entsprechende Akteur*innen auf die Forderung beschränken, dass Femi(ni)zide nur im jeweiligen nationalen Kontext und ausschließlich durch rassistische Politiken wie Abschiebungen bekämpft werden sollen.

Lesbizide

Aus einer intersektionalen feministischen Perspektive politisiert Claim the Space Gewalt an Frauen, Lesben, inter, nichtbinären, trans und agender Personen (FLINTAs), um möglichst viele Gewaltformen benennen zu können, die verschiedene Identitätspositionen unterschiedlich betreffen. Mit dem Akronym FLINTA wird versucht, die Spezifität der Gewalt zu begreifen, die beispielsweise als cis Frauen gelesene Personen anders als trans Personen erfahren. Zugleich stellt der Begriff aber auch einen kämpferischen Begriff dar, mit dem versucht wird, Gemeinsamkeiten für einen politischen Kampf zu formulieren. Wie eingangs im Buch ausgeführt, verstehen wir die Identitätskategorien, die damit benannt werden, als fluide und sozial konstruiert. So sind auch diese sechs Buchstaben vorläufig und unabgeschlossen.

In der Auseinandersetzung mit Femi(ni)ziden finden wir es wichtig, uns nicht nur auf die Gemeinsamkeiten zu konzentrieren, sondern auch die Spezifika immer mitzudenken. Deshalb versuchen wir in diesem und dem nächsten Kapitel zu Transiziden, einzelne Debatten abzubilden und Gedanken und Überlegungen, wenn auch sehr begrenzt, in die Reflexion einzuführen. Auch bei CTS wird immer wieder diskutiert, was eigentlich genau mit FLINTA gemeint ist und wie sich Gewaltformen unterscheiden, während möglichst viele Erfahrungen gemeinsam politisiert werden sollen. Es stellt sich oft die Frage, wie sich CTS kollektiv mit den spezifischen Gewaltformen und Betroffenheiten beschäftigen und diese politisieren kann, um Homogenisierungen oder Vereinfachungen mit dem Begriff FLINTA zu vermeiden bzw. ihnen entgegenzuwirken. Im Folgenden ein paar Überlegungen und Debatten zum »L« in FLINTA: Lesben.

Dieser Buchstabe verschwindet manchmal aus Benennungen, u. a. mit dem Argument, dass es sich bei der Aufzählung um Geschlechtsidentitäten und nicht Begehrensformen handle. Demnach würden Lesben Frauen sein und sich im F (für Frauen) und/oder T (für trans

Frauen) wiederfinden. Die Beibehaltung dieses »L«s in FLINTA ist jedoch nicht nur dadurch begründet, dass wir dieser Argumentation inhaltlich nicht zustimmen, da Personen, die sich als Lesben identifizieren, damit eine eigene Identitätsposition abgesprochen wird, und diese verkennt, dass die Kategorie »Frau« sich nicht für alle sich als Lesben Identifizierenden gleichermaßen eignet. Zudem verorten wir die Positionierung als Lesbe auch als kämpferische Subjektivität, deren Geschichte wir nicht unsichtbar machen möchten. Die spezifischen Erfahrungen, die lesbische, queere oder auch queere lesbische Menschen (diese Identitätskategorien sind nicht starr) im Vergleich zu anderen sich als Frauen identifizierenden Personen machen, sind oft gewaltvoll. Durch die Diskussion zeigt sich, dass nicht alle (geschlechtlichen) Identitäten im Kontext der Politisierung von Femi(ni)ziden gleich vertreten werden bzw. intensive Auseinandersetzungen in Bezug auf die Präsenz oder Unsichtbarmachung dieser Identitäten ein Teil der Diskussionen gewesen ist. CTS musste zwar seit Beginn der Proteste keinen Lesbizid politisieren, diese Morde spielen aber global sehr wohl eine Rolle.

Der Begriff Lesbizid als eigenständige Unterkategorie von Femi(ni)-ziden wird im wichtigen und bereits mehrfach zitierten Grundlagenwerk über Femi(ni)zide, »The Politics of Women Killing« (Radford/Russell 1992), eingeführt. In der Literatur lässt sich alternativ dazu auch die Beschreibung entsprechender Morde als homofeindliche Femi(ni)zide oder Lesbizid-Femi(ni)zid finden. Der Begriff dient dazu, jene Femi(ni)zide zu benennen, in denen Lesben und/oder Geschlechteridentitäten, denen zugeschrieben wird, lesbisch zu sein, ermordet werden – sowohl aufgrund ihrer lesbischen Sexualität/Identität als auch als »Strafe« für ihren Ausbruch aus der Heteronormativität, oft auch in Verbindung mit vermeintlich »korrigierenden« Maßnahmen (wie beispielsweise corrective rape). Ruthann Robson (1992, 40) verweist im Kapitel »Legal Lesbicide«, dass »[m]any legal systems have authorized death as an appropriate punishment for lesbian sexuality«. Sie trägt dafür Beispiele der Bestrafungssysteme von lesbischer Sexualität aus dem antiken Rom, dem mittelalterlichen Europa oder Mexiko vor der Conquista zusammen, verweist aber darauf, dass »the discoverable instances of lesbicide almost certainly do not accurately reflect the true numbers of legally sanctioned murders of women for lesbian acts« (ebd., 41). Die Diskussion über Lesbizide sei zudem unvollständig ohne den Verweis auf die von uns bereits erwähnte Hexenverfolgung: »Authorities and popular opinion linked witchcraft, heresy and homosexuality« (ebd., 42).

Lesbizide und die Kriminalisierung von Homosexualität

Lesbizide haben eine lange Geschichte. In zahlreichen Rechtssystemen waren/sind die Tötungen von Lesben oder Personen, die als Lesben gelesen werden, ebenso wie Ermordungen von anderen nicht den heterosexuellen Normen entsprechenden Menschen, entweder legal oder blieben/bleiben zumindest straflos, weil Homosexualität selbst unter Strafe stand/steht. Aus dem »Spartacus Gay Travel Index« (2021) geht hervor, dass in 15 von weltweit 202 Ländern Homosexuellen aktuell die Todesstrafe droht. In mindestens 45 Staaten wurden zudem im vorangangenen Jahr 2021 Menschen wegen ihrer Homosexualität oder aufgrund ihrer Identität als trans Person ermordet.[105] Zu den Ländern, die entsprechende Paragrafen nach wie vor in ihren Gesetzbüchern verankert haben, zählen Katar, Iran, Jemen, Nigeria, Saudi-Arabien, Somalia, die Vereinigten Arabischen Emirate und Brunei, wobei weibliche und männliche Homosexualität teilweise unterschiedlich geahndet wird. Im Iran sind sowohl für Männer als auch Frauen 100 Peitschenhiebe und bei der vierten Verurteilung die Todesstrafe vorgesehen. Dennoch gibt es kaum Zahlen zu Hinrichtungen und wenn dann meist nur über die Exekution von Männern. Laut einem Bericht im Spiegel von 2010 wurden im Iran seit der Islamischen Revolution 1978 an die 4000 Männer, denen Homosexualität vorgeworfen wurde, hingerichtet.[106] Anhand der gerichtlichen

105 o. A. (2021): »Spartacus Gay Travel Index«. URL: https://spartacus.gayguide.travel/gaytravelindex.pdf

Verhängung der Todesstrafe für Homosexualität zeigt sich nicht nur die Verantwortung des Staates für die Ermöglichung von vergeschlechtlichten Morden, sondern auch seine direkte Beteiligung daran. Queere Menschen sind aber auch abseits von gerichtlich angeordneten Tötungen teils tödlicher Gewalt durch nichtstaatliche Akteur*innen ausgesetzt, die u. a. auch in Lesbiziden endet. Der deutsche Schwulen- und Lesbenverband verzeichnete beispielsweise allein für das Jahr 2020 drei homofeindlich motivierte Morde, denen schwule Männer zum Opfer fielen.[107]

In Österreich wurde »Homosexualität zwischen Frauen« (wenn sie über 14 Jahre alt waren) und zwischen Männern (wenn beide über 18 oder beide zwischen 14 und 18 Jahren) 1971 mit einigen Ausnahmen legalisiert. So blieb beispielsweise homosexuelle Sexarbeit von Männern bis 1989 strafbar, »Werbung für Unzucht mit Personen gleichen Geschlechts« sogar bis 1996 und auch das Schutzalter von sexuellen Handlungen zwischen Männern wurde erst 2002 an jenes von Frauen (ab 14 Jahren) angeglichen. Das bedeutet allerdings nicht, dass homo- und queerfeindliche Gewalt nicht mehr existiert, sie zeigt sich nur oft subtiler.

Politisierung von Lesbiziden in Argentinien und Italien

Lesbizide spielen in unterschiedlichen feministischen Bewegungen eine wichtige Rolle bzw. wurden vor allem von feministischen Aktivist*innen in die Öffentlichkeit getragen und als vergeschlechtlichte Morde sichtbar gemacht. So wird in Argentinien jedes Jahr am 7. März Natalia »Pepa«

106 o. A. (2010): »Homosexualität unter Strafe. Iran will 18-Jährigen trotz falscher Vorwürfe hinrichten«. In: *Spiegel*. URL: https://www.spiegel.de/panorama/justiz/homosexualitaet-unter-strafe-iran-will-18-jaehrigen-trotz-falscher-vorwuerfe-hinrichten-a-710753.html

107 o. A. (o. J.): »2020 gab es drei schwulenfeindlich motivierte Morde in Deutschland«. In: *LSVD*. URL: https://www.lsvd.de/de/ct/5054-2020-gab-es-drei-schwulen feindlich-motivierte-Morde-in-Deutschland

Gaitán gedacht, die 2010 vom Stiefvater ihrer Freundin ermordet wurde, weil sie lesbisch war. Die feministischen Mitstreiter*innen trugen auch den »Lesbizid-Femizid«, wie sie ihn bezeichnen, von Cynthia Leslie Velásquez in Chile in die Öffentlichkeit, die am 9. August 2020 erstochen wurde, nachdem sie in einen Streit eingegriffen und ein Mädchen vor einem Mann verteidigte, der versucht hatte, sie sexuell zu missbrauchen. Wenige Stunden nach dem Angriff starb Chico Leslie – wie sie sich selbst nannte und in ihrer Nachbar*innenschaft bekannt war – in einem Krankenhaus in Santiago. Die Ermordung von Elisa Pomarelli 2019 in Italien führte ebenfalls zu wichtigen Diskussionen in unterschiedlichen feministischen Kontexten. In einem auf der Webseite der EuroCentral Asian Lesbian* Community (EL*C) veröffentlichten Statement, in dem zehn italienische feministische Gruppen gemeinsam mit rund 100 Mitstreiter*innen die Ermordung anklagten, heißt es: »Elisa's murder cannot be recognised either as feminicide or as lesbicide, a hate crime of a lesophobic matrix, when it is both.« Dabei weisen sie auf die strukturelle Misogynie sowie die Lesbenfeindlichkeit hin, von der die Gesellschaft durchzogen ist und die letztlich auch den Täter und die mediale Berichterstattung über den Mord prägten. Wurde zuerst skandalistisch über die Beziehung zwischen der Ermordeten und dem Täter spekuliert, änderte sich die Aufmerksamkeit nach Bekanntwerden ihres Lesbischseins schlagartig und ihre persönliche Identität galt plötzlich als schützenswert, so als hätte diese nichts mit ihrer Ermordung zu tun: »Like all subjectivities that subvert the patriarchal order by their very existence, we lesbians must not be named […].«[108]

Die fehlenden und geringen Zahlen öffentlich bekannter Lesbizide müssen auch im Zusammenhang mit der gesellschaftlich verankerten Lesben- und Queerfeindlichkeit gesehen werden, die diese zumeist unsichtbar macht. Ruthann Robson (1992, 43) unterstreicht: »Actual incidents of legal lesbicide may be camouflaged by the legal system's

108 o. A. (2020): »Elisa Pomarelli: Lesbians take the floor«. In: *EL*C*. URL: https://europeanlesbianconference.org/elisa-pomarelli-lesbians-take-the-floor/

commitment to silence about lesbianism. Despite statues and trials, there has been an entrenched reluctance to acknowledge lesbianism.« Entsprechend ist es nicht unwahrscheinlich, dass in vielen Fällen sowohl aus der Vergangenheit als auch in der Gegenwart gar nicht in Erwägung gezogen wird, dass es sich bei der ermordeten FLINTA um eine Lesbe gehandelt hat oder diese Identität nicht im vollem Maße ernst genommen und somit nicht erwähnt wird. »Given such official silences, it is likely that more women were punished for sexual acts but their crimes were unnamed or misnamed in official records« (ebd.). Robson spricht in Hinblick auf die Zuschreibung der bzw. das Festhalten an Heterosexualität bestimmter Betroffener durch offizielle Behörden daher auch von »murder of lesbian possibility« als »essence of lesbicide« (ebd., 44). Alle genannten Faktoren tragen zur Unsichtbarmachung lesben- und queerfeindlicher Gewalt, die bis hin zu Lesbiziden reichen kann, bei. Wir finden es wichtig, Femi(ni)zide als Morde an FLINTAs zu benennen und damit zum einen das »L« als Identitätskategorie beizubehalten und zum anderen die Spezifika von Lesbiziden im Kontext femi(ni)zidaler Gewalt begreifen und bekämpfen zu können.

Transizide: Ermordungen von trans Personen

Ähnliche und doch andere Fragen stellen sich in Bezug auf femi(ni)zidale Gewalt an trans Personen bzw. Menschen, die nicht der cis Norm entsprechen. In Claim the Space wird die Politisierung von Morden an trans Personen immer wieder thematisiert und diskutiert. Im Zuge der Offenen Treffen von CTS im Frühling 2022 wurde der Beschluss gefasst, sich intensiver mit femi(ni)zidaler Gewalt an trans Personen zu beschäftigen. So finden aktuell einige Schwerpunkttreffen zum Thema statt. Die Debatten um Transfemi(ni)zide oder Transizide in CTS kreisen dabei um die spezifischen Gewaltformen an trans Personen, solidarische Bedingungen für einen gemeinsamen Kampf von verschiedenen Identitätspositionen und stoßen wichtige Debatten hinsichtlich der Praxis des Zählens, der Analysen von patriarchaler Gewalt und der begrifflichen Grenzen von Femi(ni)zid an. Im Folgenden möchten wir zusätzlich zu den Diskussionen in CTS einige Überlegungen und Debatten u. a. aus Lateinamerika und der Karibik einführen.

Unterschiedliche Kontexte, unterschiedliche Benennungen

Grundsätzlich lassen sich, wie die Aktivist*innen und Wissenschaftler*innen Blas Radi und Alejandra Sardá-Chandiramani (2016, 2) für den lateinamerikanischen Kontext hervorheben, unterschiedliche Herangehensweisen finden, um trans bzw. homo- und queerfeindliche Taten einzuordnen: »Die LGBT-Perspektive verwendet die Begriffe ›homophobes Verbrechen‹ (Carrara y Vianna 2006) und ›Hassverbrechen‹ (Amnesty 2001); der feministische Ansatz hat den Begriff ›Transfeminizid‹ geprägt (Bento 2014), der Travestieansatz hat sich für den Begriff ›Travestizid‹ entschieden (Berkins 2015) und der transversale Ansatz verwendet den Begriff ›Hassverbrechen‹ (IACHR, 2015).« Dabei betonen die beiden Autor*innen, dass obgleich die Begrifflichkeiten oftmals synonym verwendet werden, sie »nicht gleichwertig« seien, sondern »jeweils unterschiedlichen Ansätzen, Interessen und theoretischen Rahmenbedingungen« folgen (ebd.), die beispielsweise Auswirkungen darauf haben, welche Personen als Betroffene darunter gefasst werden. Im ersten Fall wären dies Homosexuelle, im zweiten Fall trans Frauen, Transvestit*innen im dritten Fall und im vierten im Grunde genommen alle von Vorurteilen Betroffenen und so auch LGBTIQ+-Personen.

In Lateinamerika und der Karibik konnten sich zumindest in feministischen Debatten bislang vor allem die Begriffe »transfemi(ni)cidio« und »travesticidio« etablieren. Radi und Sardá-Chandiramani (2016, 4) argumentieren, dass sie die Begriffe »Travestizid/Transfemizid« für am besten geeignet halten, »um die an ihnen verübten Verbrechen zu identifizieren, zu erfassen und zu quantifizieren«: »Die Betrachtung von Transvestiten und trans Frauen als eigene Gruppe ermöglicht es, die Besonderheit ihrer geschlechtlichen Identitäten und Ausdrucksformen anzuerkennen und die Spezifika der gegen sie verübten Verbrechen zu berücksichtigen. Insbesondere können diese Straftaten von Straftaten unterschieden werden, die aufgrund der sexuellen Ausrichtung der Opfer begangen werden (›homophobe/lesbophobe Straftaten‹).« Die beiden Autor*innen verweisen zudem darauf, dass die Begriffe von den betroffenen Communitys etabliert wurden und durch ihre Verwendung »deren Wissen als Expert*innenwissen« anerkannt würde, »das für die Entwicklung geeigneter Lösungen für die Probleme, mit denen sie konfrontiert sind, unverzichtbar ist« (ebd.). »Travesti« sei zudem ein politischer Begriff, den Berkins (2007) folgendermaßen definiert: »Wir sind Menschen, die ihre Identität konstruieren, indem sie die Bedeutungen, die die vorherrschende Kultur ihrer Genitalität verleiht, in Frage stellen. [...] Travestismus bricht mit dieser binären Logik, die hegemonial ist und diejenigen unterdrückt, die sich dagegen wehren, in die Kategorien ›Männer‹ und ›Frauen‹ eingeordnet zu werden« (zit. n. Radi/Sardá-Chandiramani 2016, 2).

Diese Einordnung kann auch für die Auseinandersetzung im deutschsprachigen bzw. europäischen Kontext hilfreich sein, obwohl eine Adaption nicht so einfach scheint. So lässt der Begriff Transfemi(ni)zid offen, wie transfeindliche Morde an Personen benannt werden sollen, die sich nicht als Frauen identifizieren, da eine entsprechende Subsumierung erneut auf gewaltsame Art und Weise selbst gewählte Identitäten aberkennen würde. Auch »Travestizid« ist für die Benennung entsprechender Taten unpassend: So fungiert bereits der Begriff »Transvestit«[109] im deutschsprachigen Kontext nicht in ähnlicher Weise als

109 Caroline Kim schreibt diesbezüglich: »Der Begriff Travesti entstammt einem argentinischen Kontext. Er unterscheidet sich vom angelsächsischen Transgenderbegriff und auch von dem anderer Regionen Lateinamerikas. Ursprünglich negativ besetzt

politischer und wird weder von den Communitys noch in der öffentlichen Debatte verwendet. Auch die noch weitgehend verbreitete Bezeichnung »transsexuell« würde zu kurz greifen, da sich die Gewalt nicht auf die Sexualität bezieht, zumal das Begehren von trans Personen sehr unterschiedlich ausfallen kann. Die Begriffe trans oder transgeschlechtlich sind vor allem entstanden, um dem medizinisch-pathologisierenden Begriff der Transsexualität einen nicht-biologistischen und nicht-pathologisierenden Begriff gegenüberzustellen.

Im Kontext von Claim the Space hat sich daher als Übersetzungsversuch der Begriff »Transizid« etabliert, der gemeinsam mit dem Begriff »Transfemi(ni)zid« benutzt wird. Wir können nicht mehr genau rekonstruieren, in welcher Diskussion oder mit welchen kontextuellen Bezügen dieser Begriff aufgebracht wurde. Aber wir erinnern uns, dass er für CTS in Reden bei Kundgebungen und Diskussionsrunden dienlich war, da er alle transfeindlichen Morde zu benennen versucht. Die Verwendung des Begriffs Transizid erscheint uns einerseits aufgrund der sprachlichen Nähe zu den Debatten über Femi(ni)zide sinnvoll und andererseits, weil der Begriff keine binär-geschlechtliche Markierung vornimmt und damit auch Morde an trans Männern benennen kann. Mithilfe des Begriffs Transizid können in den Auseinandersetzungen mit Femi(ni)ziden spezifische Gewaltformen und Formen systematischer Exklusion, die trans Personen erfahren, sichtbar gemacht werden. Wir verwenden deshalb im Buch vorwiegend den Begriff Transizid, weil wir diese geschlechtliche Zuweisung »von außen« nicht vornehmen können.

Ebenso wie sich die allgemeine Einordnung der unterschiedlichen Ermordungen von FLINTAs als Femi(ni)zide immer wieder als sehr komplex und ambivalent erwiesen hat, ist auch die Benennung als Transizid nicht widerspruchsfrei. So werden unter dem Begriff trans sehr

wurde der Begriff von Aktivist*innen umgedeutet und hat heute eine dezidiert politische Konnotation.« Kim, Caroline (2017): »Revanche der kriminalisierten Körper. Argentiniens Trans*Community wehrt sich gegen sexualisierte Gewalt«. In: *Linksnet*. URL: https://www.linksnet.de/artikel/47244

unterschiedliche Lebensrealitäten zusammengefasst, deren zentrale Gemeinsamkeit darin liegt, die binäre Logik der Heteronormativität im Sinne eines gesellschaftlichen Ordnungssystems, das Geschlecht und Sexualität reguliert, in Frage zu stellen und zu überschreiten. Die heteronormative Verfasstheit der Gesellschaft führt nicht nur zur Privilegierung jener Menschen, die den normativen Vorstellungen entsprechen, sondern hat auch zur Konsequenz, dass »Übertretungen« von Normvorstellungen und damit verbundene »Uneindeutigkeiten« transfeindliche Aggression nach sich ziehen. Entsprechend geht es bei transfeindlichen Morden – wie auch bei anderen Femi(ni)ziden – auch immer um den symbolischen Akt der Aufrechterhaltung patriarchaler Ordnungen. Damit ist oftmals der Wunsch verbunden, all jene Identitäten, die nicht den normativen Vorstellungen entsprechen, zu bestrafen bzw. deren erneute Unterwerfung unter heteronormative Vorstellungen zu erzwingen. Cissexismus, Heteronormativität bzw. die binär-hierarchischen Geschlechterverhältnisse sind folglich »die Ursache für die Gewalt, die sich gegen Trans-Personen im Allgemeinen und Trans-Frauen im Besonderen richtet, da sie eine Reihe von Vorstellungen und Affekten mobilisieren, die die sozialen Beziehungen so strukturieren, dass Trans-Körper nicht nur als dem vermeintlichen Naturgesetz fremd, d. h. als unterwürfige Körper erscheinen, sondern auch als fremd und unwürdig für eine soziale Ordnung, von der angenommen wird, dass sie durch ›normale‹, ›gesunde‹ oder ›natürliche‹ Körper konstituiert wird« (Guerrero/Muñoz 2018, 74).

Gleichzeitig lassen sich Unterschiede in Bezug auf femi(ni)zidale Gewalt bei verschiedenen trans Identitäten festmachen, die zum Beispiel mit der begrifflichen Unterscheidung von Transfemi(ni)zid und Transizid sichtbar gemacht werden können. Zudem gibt es bislang deutlich weniger Dokumentation und Wissen über die Ermordungen von trans Männern, vermutlich weil entsprechende Morde noch seltener als solche erkannt werden. Im Transfemi(ni)zid, also der Ermordung von transfemininen Personen, kommen misogyne und LGBTIQ+-feindliche Motive zusammen, wie der patriarchale Umgang mit feminisierten und/oder rassifizierten Körpern und das von männlich positionierten Personen aus einer vermeintlich natürlichen Ordnung abgeleitete »Recht«, deren Integrität verletzen zu dürfen. Im Falle jener trans Identitäten, die sich nicht innerhalb des binären Systems einlesen lassen, wird vor allem die Uneindeutigkeit bestraft und »alles eliminiert, was eine Bedrohung für diese Ordnung zu sein scheint« (Guerrero/Muñoz 2018, 74). Die Benennungen und Differenzierungen der verschiedenen Morde sind recht komplex, und in diesem Sinne machen Guerrero und Muñoz (2018, 81) auch auf Unterschiede zwischen Femi(ni)ziden und Transiziden aufmerksam: »Es stimmt, dass beide eine Art Verstoß gegen ein natürliches Mandat darüber, wie man sein sollte, darstellen, und dennoch versuchen sie im ersten Fall, die Frau in eine Rolle der Unterwerfung zu bringen, während sie im zweiten Fall anscheinend versuchen, die Existenz der männlichen Weiblichkeit an sich zu beseitigen, indem sie entweder denjenigen, der sie zeigt, beseitigen oder ihn ›zum Mann machen‹ und ihn so wieder der Logik einer hegemonialen Männlichkeit unterwerfen. Das heißt, obwohl in beiden Fällen eine strafbare Übertretung für den vormodernen Blick festgestellt wird, sind die symbolischen und sozialen Orte oder Plätze, an denen die Subjekte durch Gewalt neu positioniert werden sollen, unterschiedlich.«

Schwierigkeiten der Zählungen

Wie bereits in der Diskussion zu den machtvollen Zählungen angesprochen, ist es vor allem mit Blick auf trans Personen und die spezifischen Gewaltformen, die sie betreffen, herausfordernd, Femi(ni)zide zu kategorisieren und folglich zu zählen. Bei Treffen von CTS wurden zu Beginn der Auseinandersetzung vorwiegend Statistiken (von Aktivist*innen) aus anderen Ländern genauer diskutiert.[110] Einige Compañeras

110 Zwei Zines aus Mexiko und Kolumbien, die femi(in)zidale Gewalt an trans Personen und queers thematisieren und die wir in CTS-Treffen diskutiert haben: Marci

haben angemerkt, wie stark sich die Daten unterscheiden, auf die sich die konkrete Politisierung bezieht. Auch in einem der diskutierten Zines wird dies von Aktivist*innen aktiv zum Thema gemacht, da die Daten (trotz statistischer Erfassung) schwer zugänglich waren und je nach Institution enorm variieren. Dies sei auf verschiedene Faktoren zurückzuführen, vor allem aber drängte uns diese Auseinandersetzung zu einer Reflexion des Wissens, das für (unsere) Politisierung herangezogen wird – Kategorisierungen, Zahlen und Statistiken. Im Buch wurde bereits allgemeiner im Kontext von Femi(ni)ziden ein Umstand problematisiert, der spezifisch für Transizide eine besondere Herausforderung darstellt: Die aus der Nichtanerkennung vielfältiger Geschlechtsidentitäten resultierende Unsichtbarkeit von trans Personen hat zur Konsequenz, dass Transizide häufig nicht als solche benannt werden (können). Die Nichtanerkennung der Morde als Transizide betrifft die öffentliche Debatte, die mediale Berichterstattung sowie zumeist die jeweiligen Strafgesetzbücher. Folglich fehlen entsprechende Statistiken weitgehend. In diesem Sinne meinen auch Guerrero und Muñoz (2018, 67): »Eine nicht erfasste, nicht zensierte, nicht registrierte Bevölkerung ist also eine unsichtbare Bevölkerung für den Staat.« Trotz zahlreicher Bemühungen und einiger Erfolge verschiedener lateinamerikanischer feministischer Gruppierungen, die von der Anerkennung transfeindlicher Gewalt und Aufnahme von Transiziden als Straftatsbestand geschlechtsspezifischer Verbrechen bis hin zu der damit verbundenen statistischen Erfassung der Morde und der Strafverfolgung als Travestizide bzw. TransFemi(ni)zide reichen, bleiben die Fragen, nach welchen Kriterien und mit welchen Benennungen, wer als trans Person gezählt werden möchte und sollte? Welche Identitäten werden demnach gezählt, aber

Kishi, Martha la malvibrada / López, Trinidad (2019): »Transfeminicidios. La Guerra en México«. URL: https://zineditorial.files.wordpress.com/2019/01/transfeminicidios.-la-guerra-en-m%C3%A9xico_para-leer-comprimido.pdf; Muñoz et al. (2020): »Qué maricada con nuestros derechos«. URL: https://www.temblores.org/que-maricada-con-nuestros-derechos

auch welche Formen von Gewalt finden Eingang in die Statistiken? Und unter welchen Vorannahmen und in welchen gesellschaftlichen (binären, rassistischen) Strukturen werden Daten zu dieser Gewalt erfasst? Wer hat Zugang zu den Daten sowie zur Datenerhebung? Von welchen Institutionen bekommen wir Daten? Wo schreibt sich diese Gewalt in Kategorisierungen und Zählungen fort?

Eine der wenigen Organisationen, die sich der Thematik angenommen hat, ist das 2005 gegründete Advocacy-Netzwerk Transgender Europe (TGEU). Im Rahmen eines »Trans Murder Monitoring«[111] (TMM) Projekts werden Tötungsdelikte an trans Personen und/oder genderdiversen Menschen weltweit gesammelt und in Form von Berichten analysiert sowie statistische Tabellen erstellt, die Informationen über die Weltregion, das Land, das Todesdatum, den Todesort und die Todesursache sowie das Alter und den Beruf der Betroffenen enthalten – wodurch letztlich auch das weltweite Ausmaß transfeindlicher Morde deutlich wird. Dass die dort gemeldeten Zahlen leicht, wenn auch nicht herausragend steigen, lässt jedoch nicht automatisch auf mehr Morde schließen, sondern könnte auch dadurch erklärt werden, dass es durch die Sensibilisierungsarbeit zu mehr Meldungen kommt. Seine Daten bezieht das Projekt einerseits aus Internetrecherchen, Informationen von Partner*innenorganisationen sowie Meldungen von Aktivist*innen und Forscher*innen. Da Dunkelziffern in den Statistiken nicht berücksichtigt werden (können) und die Daten auch nicht proportional zur Bevölkerung ausgewertet werden, weisen größere Länder wie Brasilien oder die USA aktuell deutlich höhere Zahlen auf als beispielsweise Türkei oder Malawi, dem einzigen afrikanischen Staat, in dem 2021 ein Transizid bekannt wurde. Das Netzwerk arbeitet zudem mit dem allgemeinen Begriff trans and gender-diverse people und beinhaltet daher nur geringe Angaben über konkretere Identitätspositionen. So wird im Bericht für 2021 erwähnt, dass 96 % der global verübten Transizide

111 o. A. (o. J.): »Trans Murder Monitoring (TMM): Updates«. In: *Transrespect*. URL: https://transrespect.org/en/trans-murder-monitoring/tmm-resources/

»trans women or transfeminine people« betrafen, Angaben zur Ermordung von trans Männern finden sich in diesem Rahmen jedoch nicht.

Das geringe Wissen über Ermordungen von trans Männern ist möglicherweise darauf zurückzuführen, dass ihre Identitäten häufig nicht erkannt oder anerkannt, sondern beispielsweise als »maskuline« Frau oder »butchige Lesbe« bezeichnet werden. Eine der wenigen Recherchen, die sich mit Ermordung von trans Männern beschäftigt, findet sich im zweimonatlich erscheinenden US-amerikanischen LGBT-interest magazine Advocate.com. Im Beitrag »Making Sense Out of the Murders of Trans Men«[112] hat Mitch Kellaway nicht nur die spärlichen Informationen über fünf Morde an trans Männern in den USA, Japan und Brasilien zusammengetragen, sondern versucht, aus diesen einige Erkenntnisse abzuleiten. Dabei kommt der Autor einerseits zu dem Schluss, dass die Seltenheit von Morden an trans Männern in der LGBTIQ+-Community dazu geführt hat, von Einzelfällen auszugehen, anstatt diese als »part of a much broader – if unpublicized – incidence of sexual assault and physical violence against trans men« einzuordnen. Zudem betont er, dass »[t]he fact that three recently identified trans male murder victims were all men of color is central to understanding why we don't know more about this issue.« Erneut wird die Herstellung von (Un-)sichtbarkeiten aus einer hegemonial *weißen* Perspektive – auch innerhalb der Community – problematisiert, die unterstützt, dass Gewalt gegen trans männliche Personen oftmals unbearbeitet bleibt.

Kellaway zufolge beschränken sich Analysen zudem häufig auf den globalen Norden, so hätten trans Männer in den USA eher Zugang zu medizinischer Versorgung und würden durch Geschlechtsumwandlungen in der Öffentlichkeit schneller als männlich *passen*, was zu einer

112 Kellaway, Mitch (2016): »Making Sense Out of the Murders of Trans Men«. In: *advocate*. URL: https://www.advocate.com/think-trans/2016/2/16/making-sense-out-murders-trans-men

Verringerung der Gefahr führen kann, selbst zur Zielscheibe zu werden. Diese Möglichkeiten würden jedoch »the starkly different reality for many trans men« übersehen, »who cannot or do not wish to ›pass‹ as traditionally male, who are poor, who are rural or isolated, who are denied transition-related medical care, or whose trans status is known or suddenly uncovered within hostile environments.« Gerade deswegen ist es dem Autor ein Anliegen, ausgehend von den von ihm untersuchten Fällen das Interesse für die Thematik zu wecken und weitere Auseinandersetzungen anzuregen. Auch Radi und Sardá-Chandiramani (2016, 4) beziehen sich in ihrer Analyse zwar ausschließlich auf Travestis und trans Frauen, betonen aber, dass die Situation von Transmännlichkeiten »ihrerseits eine gesonderte und dringende Analyse« erfordert.

Eine zentrale Erkenntnis bei Claim the Space war es, Statistiken und institutionelle Datenerhebungen aufgrund ihres epistemologischen Zugangs nicht derart zentral zu setzen, sondern andere Formen von Erfahrungswissen mit einzubeziehen und zu nutzen, um institutionalisierte Formen von Wissensproduktion einer Kritik zu unterziehen. Ein Zugang zur Thematik wird eher dadurch möglich, biografische Erzählungen von trans Personen zu lesen und zu hören, um zu verstehen, eigene Analysen und Begriffe zu reflektieren und zu revidieren.

Abschnitte aus dem Buch »I hope we choose love: a trans girl's notes from the end of the world« von Kai Cheng Thom (2019) wurden bei einem Diskussionstreffen von CTS sowie bei einer Veranstaltung vom Kollektiv lauter* im Juni 2022 vorgelesen. Hier aus dem Essay »Where Did She Go?« (ebd. 139 f.):

»There is something that happens to brilliant trans women. We don't seem to talk about it much. A story that keeps repeating itself: We burst into being; we give birth to ourselves. We burn like stars in the fight to survive. Like mayflies, we soar ever so briefly, then fall.

Over and over again, I come across the name of trans women who have come before, only to find that they have left this world – either by death or by suicide or by a madness that takes them so deep into themselves that they are lost to the rest of us.

My experience in trans women and sex work community has resulted in connections with many brilliant and revolutionary trans women. I do not know a single one who has not been seriously suicidal or in a mental health crisis at some point in their lives – often more than once. Many, many times I have been woken up in the middle of the night by a phone call or a text message from a trans woman declaring her intent to die by suicide. On some terrible occasions, I have woken up to the news that a trans woman friend, or friend of a friend, has died. [...]

I attribute this not to any inherent tendency toward mental illness in trans women but rather to the intense public scrutiny, violence, and other forms of trauma that infringe upon our lives. Trans women are brilliant; we shine because we have to in a world where are [our, Anm.] futures can seem overwhelmingly dark. I have always loved this fire that lives inside trans women.

But sometimes, I think I can hear them whispering to me. And I wonder: How long can I last? And how long until I disappear too?«

Transizide als Teil des Kontinuums patriarchaler Gewalt

Die Auseinandersetzung mit femi(ni)zidaler Gewalt an trans Personen verdeutlicht auch homogenisierende Annahmen in den Analysen von Femi(ni)ziden und patriarchaler Gewalt. Eine wichtige Unterscheidung, die in der Auseinandersetzung mit Transiziden und Femi(ni)ziden benannt wird, dreht sich um die Orte, an denen femi(ni)zidale Gewalt ausgeübt wird: Die überwiegende Mehrheit der Femi(ni)zide an als Frauen gelesenen Personen (in Europa) findet im privatisierten Bereich, also dem »eigenen« Zuhause, statt, während sich Transizide nicht selten, aber auch nicht nur, im öffentlichen Raum ereignen. Dies impliziert auch, dass die Forderung, das vermeintlich Private auf die Straße zu tragen, nicht auf alle FLINTAs gleichermaßen zutrifft. »Vielleicht wäre es klüger, zu dem Schluss zu kommen, dass Morde an transsexuellen [sic] Menschen in allen Räumen, in denen sich Menschen bewegen, vorkommen können und auch vorkommen, und nicht nur in öffentlichen Räumen, denn auch in hybriden oder privaten Räumen kann es zu transphober mörderischer Gewalt kommen und tut es auch. Vielleicht ist nicht so sehr die Räumlichkeit des Verbrechens, sondern der Beruf der angegriffenen Person am aufschlussreichsten« (Guerrero/Muñoz 2018, 7). Die beiden Autor*innen beziehen sich dabei auf den Umstand, dass vor allem Personen, die prekäre Tätigkeiten im Dienstleistungssektor ausüben, verstärkt vergeschlechtlichter und femi(ni)zidaler Gewalt ausgesetzt sind. Das zeigt sich insbesondere bei Personen, die in der Sexarbeit tätig sind. Da vielen trans Personen ein regulärer Zugang zum Arbeitsmarkt aufgrund der Nichtanerkennung ihrer Identitäten verwehrt wird, stellt in zahlreichen Fällen Sexarbeit eine Möglichkeit dar, sich materiell abzusichern.[113] Die prekären Arbeitsbedingungen sowie der geringe gesellschaftliche Wert der verrichteten Arbeit, der beiden Sektoren zugemessen wird, erhöht das Risiko, von femi(ni)zidaler sowie transizider Gewalt betroffen zu sein. Der Transizid, der in den letzten Jahren in Österreich am meisten Aufmerksamkeit erhielt, war jener an einer trans Frau während der Ausübung ihres Berufs als Sexarbeiterin.[114]

113 Mineva, Gergana / Caixeta, Luzenir / Hamen, Melanie (2013): »Für einen Perspektivenwechsel«. In: *migrazine*. URL: https://migrazine.at/artikel/f-r-einen-perspektivenwechsel

114 Hande, die als trans Frau aus der Türkei geflohen war, wurde Anfang 2015 im Rahmen ihrer Arbeit als Sexarbeiterin von einem Kunden ermordet. In der medialen Berichterstattung wurde der Mord nicht nur bestimmten Aufmerksamkeitsökonomien entsprechend als »sexcrime« verhandelt, sondern Handes Identität nicht anerkannt. Freund*innen wiesen in einem offenen Brief auf ihre Mitverantwortung sowie die von LGBTIQ+-NGOs und -Gruppen in Österreich an der Ermordung hin, betonten jedoch auch: »Der türkische Staat und die patriarchale türkische Gesellschaft sind mitverantwortlich, weil sie Hande nicht die Chance gegeben haben, in ihrer Heimat menschenwürdig zu leben. Der österreichische Staat und die österreichische Gesellschaft sind mitverantwortlich, weil sie es Hande nicht gestattet haben, ihr neues Leben menschenwürdig zu gestalten.« Siehe: Têkoşîn (2015): »Hande, die ermordete Frau aus Ottakring«. In: *DerStandard*. URL: https://www.derstandard.at/story/2000011043534/hande-die-ermordete-frau-aus-ottakring

In der Auseinandersetzung innerhalb von Claim the Space wurde viel diskutiert, wie der Femi(ni)zidbegriff gefasst wird und welche Dimensionen von Gewalt benannt werden müssen, um thematisieren zu können, welche gesellschaftlichen Gewaltverhältnisse dazu führen, dass trans Personen überdurchschnittlich oft ermordet werden, früher sterben oder sich suizidieren. Das geringere Durchschnittsalter von trans Personen im Vergleich zu cis Personen verdeutlicht dies.[115] Im deutschsprachigen Raum ist zumindest teilweise die Anerkennung von trans Personen juristisch verankert bzw. gibt es (wenn auch nicht immer wirksamen) Diskriminierungsschutz und Arbeiter*innenrechte. Diese Maßnahmen sind allerdings begleitet von bürokratischen Hürden, Pathologisierungen, entwürdigenden Fragen oder »Beweiszwang«. Transfeindlichkeit stellt auch auf institutioneller Ebene, wie beispielsweise im Ausschluss aus adäquaten Gesundheitssystemen usw., eine Form patriarchaler Gewalt dar, die im deutschsprachigen Kontext in vielen Fällen nicht gemeinsam mit femi(ni)zidaler Gewalt diskutiert wird.

In zahlreichen Ländern in Lateinamerika und der Karibik, in denen Femi(ni)zide in den Strafgesetzbüchern anerkannt wurden, setzen sich Feminist*innen aktuell dafür ein, dass auch Transizide in den jeweiligen Gesetzgebungen berücksichtigt werden. Gabriel Andrés Sagen (2019, 47) erwähnt als Beispiel für eine Anerkennung durch den Staat die durch das Frauenbüro (Oficina de la Mujer) angestoßene Öffnung der nationalen Justiz in Argentinien 2016, um die Konzepte von »Travestizid/Transfemizid« in das »Nationale Register für geschlechtsspezifische Straftaten« aufzunehmen. Er erkennt darin »ein Eingeständnis der Legitimität von selbst wahrgenommenen Geschlechtsidentitäten und die Möglichkeit des Staates [...], über wirksame Maßnahmen zur Verhinderung und Bestrafung dieser geschlechtsspezifischen Verbrechen

115 o. A. (2021): »Studie: Sterberisiko bei trans Menschen doppelt so hoch wie bei cis Menschen«. In: *queer.de*. URL: https://www.queer.de/detail.php?article_id=39985

nachzudenken.«[116] Tatsächlich weist der argentinische Rechtsrahmen die Besonderheit auf, dass auch die Ermordungen von trans Personen als vergeschlechtlichte Gewalt oder als Hassverbrechen strafrechtlich verfolgt werden können. Gerade weil das Gesetz auch symbolische Gewalt beinhaltet, können beispielsweise Medienberichte belangt werden, in denen stereotypisierte Darstellungen von Geschlecht aufrechterhalten werden. Auch nichtbinäre Personen werden in der Rechtsprechung und Verwaltungspraxis anerkannt. In den letzten Jahren hat sich in Lateinamerika und der Karibik erneut einiges getan. In mehreren Ländern werden entsprechende Gesetzesänderungen diskutiert und von ihren Gegner*innen hart bekämpft. 2019 empfahl die Menschenrechtskommission von Mexiko-Stadt der Generalstaatsanwaltschaft erstmals, einen Fem(ni)izid als *transfeminicidio* (Transfemi(ni)zid) zu benennen.[117] Ein historisches Urteil sorgte 2022 in Uruguay für Aufsehen, weil ein Gericht einen Mann, der 2018 seine Partnerin, eine trans Frau, getötet hatte, auf Basis der Gesetzgebung zu Femi(ni)ziden bzw. des Gesetzes über vergeschlechtlichte Gewalt verurteilt hatte. Im Rahmen des Gerichtsprozesses wurde der Transizid als »besonders schwere[r] Mord«[118] eingestuft und eine 24-jährige Haftstrafe verhängt. Die hier in aller Kürze skizzierten Beispiele verdeutlichen, dass vergleichbare Debatten im deutschsprachigen Raum bzw. in ganz Europa noch am Anfang stehen. Umso wichtiger, dass die Diskussionen auch im Rahmen von CTS aufgegriffen und weitergeführt werden.

116 Sagen, Gabriel Andrés (2019): »Famicidio, travesticidio o transfemicidio«. In: *pensamientopenal*. URL: https://www.pensamientopenal.com.ar/system/files/2019/08/doctrina47916.pdf

117 Cdhcm (2019): »CDHDF emite la recomendación 02/2019, primera en reconocer el Transfeminicidio«. In: *Menschenrechtskommission von Mexiko-Stadt*. URL: https://cdhcm.org.mx/2019/06/cdhdf-emite-la-recomendacion-02-2019-primera-en-reconocer-el-transfeminicidio/

118 o. A. (2022): »Uruguay: Erstmals Verurteilung wegen Transfemizid«. In: *Latina-press*. URL: https://latina-press.com/news/298808-uruguay-erstmals-verurteilung-wegen-transfemizid/

Aufgrund der Unsichtbarmachung sowie der staatlichen Beteiligung an der Aufrechterhaltung jener Strukturen, die Transizide ermöglichen oder begünstigen, bekommt transfeindliche Gewalt in weiten Teilen der Welt kaum Aufmerksamkeit. Dementsprechend gelangen auch Transizide meist nur dort in die Öffentlichkeit bzw. Medien, wo sich Aktivist*innen und Lobby-Organisationen oder auch Familienangehörige und Freund*innen dafür engagieren, dass diese Gewalt nicht unsichtbar bleibt. Aber selbst entsprechende Aktivitäten werden von staatlicher Seite häufig verunmöglicht oder sogar kriminalisiert, beispielsweise in Ländern, wo das Engagement für LGBTIQ+-Rechte unter Strafe steht oder das gesellschaftliche Klima selbiges erschwert. »Das bedeutet auch, dass Länder mit einer stark transphoben Politik nicht nur die Bildung von Aktivist*innennetzwerken verhindern, sondern auch die Möglichkeit, transphobe Gewalt zu melden (ein klares Beispiel dafür sind Russland und die meisten Länder des afrikanischen Kontinents)« (Guerrero/Muñoz 2018, 69).

Bereits die Erklärungen, die für diese Verbrechen diskutiert oder angeführt werden, zeigen große Unterschiede, die nicht konsequenzenlos bleiben. Gerade der oben erwähnte Hassverbrechensansatz verkennt zumeist die systematische Ebene und sucht die LGBTIQ+-feindlichen Motive in den individuellen Biografien der Täter*innen, wodurch die Taten individualisiert und auch der gewünschten Benennung der jeweiligen Identitäten der Betroffenen wenig Bedeutung zugemessen werden. So kommt es nicht selten nach der Tötung zu einer Festlegung der Identitäten der Betroffenen auf ihr behördlich eingetragenes Geschlecht, was sowohl Zählungen als auch Strafverfolgung erschwert. Dadurch gerät die Verantwortung des Staats in seiner Aufgabe, Individuen vor Gewalt zu schützen (bzw. Transfeindlichkeit allgemein zu verhindern) erneut aus dem Blick. Auch Radi und Sardá-Chandiramani (2016) betonen die Notwendigkeit einer »hermeneutischen Perspektive«, die die Vorstellung in Frage stellt, »dass Travestizide/Transfemizide ausschließlich aus dem Hass bestimmter Individuen resultieren«. Vielmehr müssten »sie als eine Angelegenheit des Staates an[erkannt werden], wie es beim Konzept des Femizids der Fall war«. Zudem heben die beiden Autor*innen (2016, 7) hervor, dass gerade der Umstand, dass »Transvestiten und Transfrauen [...] von jedermann ungestraft ermordet werden können, [...] die staatliche Maschinerie der Todesverwaltung« entlarven würde.

Umso wichtiger ist es, zentrale Merkmale transfeindlicher Morde ausgehend von einer Analyse der Betroffenen, der konkreten Verbrechen wie auch der Täter und der Behandlung der Fälle durch die Justiz »das Beziehungsgeflecht, das diese Gewalt ermöglicht hat, aufzuzeigen und anzuprangern.« (ebd.) So liegt auf der Hand, dass die Analyse transfeindlich motivierter Morde nicht ohne einen Blick auf die dahinterstehenden vergeschlechtlichten Komponenten auskommen kann. In diesem Sinne müssen Transizide als Teil eines Kontinuums patriarchaler Gewalt gesehen werden, das gewaltvolle binär-hierarchische Geschlechterverhältnisse und ihre Normierungen, Ausschlüsse und erschwerte Zugänge (z. B. zum Gesundheitssystem, Wohnungs- und Arbeitsmarkt), soziale Stigmatisierung, Pathologisierung, Kriminalisierung sowie Mord beinhaltet. Auch Radi und Sardá-Chandiramani (ebd., 5) definieren Travestizide/Transfemizide als den »sichtbarsten und letzten Ausdruck einer Kette struktureller Gewalt, die auf ein kulturelles, soziales, politisches und wirtschaftliches System reagiert, das auf der ausgrenzenden binären Trennung zwischen den Geschlechtern beruht. [...] In diesem Zusammenhang hat ›Transvestit- oder Trans-Sein materielle und symbolische Auswirkungen auf die Existenzbedingungen‹ (Cabral 2014)«.

»Es sind die Bullen ...«

Auch staatliche Institutionen müssen einer Kritik in Bezug auf ihre Produktion und Reproduktion von (femi(ni)zidaler) Gewalt unterzogen werden. Ein zentraler Unterschied zwischen der Zählung von in Österreich verübten Femi(ni)ziden der AÖF und von Claim the Space zeigt sich anhand eines Femi(ni)zids, bei dem ein Polizist im Zuge eines Einsatzes eine psychisch kranke Frau tötete. Dass insgesamt zehn Polizist*innen, darunter vier Wega-Beamt*innen[119], bei dem Einsatz nicht in der Lage waren, die Situation zu deeskalieren, veranschaulicht die mangelnde Fähigkeit, herausfordernde Situationen anders als mit Gewalt zu lösen. Schließlich war die Person »nur« mit einem Küchenmesser bewaffnet gewesen. Gerade der Umstand, dass ein anderer Beamter zeitgleich zum tödlichen Schuss einen Taser eingesetzt hatte, macht zudem das unverhältnismäßige Vorgehen des Polizisten mehr als deutlich.

Während dieser Mord in offiziellen Zählungen nicht aufscheint, politisierte Claim the Space den Mord als Femi(ni)zid, um dadurch nicht nur den konkreten Fall, sondern auch die grundsätzliche Ermöglichung von Femi(ni)ziden durch den Staat sowie seinen Repressionsbehörden zu thematisieren. »Es sind die Bullen (Polizei), die Richter, der Staat, der Präsident. Der Unterdrückungsstaat ist ein Macho, der Vergewaltiger bist du.« (»Son los pacos (policías), los jueces, el estado, el presidente. El estado opresor es un macho violador. El violador eres tú.«) heißt es auch in der bereits in mehreren Kapiteln erwähnten Performance »Ein Vergewaltiger auf deinem Weg« des Kollektivs Las Tesis. Sie spielen damit darauf an, dass gerade die Repressionsbehörden auf unterschiedlichen Ebenen an der Ermöglichung oder Verübung von Femi(ni)ziden beteiligt sind. (Ehemalige) Polizisten verüben so häufig Femi(ni)zide,

119 Wega steht für »Wiener Einsatzgruppe Alarmabteilung« und bildet eine Sonderabteilung der österreichischen Polizei.

dass sich inzwischen sogar eigene Forschungsarbeiten mit der Thematik befassen. So wurde 2021 bekannt, dass aktuellen Zahlen zufolge 13 % der Femi(ni)zide in Argentinien von Polizisten verübt wurden.[120] Auch »Femicide Census«, ein Informationsportal über weiblich gelesene Personen, die in Großbritannien getötet wurden, und die Täter, die sie getötet haben, stellte fest, dass zwischen 2009 und 2021 mindestens 16 Femi(ni)zide von männlich positionierten Personen begangen wurden, die entweder bei der Polizei arbeiteten oder vom Polizeidienst in Pension gegangen waren. In 13 Fällen ermordeten sie aktuelle oder ehemalige Partner*innen, eine wurde von einem Bekannten, eine weitere von einem der betroffenen Person Unbekannten und eine von ihrem eigenen Sohn getötet.[121]

Neben dem bereits beschriebenen Femi(ni)zid mussten wir im Rahmen von Claim the Space noch eine weitere von einem Polizisten verübte Tötung einer FLINTA politisieren. Ende 2021 hatte ein Polizist zuerst seine Verlobte erwürgt und sich im Anschluss mit seiner Dienstwaffe selbst erschossen. Auch in diesem Fall ging es uns aber nicht nur darum, die im Rahmen des Berufs praktizierte und gesellschaftlich akzeptierte Anwendung von Gewalt als Konfliktlösungsmittel zu problematisieren, sondern auch das Zusammenspiel von patriarchaler Gewalt und wehrhaften Männlichkeitskonstruktionen, die männliche Souveränität über Gewaltanwendung wiederherzustellen versuchen. Die Involvierung der Polizei und anderer staatlicher Behörden und Institutionen reicht jedoch noch viel tiefer, da es sich um die zentralen Instanzen handelt, die über Repression, Disziplinierung und Kontrolle jene gesellschaftlichen Macht- und Herrschaftsverhältnisse absichern,

120 Naundorf, Karen (2021): »Frauenmorde in Argentinien: Die Polizei, dein Freund und Mörder«. In: *Zeit Online*. URL: https://www.zeit.de/arbeit/2021-09/frauenmorde-argentinien-femizid-polizei-justiz-frauenrechte-feminismus?utm_referrer=https%3A%2F%2Fwww.google.com%2F

121 o. A. (o. J.): »At least 16 serving or former police officers have killed women. Why does this matter?« In: *femicidecensus.org*. URL: https://www.femicidecensus.org/at-least-16-serving-or-former-police-officers-have-killed-women-why-does-this-matter/

die letztlich auch den Nährboden ausmachen, auf dem sich patriarchale Gewalt ausbreiten kann und die zu Femi(ni)ziden führen. Femin(ni)zide sind daher nicht nur Ausdruck von staatlichem Versagen und Unvermögen oder mangelndem Willen, FLINTAs adäquat vor Gewalt zu schützen, die durch ein paar Reformen und Schulungen verbessert werden können. Indem die Polizei FLINTAs nicht ernst nimmt, ihnen keinen Glauben schenkt oder sie einschüchtert, wenn Betroffene patriarchale Gewalt zur Anzeige bringen wollen, Beamt*innen selbst rassistisch, trans- und queerfeindlich eingestellt sind, Vicitim-Blaming oder Opfer-Täter-Umkehrungen betreiben oder auch bestehende Gesetze nicht ausgeschöpft, auf mangelhaften polizeilichen Berichten und Ermittlungsarbeit beruhend viele Verfahren eingestellt und nur wenige Täter verurteilt werden, trägt die Institution maßgeblich dazu bei, dass hegemoniale vergeschlechtlichte Gewaltverhältnisse aufrecht erhalten und gesellschaftliche Machtverhältnisse in der staatlichen Bearbeitung des Phänomens fortgeschrieben werden.[122] Gerade weil sich vielfach gezeigt hat, dass der Polizeiapparat nicht reformierbar ist, fordern Aktivist*innen der »Abolish the Police«-Bewegungen eine gänzliche Auflösung, Entmachtung und Entwaffnung der Polizei und setzen dabei beispielsweise auf community-basierte Alternativen.[123]

122 u. a. Hagen, Lara / Scherndl, Gabriele (2021): »Kein Freund und Helfer: Wenn Frauen in Gefahrensituationen nicht auf die Polizei vertrauen«. In: *DerStandard*. URL: https://www.derstandard.at/story/2000131401949/kein-freund-und-helfer-wenn-frauen-in-gefahrensituationen-nicht-auf; Scherndl, Gabriele (2022): »Von Polizei angeschrien und angezeigt: Verfahren gegen Frau eingestellt«. In: *DerStandard*. URL: https://www.derstandard.at/story/2000132841251/von-polizei-angeschrien-und-angezeigtverfahren-gegen-frau-wurde-eingestellt; Gaigg, Vanessa / Scherndl, Gabriele (2021): »Frau bittet Polizei um Hilfe wegen Ehemann – und erhält Strafe«. In: *DerStandard*. URL: https://www.derstandard.at/story/2000128489099/frau-bittet-polizei-um-hilfe-wegen-ehemann-und-erhaelt-strafe

123 Siehe dazu bspw.: Loick, Daniel / Thompson, Vanessa E. (2022): *Abolitionismus. Ein Reader*.

Staatliche Sicherheitstipps und andere Herausforderungen

Besonders deutliche Beispiele für den fragwürdigen Umgang mit patriarchaler Gewalt zeigen sich in der österreichischen Politik der letzten Jahre. Nicht nur fanden die Auseinandersetzungen mit der Notwendigkeit, Maßnahmen zur Prävention von vergeschlechtlichter Gewalt und Femi(ni)ziden zu entwickeln, zumeist unter rassistischen Vorzeichen (Stichwort »importiertes Patriarchat«) statt. In den präsentierten Maßnahmenpaketen wurde zudem häufig auf Repression gesetzt, obgleich Expert*innen mit Vehemenz darauf verweisen, dass weder mehr Überwachung noch härtere Strafen Täter davon abhalten, Gewalt anzuwenden. Auch die minimalen Versuche seitens der Regierung oder der Stadt Wien, mehr in Männer- und Täterarbeit (beispielsweise in kurze Anti-Gewalt-Trainings) zu investieren, können nur wenig Jubel hervorrufen, zumal diese meist auf Kosten finanzieller Ressourcen für den Schutz von FLINTAs gehen und sechsstündige Beratungen Täter wohl kaum davon abhalten werden, über Jahrzehnte verinnerlichte Verhaltensmuster gänzlich abzulegen. Ein besonders anschauliches Beispiel stellen zudem die »Sicherheitstipps« dar, die vom österreichischen Innenministerium und Bundeskriminalamt auf der Webseite »Gemeinsam Sicher« veröffentlicht wurden und (explizit) Frauen durchwegs fragwürdige Ratschläge für ihre Sicherheit und ihren Selbstschutz nahelegen: Frauen könnten sich durch »selbstbewusstes Auftreten«, einen »aufrechten Gang« oder indem sie »auf das eigene Gefühl« hören und »aufmerksam« bleiben (indem sie z. B. keine Kopfhörer tragen) selbst vor sexualisierten Angriffen und Übergriffen schützen.[124] Mit den Sicherheitstipps wird nicht nur Victim-Blaming betrieben und suggeriert, Frauen könnten sich »richtig« verhalten, um keine Übergriffe zu erfahren, sondern abermals das Bild des gefährlichen öffentlichen

124 Siehe dazu: BKA (o. J.): »Selbstbehauptung und Selbstschutz«. URL: https://www.bundeskriminalamt.at/202/Gewalt_widersetzen/files/Selbstbehauptung_und_Selbstschutz.pdf

Raums, in dem Frauen von vermeintlich »Fremden« bedroht würden, reproduziert, obgleich gerade die in den vorigen Kapiteln ausgeführten Analysen von Femi(ni)ziden zeigen, dass insbesondere für weiblich positionierte Personen in Österreich das »Zuhause« einen der gefährlichsten Orte darstellt. Wenig verwunderlich ist, dass keine weiteren Erklärungen folgen, wie genau ein »selbstbewusster Schritt« oder ein »offener Blick« Gewalt und Übergriffe abwenden kann. Die Wiener Interventionsstelle gegen Gewalt in der Familie brachte die Kritik an den Sicherheitstipps auf Facebook treffend auf den Punkt: »Frauen werden für die erlebte #Gewalt verantwortlich gemacht. Ein selbstbewusstes Auftreten wird hier als Lösung präsentiert, da es ja Gewalttäter verschrecke. Neben #VictimBlaming wird dabei die strukturelle Dimension von patriarchaler #GewaltgegenFrauen ignoriert und lässt auch außer Acht, dass die meisten Gewaltvorfälle in den eigenen vier Wänden und durch den eigenen (Ex-)Partner oder ein enges (meist männliches) Familienmitglied verübt werden.«[125] Auch zahlreiche Aktivist*innen kritisierten das Framing und die dahinterliegende Individualisierung von Betroffenen patriarchaler Gewalt. Am 3. März 2022 machten FLINTAs vor dem Gebäude des Innenministeriums in einer Performance halbnackt und skandierend auf die Täter-Opfer-Umkehr aufmerksam, denn »[d]as eigene Auftreten, wie Kleidung oder Körpersprache, legitimiert niemals Gewalttaten.«[126] Dabei wurden Ausschnitte dieser »Sicherheitstipps« vorgelesen und mit feministischen Parolen gekontert. Darüber hinaus machten im Rahmen einer Ad-Busting-Aktion Aktivist*innen auf die Auswirkungen der Zuschreibung von (Mit)Schuld und vermeintlich falschem Verhalten der Betroffenen aufmerksam: »Indem eben jene staatliche[n] Behörden, die die Funk-

125 Siehe Wiener Interventionsstelle gegen Gewalt in der Familie (2022): »Facebook-Post«. URL: https://www.facebook.com/WienerInterventionsstelle/posts/pfbid0pRWV8WZ9PAG177J681Ejg4cKQR2jdCa11GMqsqSTKBasJAYY9rhauJctLTLtKSxEl
126 Siehe jedertagist8maerz (2022a): »Instagram-Post«. URL: https://www.instagram.com/p/CapPwjBAaPB/?utm_medium=copy_link

tion haben, Betroffene von sexualisierter und patriarchaler Gewalt zu schützen, auf Selbstverteidigungskurse verweisen, schieben sie die Verantwortung den Betroffenen zu. […] So schützt die Polizei die Täter.«[127]

Aber auch darüber hinaus soll die Polizei die Aufrechterhaltung jener öffentlichen Ordnung garantieren, die auf patriarchalen, ausbeuterischen und diskriminierenden Strukturen beruht und insbesondere FLINTAs in gewaltvolle Abhängigkeitsverhältnisse drängt. Zudem können nicht alle FLINTAs zur Polizei gehen, beispielsweise weil sie illegalisiert und/oder neben Sexismus und Queerfeindlichkeit mit Rassismus konfrontiert sind. Und um noch mal zu dem eingangs beschriebenen Femi(ni)zid zurückzukommen, möchten wir an dieser Stelle betonen, dass zusätzlich zur aktiven Rolle der Polizei und des Staats bei der Ermöglichung von Femi(ni)ziden, auch die Gründe, die Menschen (psychisch) erkranken lassen, durchaus in enger Verbindung mit den patriarchalen gesellschaftlichen Verhältnissen stehen, die Körper und Identitäten anhand der Kategorie Geschlecht (ab)werten und über normierende Zwänge disziplinieren. Genau diese Komponenten in unserer Politisierung sichtbar zu machen, scheint angesichts der Nichtzählung des eingangs beschriebenen Mords durch offizielle Stellen umso wichtiger.

Eine von vielen …

Die Polizei ist jedoch nur eine von vielen staatlichen Institutionen, die maßgeblich zur Aufrechterhaltung von Gewaltstrukturen beitragen. Als weitere Beispiele können Schulen oder Gesundheitseinrichtungen (vor allem im öffentlichen Bereich) benannt werden, die ebenfalls sowohl auf der strukturellen Ebene sowie auch ganz konkret auf normierende Weise gewaltvoll auf Menschen einwirken und dadurch zur Aufrechterhaltung von Herrschaftsverhältnissen beitragen. Auch diese

127 Siehe jedertagist8maerz (2022b): »Instagram-Post«. URL: https://www.instagram.com/p/CapWLb3AM5h/?igshid=YmMyMTA2M2Y%3D

Themen griff CTS im Rahmen einzelner Mobilisierungen auf, beispielsweise als die spontane Demonstration u. a. zur deutschen Botschaft zog, um dort Wut und Empörung über die Ermordung von vier behinderten Personen in einer Pflegeeinrichtung in Potsdam zum Ausdruck zu bringen.[128] In einer Rede der AG Feministischer Streik hieß es:

»Das kapitalistische Patriarchat ist ein ableistischer Mörder. [...] Die gewaltsame Ermordung von 4 Personen und die Verletzung einer weiteren Person in einer Betreuungseinrichtung in Potsdam, ebenso wie die spärliche und ableistische Berichterstattung darüber, zeigen einmal mehr, dass nur bestimmte Leben im kapitalistischen Patriarchat zählen. [...] Die Morde sind dabei nur die traurige und extreme Zuspitzung der ableistischen Normalität: Be_hinderte Menschen werden alltäglich in den paternalistischen Diskursen von nichtbe_hinderten bzw. ableisierten Menschen objektifiziert und infantilisiert, sind strukturell wesentlich häufiger von Gewalt betroffen und werden in Werkstätten für be_hinderte Menschen unterbezahlt ausgebeutet. Und immer wieder gibt es Fälle von physischer, psychischer und sexualisierter Gewalt in Betreuungseinrichtungen und Wohnheimen, in denen die Menschen dieser Gewalt häufig schutzlos und ohne Aufmerksamkeit und öffentlichen Diskurs ausgeliefert sind. Aufgabe und Ziel unseres feministischen Kampf[es] ist es, jede Form von patriarchaler Gewalt sichtbar zu machen und zu durchbrechen. Wir akzeptieren die Trennung vermeintlich ›gesunder‹ und ›kranker/beeinträchtigter‹ Körper nicht. Wir akzeptieren die Normierung unserer Körper nicht. Wir wollen den Kampf um Aneignung unserer Körper, um Selbstbestimmung und Handlungsmacht weder dem Staat noch Institutionen überlassen, die uns

128 o. A. (2021): »Potsdam: 15 Jahre Haft für vierfachen Mord in Behinderteneinrichtung«. In: *Zeit Online*. URL: https://www.zeit.de/zustimmung?url=https%3A%2F%2Fwww.zeit.de%2Fgesellschaft%2Fzeitgeschehen%2F2021-12%2Fmord-prozess-behinderte-potsdam-haftstrafe

strukturell unterdrücken, die uns einsperren und niemals schützen werden, sondern eigentlich bedrohen.«[129]

Gleichzeitig zeigt sich an dieser Stelle erneut die Schwierigkeit bzw. Widersprüchlichkeit, dass es in Anbetracht der bestehenden Verhältnisse staatliche Institutionen braucht, um marginalisierten und vulnerablen Gruppen Schutz zu bieten. Da diese Räume jedoch nicht frei von Gewaltverhältnissen sind und letztlich zur Aufrechterhaltung selbiger beitragen, können sie dennoch nicht (oder nur teilweise) als sichere Schutzräume für Betroffene fungieren. Die Ambivalenz wird also vor allem an dem Umstand deutlich, dass einerseits Schutzräume notwendig sind, die auch staatlich ermöglicht und garantiert werden, andererseits betroffene Personen in diesen vermeintlichen Safer Spaces jedoch nicht nur vereinzelt, sondern auch strukturell Gewalt ausgesetzt sind – beispielsweise wenn eine Anzeige wegen partnerschaftlicher Gewalt mit der Androhung einer potentiellen Abschiebung des Täters verbunden ist. Beide Beispiele verhindern einen effektiven Schutz von FLINTAs vor Gewalt und dennoch werden diese begrenzten Möglichkeiten durch die formulierte Kritik und die Unreformierbarkeit der Strukturen nicht obsolet. So können wir die Frage des Umgangs mit den Widersprüchlichkeiten und Herausforderungen staatlicher Institutionen nicht auflösen, möchten aber dazu ermutigen, die Gewalt, die von staatlichen Institutionen ausgeht, auch wenn sie abstrakt scheint, zu benennen und anzugreifen (siehe auch AG Feministischer Streik 2022c).

129 AG Feministischer Streik (2022): »Das Patriarchat ist ein ableistischer Mörder.« URL: https://www.facebook.com/agfemstreikwien/posts/114205547482505

Können FLINTAs Femi(ni)zide verüben?

Neben der Frage, inwiefern staatliche Institutionen wie Polizei oder Justiz an Femi(ni)ziden beteiligt sind, stellten sich sowohl Claim the Space als auch wir uns in diesem Buch die Frage, wer Femi(ni)zide verüben kann. Insofern beschäftigen wir uns hier nochmal expliziter mit Morden, die von FLINTAs begangen wurden, mit der (Re)Produktion patriarchaler Gewalt in queeren Beziehungen sowie mit (antifeministischen) Versuchen der Entnennung von Femi(ni)ziden.

Von FLINTAs begangene Morde

Ein weiteres Thema, das im Rahmen von Claim the Space immer wieder aufkam, drehte sich um die Frage, ob auch FLINTAs Femi(ni)zide begehen können? Auslöser dafür waren zwei durchwegs unterschiedliche Taten: In einem Fall hatte eine Mutter ihre Tochter und sich selbst umgebracht und in einem weiteren Fall tötete eine FLINTA die aktuelle Partnerin ihres Ex-Freundes sowie deren gemeinsames Kind. Beide Fälle machten deutlich, dass es immer auch einen Blick auf die mit Femi(ni)ziden eng verwobenen patriarchalen gesellschaftlichen Verhältnisse sowie die konkrete Täter*innenschaft braucht, um femi(ni)zidale Gewalt begreifen zu können. Gerade im zweiten Fall zeigte sich zwar, dass die Täter*in aus ähnlichen Motiven handelte wie wir sie aus zahlreichen Femi(ni)ziden kennen: Besitzlogiken, mit denen auch Rache und Eifersucht einhergehen. »Ein bloßer Vergleich eines Frauenmords durch einen Mann wegen Eifersucht mit einem Frauenmord durch eine Frau wegen Eifersucht würde [aber] die gesellschaftlichen und politischen Umstände, in denen sie passieren, ausblenden«[130], betonte die Femi-

130 Hagen, Lara (2022): »Anlässlich des mutmaßlichen Doppelmords in Villach: Können auch Frauen Femizid begehen?« In: *DerStandard*. URL: https://www.der

(ni)zid-Forscherin Isabel Haider in einem Interview über die Tat. Der Fokus auf Eifersucht als Tatmotiv folgt zudem einer sexistischen und misogynen Logik, weil Besitzdenken und Eifersucht bei Männern (in der medialen Berichterstattung) entweder unerwähnt bleiben oder durchwegs anders verhandelt werden. So wird gerade von den Medien nicht selten das Bild eines Täters gezeichnet, der die ermordete FLINTA zu sehr geliebt habe und/oder mit der Trennung nicht hätte umgehen können. Die Fokussierung auf eine vermeintliche Legitimation der Tat von Seiten des Täters finden wir daher nur bedingt sinnvoll.

In CTS werden viel eher die den Femi(ni)ziden zugrunde liegenden gesellschaftlichen Strukturen politisiert, die zumeist mit vergeschlechtlichten Macht- und Abhängigkeitsbeziehungen bzw. ihrer Aufrechterhaltung sowie mit abwertenden, normativen Genderrollen verbunden sind. So können auch diese Morde im Kontext femi(ni)zidaler Gewalt thematisiert und die eigene Involviertheit in der Reproduktion patriarchaler Strukturen somit bestenfalls reflektiert und debattiert werden. Hinsichtlich des zweitgenannten Falles hat die Diskussion über die Tat es ermöglicht, Konkurrenzverhältnisse, die zwischen FLINTAs geschaffen werden, zu thematisieren. Auch wenn in den beschriebenen Fällen gesellschaftliche Machtbeziehungen nicht in vergleichbarer Art und Weise zu Tage treten, wie bei anderen Femi(ni)ziden, sind ihnen auch patriarchale Logiken immanent. Darauf verweist beispielsweise die AG Feministischer Streik in einem Redebeitrag zum Thema: »Was wir mit Gewissheit sagen können, ist, dass dieser Mord in einem patriarchalen System verübt wurde; und auch aufgrund patriarchaler Strukturen und Logiken, die Frauen in Konkurrenz zueinander setzen. Auch die Ideologie der romantischen Liebe sowie der bürgerlichen Kernfamilie ist Teil dieser patriarchalen Verhältnisse, die in diesem Fall zu Mord führen« (2022). Ausgehend von den Diskussionen entschied sich CTS dazu,

standard.at/story/2000133033361/anlaesslich-des-mutmasslichen-doppelmordes-in-villach-koennen-auch-frauen-femizid diesen Mord zwar nicht als Femi(ni)zid zu zählen, jedoch im Kontext femi(ni)zidaler Gewalt zu politisieren.

Gewalt in queeren Beziehungen

Ein weiteres Thema, das an die Frage der Täter*innenschaft anknüpft und in gesellschaftlichen Debatten zu wenig Aufmerksamkeit bekommt, ist Gewalt in LGBTIQ+-Beziehungen, die ebenfalls in patriarchale Logiken eingebettet und dementsprechend nicht frei von Dominanz- und Besitzdenken sind, obgleich die Gewalt nicht unbedingt von männlich positionierten Personen ausgeübt wird. Im Gegenteil werden auch in lesbischen oder queeren Beziehungen patriarchale Beziehungsdynamiken mitunter reproduziert. Uns ist für den österreichischen bzw. deutschsprachigen Kontext aber kein Femi(ni)zid in einer queeren Beziehung bekannt. Wie wir aber bereits im Kapitel zu Transiziden diskutiert haben, bleibt femi(ni)ziale Gewalt, die nicht in einer heterosexuellen Konstellation stattfindet, vielerorts unsichtbar.

Die Gründe für die gesellschaftliche Unterbeleuchtung der Thematik sind einerseits vor allem in ihren heteronormativen Strukturen begründet, die queere Menschen in Erhebungen, Statistiken sowie auch als Zielgruppe von Beratungsangeboten nicht oder nur mangelhaft berücksichtigen, so dass es anders als in den USA oder Großbritannien für den deutschsprachigen Raum kaum Studien und Statistiken zu Gewalt in nicht-heterosexuellen Beziehungskonstellationen gibt.[131] Hinzu

131 2016 veröffentlichte das Bundeskriminalamt in Deutschland erstmals eine detaillierte Auswertung der Zahlen zu Gewalt in Beziehungen, die auch schwule und lesbische (Ehe-)Paare berücksichtigte, siehe: o. A. (2016): »Erstmals Statistik zu häuslicher Gewalt in Lebenspartnerschaften«. In: *queer.de*. URL: https://www.queer.de/detail.php?article_id=27630. In Wien fand 2010 eine Fachtagung zum Thema »Tabu – Gewalt in gleichgeschlechtlichen Beziehungen« statt, aus der auch die von der Wiener Antidiskriminierungsstelle für gleichgeschlechtliche Lebensweisen herausgegebene Broschüre »Gegen Gewalt in lesbischen Beziehungen. Information – Bestärkung – Auseinander-

kommen stereotypisierte Geschlechterbilder und anhaltende Diskriminierung von queeren Menschen, die andererseits zur Angst vieler Betroffener führt, durch die Thematisierung von Gewalt in queeren Beziehungen negative Vorurteile zu bestätigen und dadurch zur Aufrechterhaltung von LGBTIQ+-Feindlichkeit beizutragen. Zumeist sind die Communitys außerdem überschaubar groß, was es erschwert, sich aus Abhängigkeits- und Gewaltverhältnissen zu lösen. Obgleich die unterschiedlichen Erscheinungsformen von Gewalt in heterosexuellen und queeren Beziehungen in ähnlicher Weise auftreten, erfahren viele Betroffene wenig Unterstützung. Durch die heteronormative Ausrichtung, mangelnde Sensibilität und fehlende Professionalität von (nicht explizit queeren) Beratungsangeboten fühlen sich queere Menschen nicht unbedingt angesprochen, was die Suche nach professioneller Hilfe erschwert. In einer Studie über »Same Sex Intimate Partner Violence« (Rollè et al. 2018) kommen die Autor*innen zu dem Schluss, dass es nicht nur dringend weiterer Studien zum Thema bedarf, sondern auch einer grundlegenden Enttabuisierung: »[I]t is essential to create a place where this subject can be freely discussed and approached, both by LGB and heterosexual people«. Gerade in Bezug auf die (Re)Produktion patriarchaler Verhältnisse innerhalb von queeren Beziehungen und Konstellationen finden wir es daher relevant, diese auch im Kontext femi(ni)zidaler Gewalt zu diskutieren, das heißt, den Blick darauf zu richten, Erfahrungen zu teilen und voneinander zu lernen.

setzung« hervorging. Siehe: Ernst-Kaiser, Sandra (2010): »Wenn Frau Frau schlägt«. In: *DerStandard*. URL: https://www.derstandard.at/story/1289608156886/gewalt-in-homosexuellen-beziehungen-wenn-frau-frau-schlaegt; bzw. Schwarz, Angela / Häfele, Eva Maria (o. J.): »Gegen Gewalt in lesbischen Beziehungen«. In: *Frauenberatenfrauen*. URL: https://www.frauenberatenfrauen.at/download/gegen-gewalt-broschuere.pdf

Mord ist Mord?

Im Zuge der Mobilisierungen am ehemaligen Karlsplatz kam es immer wieder zu Intervention bzw. eher Provokationen von Passant*innen, die uns an den Kopf warfen, warum wir uns »nur« für »Frauenmorde« interessieren würden und, dass »Mord doch Mord« und »jeder Mord gleich schlimm« sei, egal ob von einem Mann oder einer Frau verübt. Darauf nimmt die AG Feministischer Streik in ihrer oben bereits zitierten Rede Bezug: »Außerdem wird das Argument, dass Frauen auch Gewalt ausüben, oft ins Feld geführt, um die Benennung der geschlechtsspezifischen Dimension von Feminiziden zu kritisieren. Antifeministische und oft auch liberale Akteur*innen meinen, es gehe nicht um Geschlecht, und verkennen damit die vergeschlechtlichten Macht- und Herrschaftsverhältnisse. Auf diese Argumentation wollen wir uns erst gar nicht einlassen« (2022).

Besonders verbreitet ist die Argumentationslogik, dass Mord unabhängig von Geschlecht sei, im Kontext von Antifeminist*innen und Männerrechtlern, die bereits seit geraumer Zeit gegen Gewaltschutz für FLINTAs mobil machen, weil sie darin eine Benachteiligung und Pauschalverurteilung von Männern orten. Entsprechend mag es nicht verwundern, dass sich auf der Internetseite der Österreichischen Männerpartei ein Beitrag findet, der gegen das »jahrzehntelang nur in radikalfeministischen Kreisen ausgegorene Sprachungeheuer ›Femizid‹« wettert. Es sei Ausdruck jener »paranoiden Weltverschwörungsmythen der feministischen Ideologie« und würde, so wird weiter lamentiert, inzwischen sowohl von Politik als auch Medien für »auf tragische, doch immer noch vereinzelte, völlig offensichtlich keineswegs planmäßig zusammenhängende Morde an Frauen, an denen nicht im Geringsten organisierte Vernichtungsabsicht an allen Frauen Österreichs zu erkennen ist«[132]

132 Männerpartei (2021): »›Femizid‹: Verbale Entgleisung wird zur Alltagssprache«. In: *Männerpartei*. URL: https://www.maennerpartei.at/femizid-verbale-entgleisung-wird-zur-alltagssprache/

verwendet. Dass die Männerpartei auf unübersehbar widerliche Art und Weise genau die vorhin angesprochene Systematik von Femin(ni)ziden leugnet und alle Taten als Einzelfälle abtut, die nichts mit patriarchalen Gewaltverhältnissen zu tun hätten, kann uns jedoch nur in der Notwendigkeit und Richtigkeit unserer Analysen bestätigen. Schließlich handelt es sich um eine Partei, die seit jeher systematische Benachteiligung aufgrund von Gender negiert, in sämtlichen Affirmative-Action-Programmen Männerdiskriminierung wittert, Männer im Sinne klassischer Opfer-Täter-Umkehr als eigentliche Leidtragende des etablierten Gewaltschutzes inszeniert und beispielsweise Frauenhäuser zu »*Häuser*[n] *für überwachtes Wohnen* mit für Männer und Frauen ausgeglichen glaubwürdigem Personal [Herv. i. O.]«[133] umfunktionieren will.

Wir bleiben dabei: »Es heißt Femi(ni)zid!«

Im Kontext femi(ni)zidaler Gewalt

Aus dem Namen Claim the Space geht hervor, dass die Praxis der Raumnahme für FLINTAs zentral ist. Dieser Fokus wirft aber zahlreiche Fragen auf: Welche Räume sind eigentlich für wen wie bedrohlich? Wie kann benannt werden, dass das vermeintlich Private (in welcher Form auch immer) gefährlich ist? Wie kann vergeschlechtlichte Gewalt, die auf der Straße stattfindet, thematisiert werden und in Anbetracht weiterer Herrschafts- und Machtstrukturen inklusiv weitergedacht werden? Und wie kann andererseits Privatraum auch als Rückzugsort vor Gewaltausübungen in der Öffentlichkeit verstanden werden? Wie kann

133 Siehe dafür: Männerpartei (2013): »Parteiprogramm«. In: *Männerpartei*. URL: https://www.maennerpartei.at/wp-content/uploads/2013/05/Maennerpartei-Parteiprogramm-2013-01-1.pdf

durch die Praxis der Raumnahme vergeschlechtlichte Gewalt politisiert werden und wie kann eine solche Praxis aussehen?

Gerade die in diesem Kapitel aufgeworfenen Diskussionen, die auf einem intersektionalen Verständnis von Gewalt und einer Kritik an cis Heteronormativität, Rassismus, Ableismus und Antisemitismus basieren, haben veranschaulicht, welche Fragen zum Verhältnis von Räumen, gesellschaftlicher Positionierung und der Politisierung von Femi(ni)ziden aktuell bei CTS diskutiert werden. Vermutlich werden sie uns noch lange beschäftigen. Die Auseinandersetzung mit den spezifischen Arten femi(ni)zidaler Gewalt in diesem Kapitel unterstützt uns dabei, auch die Reflexionen über unsere eigene Praxis zu präzisieren.

Wie in der begrifflichen Diskussion gezeigt, kann die Praxis der Zählung von Femi(ni)ziden einerseits als Sichtbarmachung patriarchaler Strukturen als notwendig erachtet werden, zugleich ist es durchaus gewaltvoll, sich an Ermordeten »abzuarbeiten« – umso mehr, wenn Zählungen immer exkludierend sind und zugleich von bürgerlichen Institutionen wie der Polizei durchgeführt werden, die selbst strukturell rassistisch sind. Über diese Art der Wissensproduktion, die wir problematisieren, werden bestimmte Formen von Gewalt unsichtbar und andere besonders sichtbar gemacht. Die Reproduktion bestimmter Daten erzeugt oft keine neuen Erkenntnisse, sondern Gewalt. Insofern ist, wie bereits mehrmals ausgeführt, die Einordnung von femi(ni)zidalen Taten von Widersprüchen und Ambivalenzen geprägt. Diese sind einerseits u. a. darauf zurückzuführen, dass wir (sowohl als Autor*innen dieses Buchs als auch als Aktivist*innen von Claim the Space) in der Regel aus den Medien von der gewaltsamen Ermordung von FLINTAs erfahren und auf die dort veröffentlichten, oftmals spärlichen Informationen angewiesen sind, um die Taten einordnen zu können. Andererseits fehlen uns in bestimmten Fällen auch die Worte und das Wissen, um die Morde benennen zu können. So heißt es in einer am ehemaligen Karlsplatz gehaltenen Rede der AG Feministischer Streik: »Auch die Verwendung des Begriffs ›Feminizid‹ ist nicht widerspruchsfrei. [...] Wie wir in der Praxis sehen, lässt sich dieser Begriff aber nicht einfach als starre Schablone auf Morde legen. Darum geht es uns auch nicht. Dafür ist das Patriarchat zu komplex. Mit der Politisierung dieser Morde als Feminizide wollen wir auf die vergeschlechtlichte Dimension von den Morden hinweisen. Und wir wissen, Geschlecht wirkt nie isoliert von beispielsweise kapitalistischen, rassistischen und ableistischen Machtverhältnissen, Geschlecht ist immer schon verwoben mit anderen Herrschaftsverhältnissen« (2022).

Dieses Kapitel vergegenwärtigt, dass ein Kampf gegen patriarchale Gewalt ein Kampf gegen die gesellschaftlichen Bedingungen ist, die Gewalt hervorbringen, ermöglichen und stabilisieren. Gerade mit der Analyse von femi(ni)zidalen Suiziden oder Transiziden wird deutlich, dass es nicht ausreicht, bürgerliche Wahl- oder Entscheidungsfreiheiten von konkreten Individuen im Kontext von Gewalt zu diskutieren, sondern es notwendig ist, diese im Zusammenhang mit den strukturellen Bedingungen zu reflektieren, die das Leben von Menschen beeinflussen. Letztlich bleiben in den Politisierungen immer Fragen offen, da die genauen Umstände der Taten samt der Fülle möglicher geschlechtsspezifischer Faktoren, die (wie in Kapitel 3 ausgeführt) den Nährboden für Femi(ni)zide schaffen, nie genau gekannt werden können. Außerdem sind lediglich die in den Medien verwendeten geschlechtlichen Zuschreibungen von Täter*innen wie auch von Gewalt betroffenen Personen bekannt. Entsprechende Mobilisierungen sind und waren vielmehr das Ergebnis zuvor geführter Diskussionen und Auseinandersetzungen. Im Zweifel entschied sich (unseres Wissens nach) Claim the Space aber zumeist für die Politisierung der Morde als Femi(ni)zide, gerade weil die Diskussionen gezeigt haben, dass die in Kapitel 3 beschriebenen binär-hierarchischen Geschlechterverhältnisse (im Zusammenhang mit anderen Herrschaftsverhältnissen) für die Gewalt relevant waren. In der kollektiven Auseinandersetzung geht es folglich auch darum zu verstehen, was an bestimmten Taten patriarchal oder vergeschlechtlicht ist. Genau diese Form des Verstehens ermöglicht es uns, immer mehr zu begreifen, wie vielfältig sich femi(ni)zidale Gewalt ausdrücken kann, wie Formen von Gewalt zusammenhängen und wie wir diese vielfältig bekämpfen können.

EPILOG

»Uns bewegt der Wunsch ...«

Ende Juli 2022 befinden wir uns auf unserer letzten Schreibklausur, um das Buch, an dem wir jetzt fast ein Jahr kollektiv gearbeitet haben, fertigzustellen. Wie bereits bei unseren vorherigen Klausuren holt uns auch diesmal ein Femi(ni)zid ein. Damit wird uns einmal mehr deutlich, dass wir uns der Alltäglichkeit patriarchaler Gewalt nicht entziehen können. Daher sind wir auf den Schreibwochenenden in die Vorbereitung ihrer Politisierung involviert. Parallel zur Diskussion unserer fabrizierten Texte entscheidet sich innerhalb der offenen feministischen Vernetzung Claim the Space, wann wir uns am ehemaligen Karlsplatz treffen. Auch die Fragen, in welcher Form wir die letzten beiden Femi(ni)zide politisieren und den Ermordeten gedenken, stehen zur Diskussion.

Vieles hat sich seit Beginn des Schreibprozesses weiterentwickelt. So ist das öffentliche Interesse an der Thematik stark angewachsen und auch die mediale Berichterstattung hat sich zumindest teilweise verbessert. Auch im Kontext von CTS hat sich einiges verändert: Die Vernetzung wächst an, gleichzeitig entstehen neue Formen der Politisierung und der Proteste. Die spontanen Demonstrationen nach jedem Femi(ni)zid sind zwar ein wichtiger, aber nicht mehr der hauptsächliche Fokus von CTS. Die Suche nach neuen Möglichkeiten und Praxisformen prägt aktuell die Debatten, Möglichkeiten der Dezentralisierung werden diskutiert. So entstehen neue Austauschräume – teilweise direkt aus

CTS heraus, teilweise von anderen initiiert –, von denen wir noch nicht wissen, in welche Richtung sie sich entwickeln und in welcher Form Femi(ni)zide und patriarchale Gewalt (in Wien aber auch weltweit) künftig politisiert werden (können).

Mit diesem Buch haben wir uns auf die Suche gemacht, Analysen und Zwischenergebnisse der Reflexionen und Debatten aus unseren Perspektiven niedergeschrieben – auch in der Hoffnung, dadurch weitere Diskussionen, Auseinandersetzungen und Kämpfe anzuregen. Abschließende Antworten haben wir dabei nicht gefunden, aber wir teilen nach wie vor den Wunsch, alles zu verändern und uns daher weiterhin mit patriarchaler Gewalt zu beschäftigen und die Verhältnisse, die sie hervorbringen, zu bekämpfen. So hat das vorliegende Buch uns einen weiteren kollektiven Raum des Austausches, der Diskussionen und der Reflexion über Femi(ni)zide eröffnet. Zugleich war der Raum jedoch bis jetzt recht abgeschlossen und hat viele ausgeschlossen, die nicht am Prozess des Schreibens beteiligt waren, deren Nachdenken und Kämpfe aber dieses Buch stark prägen.

Die intensive Beschäftigung mit patriarchaler Gewalt fungiert für uns Autor*innen als Laster und Coping-Strategie gleichermaßen. Als Laster, weil es extrem anstrengend sowie emotional und psychisch belastend ist, sich in dieser Intensität mit den vielfältigen Grausamkeiten, die FLINTAs weltweit angetan werden, auseinanderzusetzen und es letztlich auch die Gefahr birgt, abzustumpfen oder eigene Wunden immer wieder zu berühren oder aufzureißen. Entsprechend wichtig erscheint es uns auch, die eigenen Grenzen im Blick zu behalten und stetig zu hinterfragen, wie viel Gewalt wir selbst ertragen können. Gleichzeitig entstehen durch die Beschäftigung, Diskussion und den Schreibprozess auch Handlungsmacht und das Gefühl, die gesellschaftlichen Verhältnisse nicht einfach nur (ohnmächtig) hinnehmen zu müssen, sondern zu sehen, wie vielerorts dagegen gekämpft wird und wie wir uns (möglicherweise auch mit dem Buch) aktiv einbringen können. Damit soll nicht der Eindruck entstehen, dass wir uns mit dem Buch »auf der sicheren Seite« glauben, da auch wir in der täglichen Reproduktion jener Verhältnisse, die wir eigentlich bekämpfen wollen, involviert sind und Verantwortung als Mittäter*innen übernehmen (müssen). Umso wichtiger erscheint uns der Austausch mit anderen über unsere Erfahrungen, Involvierungen und Veränderungsmöglichkeiten. Im Sinne des Feministischen Streiks können wir alle nur dazu ermutigen, Verbindungen zu knüpfen und sich in Kollektiven zusammenzuschließen, Banden zu bilden, um weitere Austausch-, Reflexions- und Handlungsräume und verschiedene Formen kollektiver Kämpfe gegen patriarchale Gewalt entstehen zu lassen.

Wir sind überzeugt davon, dass die Verhältnisse auch anders sein könnten und wollen uns nicht mit der bestehenden Normalität zufriedengeben. Im Sinne vieler feministischer Vorkämpfer*innen bewegt auch uns der Wunsch, alles zu verändern!

LITERATUR

Adamczak, Bini (2017): *Beziehungsweise Revolution. 1917, 1968 und kommende*. Berlin: Suhrkamp Verlag.

Adamczak, Bini (2022): Familismus als Skandal. In: Redaktionskollektiv aus dem Gesprächskreis Geschichte der Rosa-Luxemburg-Stiftung (Hrsg.), *Feministische Theorie nur mit feministischer Solidarität.* Berlin: AG SPAK, 65–70.

AG Feministischer Streik (2022a): Die AG Feministischer Streik als Teil von Claim the Space: Ein Praxisbericht. In: AG Feministischer Streik (Hrsg.), *Auf zum Feministischen Streik*. Wien: Eigenverlag, 10–17.

AG Feministischer Streik (2022b): Patriarchale Gewalt und Femi(ni)zide. Herausforderungen der Übersetzung in unsere politische Praxis. In: AG Feministischer Streik (Hrsg.), *Auf zum Feministischen Streik*. Wien: Eigenverlag, 26–43.

AG Feministischer Streik Wien (2022c): Den Staat bestreiken? Warum Staatskritik wichtig für den Feministischen Streik ist. In: AG Feministischer Streik (Hrsg.), *Auf zum Feministischen Streik*. Wien: Eigenverlag, 47–57.

AK Fe.In (2019): *Frauen*rechte und Frauen*hass: Antifeminismus und die Ethnisierung von Gewalt*. Berlin: Verbrecher Verlag.

Alma, Amanda / Lorenzo, Paula (2009): *Mujeres que se encuentran: una recuperación histórica de los Encuentros Nacionales de Mujeres en Argentina, 1986–2005*. Buenos Aires: Feminaria Editora.

Amorós Puente, Celia (2008): Conceptualizar es politizar. In: Laurenzo Copello, Patrizia / Maqueda Abreu, María Luisa / Rubio Castro, Ana María (Hrsg.), *Género, violencia y derecho*. Valencia: Tirant lo Blanch, 15–26.

Anzaldúa, Gloria (1987): *Borderlands / La Frontera: The New Mestiza.* San Francisco: Aunt Lute Books.

Anzaldúa, Gloria (2012): *Borderlands / La Frontera: The New Mestiza*. San Francisco: Aunt Lute Books.

Arandia Mondragón, Mónica (2020): Memoriales de las mujeres de Juárez. In: *la bola*, Text abrufbar unter: http://labola.com.mx/la-bola-10/memoriales-de-las-mujeres/ (Zugriff am 13.6.2022).

Arslan, Zeynep (2020): Was hinter den »Grauen Wölfen« von Favoriten steckt. In: *mosaik-blog*, Text abrufbar unter: https://mosaik-blog.at/graue-woelfe-favoriten/ (Zugriff am 3.11.2022).

Atencio, Graciela (2015): *El asesinato de mujeres por ser mujeres*. Madrid: Catarata.

Aulenbacher, Brigitte (2015): Alles Kapitalismus? Zur Freilegung von Herrschaft durch die (pro-)feministische Gesellschaftstheorie, Sozialphilosophie und Geschlechterforschung. In: Aulenbacher, Brigitte / Riegraf, Birgit / Völker, Susanne (Hrsg.), *Feministische Kapitalismuskritik. Einstiege in bedeutende Forschungsfelder*. Münster: Westfälisches Dampfboot, 14–31.

Aulenbacher, Brigitte / Dammayr, Maria (2014): Krisen des Sorgens. Zur herrschaftsförmigen und widerständigen Rationalisierung und Neuverteilung von Sorgearbeit. In: Dies.: *Für sich und andere sorgen. Krise und Zukunft von Care*. Weinheim, Basel: Beltz, 65–76.

Backes, Laura / Bettoni, Margherita (2021): *Alle drei Tage: Warum Männer Frauen töten und was wir dagegen tun müssen*. München: Deutsche Verlags-Anstalt.

Bargetz, Brigitte / Ludwig, Gundula (2015): Perspektiven queerfeministischer politischer Theorie. Bausteine einer queerfeministischen politischen Theorie. Eine Einleitung. In: *Femina Politica – Zeitschrift für feministische Politikwissenschaft*, 1/2015, 9–24.

Becker-Schmidt, Regina (2017): »Class«, »gender«, »ethnicity«, »race«: Logiken der Differenzsetzung. Verschränkungen von Ungleichheitslagen und gesellschaftliche Strukturierung. In Dies.: *Pendelbewegungen – Annäherungen an eine feministische Gesellschafts- und Subjekttheorie: Aufsätze aus den Jahren 1991 bis 2015*. Opladen, Berlin, Toronto: Campus, 91–118.

Beer, Ursula (1990): *Geschlecht, Struktur, Geschichte. Soziale Konstituierung des Geschlechterverhältnisses*. Frankfurt a. M.: Campus.

Bejarano, Cynthia / Fregoso, Rosa-Linda (2010): *Terrorizing Women: Feminicide in the Americas*. Durham: Duke University Press.

Beltrán Leyva, Marlon Andrés (2020): *La tipificación del feminicidio como delito en Colombia y en Brasil: vacío legal o negligencia gubernamental*. Magisterarbeit, eingereicht an der Universidad Santo Tomás.

Bernstein, Elizabeth (2010): Militarized Humanitarianism Meets Carceral Feminism: The Politics of Sex, Rights, and Freedom in Contemporary Antitrafficking Campaigns. In: *Signs: Journal of Women in Culture and Society*, United States: The University of Chicago Press, 36 (1), 45–71.

Bhattacharya, Tithi (2017): *Social Reproduction Theory: Remapping Class, Recentering Oppression*. London: Pluto Press.

Brunner, Claudia (2016): Gewalt weiter denken in der Kolonialität des Wissens. In: Ziai, Aram (Hrsg.), *Postkoloniale Politikwissenschaft. Theoretische und empirische Zugänge*. Bielefeld: transcript Verlag, 91–108.

Butler, Judith (2009): *Frames of War: When Is Life Grievable?* London: Verso.

Butler, Judith (2018): *Anmerkungen zu einer performativen Theorie der Versammlung*. Frankfurt a. M.: Suhrkamp Verlag.

Campos-Medina, Luis / Jaureguiberry-Mondion, Josefina / Silva-Roquefort, Rebeca (2020): The space of the absent. In: *Emotion, Space and Society*, 37, 37–39.

Caputi, Jane / Russell, Diana E. H. (1990): Femicide: Speaking the Unspeakable. In: *Ms Magazine*, 1(2), 34–37.

Caputi, Jane / Russell, Diana E. H. (1992): Femicide: Sexist Terrorism against Women. In: Radford, Jill / Russell, Diana E. H. (Hrsg.), *Femicide. The Politics of Women Killing*. New York: Twayne Publishers, 13–21.

Castro Varela, María do Mar (2010): Scheitern als Erfolg. Failure as success. In: Bobadilla, Carla / Güres, Nilbar / Achola, Agnes / Dimitrova, Petja / Del Sordo, Stefania (Hrsg.), *Migrationsskizzen: Postkoloniale Verstrickungen, antirassistische Baustellen*. Wien: Löcker, 229–240.

Castro Varela, María do Mar / Nikita Dhawan (2016): Die Migrantin retten!? In: *ÖZS. Österreichische Zeitschrift für Soziologie*. Heidelberg: Springer Nature B.V, 41 (3), 13–28.

CEPAL (2010): El mundo conmemora el Día Internacional de la Eliminación de la Violencia contra la Mujer: »A nosotras llámennos mariposas por la libertad« (Hermanas Mirabal). Text abrufbar unter: https://web.archive.org/web/20210126024417/https://www.cepal.org/cgi-bin/getProd.asp?xml=/mujer/noticias/noticias/6/41756/P41756.xml&xsl=/mujer/tpl/p1f.xsl (Zugriff am 16.3.2022).

Claim the Space (2021): *Nehmt ihr uns eine*, antworten wir alle! Dokumentation des bisherigen Gedenkens an (uns bekannte) Feminizide*. Wien: Eigenverlag.

Claim the Space (2022): Über uns. Claim the Space. In: *claimthespace.blackblogs.org*, Text abrufbar unter: https://claimthespace.blackblogs.org/category/ueber-uns/ (Zugriff am 11.3.2022).

Clemm, Christina (2020): *AktenEinsicht: Geschichten von Frauen und Gewalt*. München: Verlag Antje Kunstmann.

Cobo, Rosa (2011): *Hacia una nueva política sexual: las mujeres ante la reacción patriarcal*. Madrid: Los Libros de la Catarata.

Cohen, Cathy J. (1997): Punks, Buldaggers, and Welfare Queens. The radical potential of queer politics? In: *JLQ*, Vol. 3, 437–465.

Collins, Patricia Hill (2005): *Black Sexual Politics: African Americans, Gender, and the New Racism*. New York: Routledge.

Corradi, Consuelo (2021): Femicide, Its Causes and Recent Trends: What Do We Know? Text abrufbar unter: https://www.europarl.europa.eu/RegData/etudes/BRIE/2021/653655/EXPO_BRI(2021)653655_EN.pdf (Zugriff am 25.08.2022).

Corry, John (1801): *A Satirical View of London at the Commencement of the Nineteenth Century*. Kearsley.

Craddock, Emma (2019): Doing »enough« of the »right« thing: the gendered dimension of the »ideal activist« identity and its negative emotional consequences. In: *Social movement studies*, Abingdon: Routledge, 18 (2), 137–153.

Cruschwitz, Julia / Haentjes, Carolin (2021): *Femizide: Frauenmorde in Deutschland*. Stuttgart: Hirzel Verlag.

Curiel, Ochy (2009): Descolonizando el Feminismo. In: *https://feministas.org*, Text abrufbar unter: feministas.org/IMG/pdf/Ochy_Curiel.pdf (25.1.2022).

Davis, Angela Y. (1983): *Women, Race & Class*. New York: Knopf Doubleday Publishing Group.

Dayan, Hava (2018): *Femicide and the Law: American Criminal Doctrines*. Boca Raton: Routledge.

De Pozzio, Carla (2010): *El Tlcan: Y Su Representación En El Femicidio de Ciudad Juárez*. Graduate College of Bowling Green State University.

Derndorfer, Judith / Dißlbacher, Franziska / Lechinger, Vanessa / Mader, Katharina / Six, Eva (2021): Home, sweet home? The impact of working from home on the division of unpaid work during the COVID-19 lockdown. In: *PLOS ONE*, 16, 1–26.

Drognitz, Daniel / Eschenmoser, Sarah / Grieder, Michael / Hanselmann, Adrian / Kamber, Alexander / Rauch, Anna-Pia / Schreibmüller, Pascale / Schrick, Nadine / Umurung, Marilyn (2017): Ökologien der Sorge. Vorwort. In: Dies. (Hrsg.), *Ökologien der Sorge*. Wien: transversal texts, 9–24.

Duma, Veronika / Hajek, Katharina (2015): Haushaltspolitiken: Feministische Perspektiven auf die Weltwirtschaftskrisen von 1929 und 2008. In: *Österreichische Zeitschrift für Geschichtswissenschaften*, 26 (1), 46–74.

Dussel, Enrique / Krauel, Javier / Tuma, Virginia (2000): Europe, Modernity, and Eurocentrism. In: *Nepantla: Views from South*, Durham: Duke University Press, 1 (3), 465–478.

Dyroff, Merle / Pardeller, Marlene / Wischnewski, Alex (2020): *#keinemehr – Femizide in Deutschland*. Berlin. Text abrufbar unter: https://www.rosalux.de/fileadmin/rls_uploads/pdfs/sonst_publikationen/201030_keinemehr_ONLINE_%C3%9CA.pdf (Zugriff am 18.8.2022).

ECLAC (2021): ECLAC: At Least 4,091 Women Were Victims of Femicide in 2020 in Latin America and the Caribbean, Despite Greater Visibility and Social Condemnation. In: *CEPAL*. Text abrufbar unter: https://www.cepal.org/en/pressreleases/eclac-least-4091-women-were-victims-femicide-2020-latin-america-and-caribbean-despite (Zugriff am 11.4.2022).

EFLAC (2014): 13 Encuentro Feminista de América Latina y el Caribe (EFLAC). Text abrufbar unter: https://www.cddperu.org/es/informacion/nota-de-prensa/13-encuentro-feminista-de-am%C3%A9rica-latina-y-el-caribe-eflac (Zugriff am 15.3.2022).

Ehalt, Hubert Ch (1984): *Geschichte von unten: Fragestellungen, Methoden und Projekte einer Geschichte des Alltags*. Graz: H. Böhlau.

Enríquez Riascos, Norma (2009): Entre la realidad y la esperanza. In: Vásquez Sotelo, Roxana (Hrsg.), *Los derechos de las mujeres en clave feminista. Experiencias de Cladem*. Lima, Perú: CLADEM. Text abrufbar unter: https://www2.congreso.gob.pe/sicr/cendocbib/con4_uibd.nsf/68D9087DC2173BC605257C77007A9BBF/$FILE/librocladem.pdf (Zugriff am 10.1.2023).

Espinosa Miñoso, Yuderkys (2014): Feminismo decolonial: Una ruptura con la visión hegemónica, eurocéntrica, racista y burguesa. Text abrufbar unter: https://iberoamericasocial.com/feminismo-decolonial-una-ruptura-con-la-vision-hegemonica-eurocentrica-racista-y-burguesa/ (Zugriff am 25.1.2022).

Fahimi, Miriam / Maier, Carina (2020): Die Corona-Pandemie zeigt: Gewaltschutz geht uns alle an. In: *Arbeit&Wirtschaft Blog*, Text abrufbar unter: https://awblog.at/corona-pandemie-haeusliche-gewalt-geht-uns-alle-an/ (Zugriff am 17.8.2022).

Federici, Silvia (2012): *Aufstand aus der Küche: Reproduktionsarbeit im globalen Kapitalismus und die unvollendete feministische Revolution*. Münster: edition assemblage.

fe.ory / Bergmann, Astrid / Radl, Marlene / Maier, Carina / Siemen, Meret (2021): Die Krise und das Spülbecken. Marxistisch-feministische Fragmente zu Kapitalismus und Geschlecht. In: *AEP – Feministische Zeitschrift für Politik und Gesellschaft*, 1/2021, 10–12.

Folbre, Nancy (1995): »Holding hands at midnight«: The paradox of caring labor. In: *Feminist Economics*, 1 (1), 73–92.
Foucault, Michel (1987): *Sexualität und Wahrheit: Erster Band: Der Wille zum Wissen.* Frankfurt a. M.: Suhrkamp Verlag.
Freundinnen* der AG Feministischer Streik (2021): *Feminizide bestreiken.* Text abrufbar unter: https://www.facebook.com/agfemstreikwien/posts/236380755264983/ (Zugriff am 16.6.2022).
Fütty, Tamás Jules (2019): *Gender und Biopolitik: Normative und intersektionale Gewalt gegen Trans*Menschen.* Bielefeld: transcript Verlag.
Gago, Verónica (2018): #NosotrasParamos Notizen zu einer politischen Theorie des feministischen Streiks. In: Gago, Verónica / Aguilar, Raquel Gutiérrez / Bardet, Marie / Draper, Susana / Díaz, Mariana Menéndez / Montanelli, Marina / Bardet, Marie / Rolnik, Suely (Hrsg.), *8M Der große feministische Streik. Konstellationen des 8. März.* Wien: transversal texts, 25–42.
Gago, Verónica (2021): *Für eine feministische Internationale: Wie wir alles verändern.* Münster: Unrast.
Ginzberg, Victoria (2003): *Dossier Madres de Plaza de Mayo.* Buenos Aires.
Goldmann, Fabian (2020): Ehrenmord – eine unscharfe Kategorie. In: *Neues Deutschland*, 5. Februar 2020. Text abrufbar unter: https://www.nd-aktuell.de/artikel/1132484.femizide-ehrenmord-eine-unscharfe-kategorie.html (Zugriff am 26.7.2022).
Govrin, Jule (2021): Ineinander verwoben und durcheinander verwundbar. Körperpolitiken der Sorge und Solidarität in pandemischen Zeiten. In: *engagée*, Text abrufbar unter: https://engagee.blog/2021/07/17/bound-to-each-other-and-vulnerable-to-each-other-body-politics-of-care-and-solidarity-in-pandemic-times/ (Zugriff am 25.7.2021).
Grosfoguel, Ramón (2013): Racismo/sexismo epistémico, universidades occidentalizadas y los cuatro genocidios/epistemicidios del largo siglo XVI. In: *Tabula Rasa* (19), 31–58. Text abrufbar unter: https://www.redalyc.org/articulo.oa?id=39630036002 (Zugriff am 10.1.2023).

Guerrero, Siobhan / Muñoz, Leah (2018): Transfeminicidio. In: Segovia Urbano, Adriana / Raphael de la Madrid, Lucía (Hrsg.), *Diversidades: interseccionalidad, cuerpos y territorios*. Mexico City: Universidad Nacional Autónoma de México, 65–89.

Gutiérrez Aguilar, Raquel (2018): Der Kampf der Frauen gegen alle Formen der Gewalt in Mexiko. Fragmente sammeln, um Sinn zu finden. In: Gago, Verónica / Aguilar, Raquel Gutiérrez / Draper, Susana / Díaz, Mariana Menéndez / Montanelli, Marina / Bardet, Marie / Rolnik, Suely (Hrsg.), *8M Der große feministische Streik. Konstellationen des 8. März*. Wien: transversal texts, 43–66.

Hagemann-White, Carol (1992): *Strategien gegen Gewalt im Geschlechterverhältnis: Bestandsanalyse und Perspektiven*. Pfaffenweiler: Centaurus-Verlag.

Haller, Brigitt (2003): Das Private wird politisch. Gewalt gegen Frauen und das österreichische Gewaltschutzgesetz. In: Stangl, Wolfgang / Hanak, Gerhard (Hrsg.), *Jahrbuch für Rechts- und Kriminalsoziologie 2002: Innere Sicherheit*. Baden-Baden: Nomos Verlag, 193–206.

Heinrich Böll Stiftung (2017): PIM 2017: »Si nuestras vidas no valen, ¡produzcan sin nosotras!« In: *Heinrich-Böll-Stiftung*, Text abrufbar unter: https://cl.boell.org/es/2017/03/07/pim-2017-si-nuestras-vidas-no-valen-produzcan-sin-nosotras (Zugriff am 17.3.2022).

Heitger, Anna (2017): Chicana-Feminismus und die Dekolonisierung der Kultur- und Sozialanthropologie. In: *Austrian Studies in Social Anthropology*, 2/2017, 1–18.

Henninger, Annette / Birsl, Ursula (Hrsg.; 2021): *Antifeminismen: »Krisen«-Diskurse mit gesellschaftsspaltendem Potential?* Bielefeld: transcript Verlag.

Hester, Marianne (1992): The Witch-Craze in Sixteenth- and Seventeenth-Century England as Social Control of Women. In: Radford, Jill / Russell, Diana E. H. (Hrsg.), *Femicide. The Politics of Women Killing*. New York: Twayne Publishers, 27–39.

Hillenkamp, Thomas (2020): Altentötung und Alterssuizid – eine Bestandsaufnahme für die Kriminalpolitik. In: *Zeitschrift für die gesamte Strafrechtswissenschaft*, 132 (4), 705–741.

Höckner, Ines / Maier, Carina (2020): Feminizide benennen! Skizzenhaftes zu Kapitalismus und patriarchaler Gewalt. In: *gender-blog.de*, Text abrufbar unter: https://www.gender-blog.de/beitrag/feminizide-benennen-kapitalismus-und-patriarchale-gewalt (Zugriff am 12.8.2022).

hooks, bell (1984): *Feminist Theory: From Margin to Center*. Boston, MA: South End Press.

Horkheimer, Max (1988): Traditionelle und Kritische Theorie. In: Schmidt, Alfred / Schmid Noerr, Gunzelin (Hrsg.), *Gesammelte Schriften, Bd. 4; Schriften 1936–1941*. Frankfurt a. M.: Fischer Taschenbuch, 162–216.

Huertas Díaz, Omar (2020): Perspectiva político criminal sistémica al delito del feminicidio. In: Huertas Díaz, Omar / Archila Guío, Carlos Mauricio / Ruiz Gómez, Gladis Isabel (Hrsg.), *Delito del Feminicidio Diálogo polisémico y su emergencia en la política criminal sistémica*. Bogotá: Grupo Editorial Ibañez, 19–25.

Hümmler, Lilian / de Andrade, Marilena (2020): Wenn Krise auf Krise trifft: die weltweite Epidemie geschlechtsspezifischer Gewalt in Zeiten von Corona. In: *Femina Politica – Zeitschrift für feministische Politikwissenschaft*, 29 (2), 127–128.

Kasselt, Julia / Oberwittler, Dietrich (2011): *Ehrenmorde in Deutschland 1996–2005: eine Untersuchung auf der Basis von Prozessakten*. Köln: Luchterhand.

Klapeer, Christine M. (2015): Lesbian Trouble(s): Queere Theorievergessenheit und die Bedeutung lesbischfeministischer ›Klassikerinnen‹ für andere Versionen und Visionen von Queer/ing. In: *Femina Politica – Zeitschrift für feministische Politikwissenschaft*, 1/2015, 25–37.

Knapp, Gudrun-Axeli (1998): *Kurskorrekturen: Feminismus zwischen Kritischer Theorie und Postmoderne*. Frankfurt a. M.: Campus Verlag.

Knapp, Gudrun-Axeli (2012): Konstellationen von Kritischer Theorie und Geschlechterforschung. In: Dies. (Hrsg.), *Im Widerstreit: Feministische Theorie in Bewegung*. Wiesbaden: VS Verlag für Sozialwissenschaften, 165–190.

Kohlrausch, Bettina / Zucco, Aline (2020): Corona trifft Frauen doppelt – weniger Erwerbseinkommen und mehr Sorgearbeit. In: *WSI Policy Brief*, 40 (5/2020). Text abrufbar unter: https://www.boeckler.de/pdf/p_wsi_pb_40_2020.pdf (Zugriff am 9.1.2023).

Kollektiv Decolonizing in Vienna! (2021): Österreichs kulturelles Erbe. In: *kunsthallewien.at*, Text abrufbar unter: https://kunsthallewien.at/101/wp-content/uploads/2022/02/KHW_DecolonizingVienna_komplett_LowRes.pdf?x93002 (Zugriff am 9.1.2023).

Konrad, Helmut (2019): Geschichte von unten. In: Assmann, Aleida / Assmann, Jan / Rathkolb, Oliver (Hrsg.), *Geschichte und Gerechtigkeit*. Wien: Lit-Verlag, 327–330.

Koppetsch, Cornelia / Speck, Sarah (2015): *Wenn der Mann kein Ernährer mehr ist: Geschlechterkonflikte in Krisenzeiten*. Berlin: Suhrkamp.

Koziol-McLain, Jane / Webster, Daniel / McFarlane, Judith / Block, Carolyn Rebecca / Ulrich, Yvonne / Glass, Nancy / Campbell, Jacquelyn C. (2006): Risk Factors for Femicide-Suicide in Abusive Relationships: Results from a Multisite Case Control Study. In: *Violence and Victims*, 21 (1), 3–21.

Krist, Martin / Lichtblau, Albert (2017): *Nationalsozialismus in Wien. Opfer – Täter – Gegner*. Innsbruck/Wien/Bozen: Studien Verlag.

Kusche, Franziska / Korak, Johannes / Torres Heredia, Marcela / Seidl, Gregor (2021): Europa an seinen Platz rücken. Warum die globalen kolonial/modernen Machtverhältnisse nicht bloß beschrieben, sondern verändert werden müssen. In: Dies. (Hrsg.), *Europa verrücken – Kämpfe zwischen Kolonialität und Dekolonialisierung Journal für Entwicklungspolitik*, XXXVIII (1/2).

Lagarde, Marcela (2006): Del femicidio al feminicidio. In: *Desde el jardín de Freud: revista de psicoanálisis*, 6, 216–225. Text abrufbar unter: https://revistas.unal.edu.co/index.php/jardin/article/view/8343 (Zugriff am 10.1.2023).

Lagarde, Marcela (2010): Preface: Feminist Keys for Understanding Feminicide. In: Bejarano, Cynthia / Fregoso, Rosa Linda (Hrsg.), *Terrorizing Women*. Durham: Duke University Press, xi–xxvi.

Lagarde, Marcela (2005): Feminicidio, delito contra la humanidad. In: Comisión Especial para Conocer y Dar Seguimiento a las Investigaciones Relacionadas con los Feminicidios en la República Mexicana y a la Procuración de Justicia Vinculada (Hrsg.), *Feminicidio, justicia y derecho*. México, 151–164. Text abrufbar unter: http://archivos.diputados.gob.mx/Comisiones/Especiales/Feminicidios/docts/FJyD-interiores-web.pdf#page=151&zoom=100,0,0 (Zugriff am 11.1.2023).

Las Tesis (2021): *Verbrennt eure Angst! Ein feministisches Manifest*. Frankfurt a. M.: S. Fischer.

LatFem (2017): Una marea verde exigió aborto legal. In: *LatFem*, Text abrufbar unter: https://latfem.org/una-marea-verde-exigio-aborto-legal/ (Zugriff am 15.3.2022).

LatFem (2019): ¿Entonces, se cambió el nombre del Encuentro o no? In: *LatFem*, Text abrufbar unter: https://latfem.org/entonces-se-cambio-el-nombre-del-encuentro-o-no/ (Zugriff am 16.3.2022).

Lembke, Ulrike (2021): Mord an Frauen: Nennt sie Femizide! In: *Zeit Online*, 26. Februar 2021. Text abrufbar unter: https://www.zeit.de/kultur/2021-02/mord-frauen-femizid-ehrenmord-justiz-rassismus-10nach8 (Zugriff am 26.7.2022).

Lenz, Ilse (2018): Was kommt nach dem Patriarchat? In: *Das Argument*, 330, 826–840.

Lorey, Isabell (2018): Vorwort 8M – Der große feministische Streik. In: Gago, Verónica / Gutiérrez Aguilar, Raquel / Draper, Susana / Menéndez Díaz, Mariana / Montanelli, Marina / Bardet, Marie / Rolnik, Suely (Hrsg.), *8M – Der große feministische Streik. Konstellationen des 8. März*. Wien/Linz: transversal texts, 9–22.

Lozano, Nina Maria (2019): *Not One More! Feminicidio on the Border*. Columbus, Birmingham: The Ohio State University Press.

Ludueña, María Eugenia (2018): #ENM2018 Histórica y masiva marcha contra los travesticidios. *Agencia Presentes*, Text abrufbar unter: https://agenciapresentes.org/2018/10/14/enm2018-historica-y-masiva-marcha-contra-los-travesticidios-y-transfemicidios/ (Zugriff am 17.3.2022).

Ludwig, Gundula (2021): Körper und politische (An-)Ordnungen. Zur Bedeutung von Körpern in der modernen westlichen Politischen Theorie. In: *Politische Vierteljahresschrift*, 62 (4), 643–669.

Lugones, María (2007): Heterosexualism and the Colonial/Modern Gender System. In: *Hypatia*, 22 (1), 186–209.

Luján Pinelo, Aleida (2018): A Theoretical Approach to the Concept of Femi(Ni)Cide. In: *The Philosophical Journal of Conflict and Violence*, II (1/2018), 41–63.

Maier, Carina / Fahimi, Miriam (2020): Sie nennen es Liebe, wir nennen es systemerhaltende Arbeit. In: *Arbeit&Wirtschaft Blog*, Text abrufbar unter: https://awblog.at/sie-nennen-es-liebe-wir-nennen-es-systemerhaltende-arbeit/ (Zugriff am 9.8.2022).

Mayer, Stefanie / Ajanovic, Edma / Sauer, Birgit (2018): Kampfbegriff »Gender-Ideologie«. Zur Anatomie eines diskursiven Knotens. Das Beispiel Österreich. In: Lang, Juliane / Peters, Ulrich (Hrsg.), *Antifeminismus in Bewegung: aktuelle Debatten um Geschlecht und sexuelle Vielfalt.* Hamburg: Marta Press, 37–62.

Mayer, Stefanie / Sauer, Birgit (2017): »Gender ideology« in Austria: Coalitions around an empty signifier. In: Kuhar, Roman / Paternotte, David (Hrsg.), *Anti-Gender Campaigns in Europe. Mobilizing against Equality*. London: Rowman & Littlefield International, 23–40.

Medina Rosas, Andrea (2010): México: De la referencia emblemática de Ciudad Juárez a la documentación en todo el país. In: Heinrich Böll Stiftung – Unión Europea (Hrsg.), *Feminicidio: un fenómeno global. De Lima a Madrid*. Brüssel: Heinrich Böll Stiftung, 9–10.

Messuti, Ana (2015): La dimensión jurídica internacional del feminicidio. In: Atencio, Graciela (Hrsg.), *Feminicidio. El asesinato de mujeres por ser mujeres*. Madrid, Spanien: Catarata, 37–62.

Monárrez Fragoso, Julia Estela (2010): Las diversas representaciones del feminicidio y los asesinatos de mujeres en Ciudad Juárez, 1993–2005. In: Monárrez Fragoso, Julia E. / Cervera-Gómez, Luis Ernesto / Salas, Rudolfo (Hrsg.), *Violencia Contra Las Mujeres e Inseguridad Ciudadana en Ciudad Juárez*. Tijuana, Baja California: El colegio de la frontera Norte, 361–389.

Moral, Paulina Garcia-Del (2016): Transforming Feminicidio: Framing, Institutionalization and Social Change. In: *Current sociology*, London: SAGE Publications, 64 (7), 1017–1035.

Muzi, Carolina (2018): La historia del pañuelo verde: cómo surgió el emblema del nuevo feminismo en Argentina. In: *infobae*, Text abrufbar unter: https://www.infobae.com/cultura/2018/08/05/la-historia-del-panuelo-verde-como-surgio-el-emblema-del-nuevo-feminismo-en-argentina/ (Zugriff am 15.3.2022).

Näser-Lather, Marion / Oldemeier, Anna Lena / Beck, Dorothee (2019): *Backlash?! Antifeminismus in Wissenschaft, Politik und Gesellschaft*. Roßdorf: Ulrike Helmer Verlag.

Notz, Gisela (2015): *Kritik des Familismus: Theorie und soziale Realität eines ideologischen Gemäldes*. Stuttgart: Schmetterling Verlag.

Ortega, José A. (2010): Cd. Juárez, por segundo año consecutivo, la ciudad más violenta del mundo. In: *Seguridad, Justicia y Paz*, Text abrufbar unter: http://www.seguridadjusticiaypaz.org.mx/sala-de-prensa/58-cd-juarez-por-segundo-ano-consecutivo-la-ciudad-mas-violenta-del-mundolink (Zugriff am 13.6.2022).

Otamendi, María Alejandra (2020): Suicidios, femicidios-suicidios y armas de fuego en Argentina. La masculinidad hegemónica en debate. In: *Revista de Ciencias Sociales*, Departamento de Sociología, Facultad de Ciencias Sociales, UdelaR, 33 (46), 107–130.

Pateman, Carole (1988): *The Sexual Contract*. Cambridge: Stanford University Press.

Phillips, Anne (2007): *Multiculturalism without Culture*. Princeton, Oxford, Berlin: Princeton University Press.

Plomien, Ania / Scheele, Alexandra / Sproll, Martina (2022): Social Reproduction and State Responses to the Global Covid-19 Pandemic: Keeping Capitalism on the Move? In: Stutz, Constanze / Kupfer, Antonia (Hrsg.), *Covid, Crisis, Care, and Change? International Gender Perspectives on Re/Production, State and Feminist Transitions*. Opladen/Berlin/Toronto: Verlag Barbara Budrich, 139–152.

Pohl, Rolf (2015): *Gibt es eine Krise der Männlichkeit? Weiblichkeitsabwehr und Antifeminismus als Bausteine der hegemonialen Männ-*

lichkeit. Vortrag zum »Frauenempfang« / Rathaus Nürnberg, Text abrufbar unter: https://www.nuernberg.de/imperia/md/frauenbeauftragte/dokumente/vortrag_pohl2015.pdf (Zugriff: 13.12.2022).

Popescu, Irina (2021): Memorialization and Escraches: Ni Una Menos and the Documentation of Feminicidio in Argentina. In: *The Latin Americanist*, University of North Carolina Press, 65 (3), 367–392.

Precarias a la deriva (2014): *Was ist dein Streik? Militante Streifzüge durch die Kreisläufe der Prekarität.* Wien/Linz: transversal texts.

Projektgruppe »Feministische Zeitungsanalyse« (1994): *Ermordete und vergewaltigte Frauen und Mädchen in österreichischen Tageszeitungen.* Wien: Eigenverlag.

Quijano, Aníbal (2000): Coloniality of Power and Eurocentrism in Latin America. In: *International sociology*, Cardiff: SAGE Publications, 15 (2), 215–232.

Radford, Jill / Russell, Diana E. H. (1992): *Femicide: The Politics of Woman Killing*. Buckingham: Open UnivPress.

Radford, Jill / Russell, Diana E. H. (2006): *Feminicidio: la política del asesinato de las mujeres.* UNAM.

Radi, Blas / Sardá-Chandiramani, Alejandra (2016): *Travesticide / transfemicide: Coordinates to think crimes against travestis and trans women in Argentina.* Text abrufbar unter: https://www.aacademica.org/blas.radi/15.pdf (Zugriff am 22.8.2022).

Rahner, Judith (2020): Tödlicher Antifeminismus: Antisemitismus, Rassismus und Frauenfeindlichkeit als Motivkomplex rechtsterroristischer Attacken. In: Henninger, Annette / Birsl, Ursula (Hrsg.), *Antifeminismen: »Krisen«-Diskurse mit gesellschaftsspaltendem Potential?* Bielefeld: Budrich, 337–352.

Rangel Oliveros, Alejandra / García Marín, Valentina (2021): The Uncertainty of Feminicides in Transwomen: Approaches to Trans Genocides among Racialized Women. In: Federici, Silvia / Draper, Susana / Mason-Deese, Liz (Hrsg.), *Feminicide and Global Accumulation. Frontline Struggles to Resist the Violence of Patriarchy and Capitalism*. Brooklyn/Philadelphia: Common Notions, 66–71.

Redecker, Eva von (2020): *Revolution für das Leben: Philosophie der neuen Protestformen*. Frankfurt a. M.: S. Fischer.

Robson, Ruthann (1992): Legal Lesbicide. In: Radford, Jill / Russell, Diana E. H. (Hrsg.), *Femicide: The Politics of Woman Killing*. Buckingham: Open University Press, 40–45.

Rodríguez, Javier Juárez / Botero Escobar, Nora Elena / Grisales Ramírez, Natalia (2020): Strategies of the mexican state to underestimate femicides. In: *Estudos feministas*, Universidade Federal de Santa Catarina, 28 (1), 1–12.

Rollè, Luca / Giardina, Giulia / Caldarera, Angela M. / Gerino, Eva / Brustia, Piera (2018): When Intimate Partner Violence Meets Same Sex Couples: A Review of Same Sex Intimate Partner Violence. In: *Frontiers of Psychology*. URL: https://www.frontiersin.org/articles/10.3389/fpsyg.2018.01506/full (Zugriff am 10.01.2023).

Russell, Diana E. H. (1982): *Rape in Marriage*. Macmillan.

Russell, Diana E. H. (2001): *Femicide in Global Perspective*. New York, NY: Teachers College Press.

Russell, Diana E. H. (2011): The origin and importance of the term femicide. In: *dianarussell.com*, Text abrufbar unter: https://www.dianarussell.com/origin_of_femicide.html (Zugriff am 20.12.2021).

Russell, Diana E. H. / Van de Ven, Nicole (1977): Report on the International Tribunal on Crimes against Women. In: *Frontiers: A Journal of Women Studies*, University of Nebraska Press, 2 (1), 1–6.

Saccomano, Celeste (2017): El feminicidio en América Latina: ¿vacío legal o déficit del Estado de derecho? In: *Revista CIDOB d'Afers Internacionals*, 51–78.

Salazar Gutiérrez, Salvador (2017): Disidir el régimen de horror y muerte: colectivos juveniles femeninos en Ciudad Juárez (México). In: *Nómadas*, 46, 151–165.

Sauer, Birgit (2011): Migration, Geschlecht, Gewalt. Überlegungen zu einem intersektionellen Gewaltbegriff. In: *GENDER – Zeitschrift für Geschlecht, Kultur und Gesellschaft*, 3 (2), 44–60.

Sauer, Birgit (2018): Materialistisch-Feministische Staatstheorie. Kritische Perspektiven Auf Gewalt Gegen Frauen. In: Brand, Ulrich /

Görg, Christoph (Hrsg.), *Zur Aktualität der Staatsform: Die materialistische Staatstheorie von Joachim Hirsch*. Baden-Baden: Nomos Verlag, 115–134.

Schmied, Kyra / Goetz, Judith (2021): … bis wir keine* Einzige* weniger werden. In: *Syn:Cope*, 4–9.

Segato, Rita Laura (2007): ¿Qué es un feminicidio? Notas para un debate emergente. In: Belauste Guigoitia, Marisa / Melgar, Lucía (Hrsg.), *Frontera, violencia, justicia: nuevos discursos*, 35–48.

Segato, Rita Laura (2010): Territory, Sovereignty, and Crimes of the Second State: The Writing on the Body of Murdered Women. In: Bejarano, Cynthia / Fregoso, Rosa-Linda (Hrsg.), *Terrorizing Women: Feminicide in the Americas*. Durham: Duke University Press, 70–92.

Segato, Rita Laura (2013): La crítica de la colonialidad en ocho ensayos: y una antropología por demanda. Prometeo Libros. Text abrufbar unter: http://repositorio.ciem.ucr.ac.cr/jspui/handle/123456789/123 (Zugriff am 8.2.2019).

Segato, Rita Laura (2015): Die Verbrechen des zweiten Staates. Die Handschrift auf den Körpern getöteter Frauen in Ciudad Juárez. In: Rath, Gudrun / Exner, Isabel (Hrsg.), *Lateinamerikanische Kulturtheorien: Grundlagentexte*. Konstanz: Konstanz University Press, 323–342.

Segato, Rita Laura (2016): *La guerra contra las mujeres*. Madrid: Traficantes de Sueños.

Segato, Rita Laura (2021): *Wider die Grausamkeit: für einen feministischen und dekolonialen Weg*. Wien/Berlin: mandelbaum.

Segato, Rita Laura (2022): *Femizid. Der Frauenkörper als Territorium des Krieges*. Münster: Unrast Verlag.

Smith, Linda Tuhiwai (2012): *Decolonizing Methodologies Research and Indigenous Peoples*. London: Zed Books.

Speck, Sarah (2018): Kritische und feministische Theorie: Plädoyer für eine neue Liaison. In: *Feministische Studien*, 36 (1), 59–67.

Speck, Sarah (2020): Zuhause Arbeiten: Eine geschlechtersoziologische Betrachtung des »Homeoffice« im Kontext der Corona-Krise. In: Volkmer, Michael / Werner, Karin (Hrsg.), *Die Corona-Gesellschaft.*

Analysen zur Lage und Perspektiven für die Zukunft. Bielefeld: transcript Verlag, 135–142.

Spivak, Gayatri Chakravorty (1988): Can the subaltern speak? In: Grossberg, Lawrence / Carry, Nelson (Hrsg.), *Marxism and the interpretation of culture*. Illinois: University of Illinois Press, 271–313.

Stögner, Karin / Colligs, Alexandra (2022): *Kritische Theorie und Feminismus*. Berlin: Suhrkamp Verlag.

Tegeler, Jana / Resnik, Martina (2019): Poner el cuerpo. Körper im Protest – Erfahrungen aus Argentinien. In: *outside the box. Zeitschrift für feministische Gesellschaftskritik*. Text abrufbar unter: https://www.outside-mag.de/issues/9/posts/104 (Zugriff am 20.6.2022).

Temel, Brigitte / Maier, Carina (2023): Claim the Space – feministischer Aktivismus gegen das Vergessen. In: *Feministische Studien*. (im Erscheinen).

Thom, Kai Cheng (2019): *I Hope We Choose Love: A Trans Girl's Notes from the End of the World*. Vancouver, BC: Arsenal Pulp Press.

Thompson, Vanessa E. (2020): *Polizieren als intersektional-rassistisches Verhältnis. Vanessa E. Thompson im Interview*. Text abrufbar unter: https://www.gender-blog.de/beitrag/polizieren-rassistisches-verhaeltnis (Zugriff am 12.8.2022).

Thompson, Vanessa E. (2021): Zum Polizieren von Differenzen, feministischen Vergessenheiten und den (Un-)Möglichkeiten von intersektionaler Abolition. In: Laufenberg, Mike / Thomspon, Vanessa E. (Hrsg.), *Sicherheit. Rassismuskritische und feministische Beiträge*. Münster: Westfälisches Dampfboot, 75–100.

Thompson, Vanessa E. (2022): Von Black Lives Matter zu Abolitionismus. In der Debatte um Polizeigewalt muss das Verhältnis zwischen Kapitalismus und Rassismus in den Mittelpunkt rücken. In: *analyse & kritik. Zeitung für linke Debatte & Praxis*. Text abrufbar unter: https://www.akweb.de/bewegung/black-lives-matter-abolitionismus-schwarze-bewegung-protest-marxismus-george-floyd/ (Zugriff am 17.6.2022).

Tiz, Enis (2022): *Der Fall Sürücü: Ehrenmorde in Deutschland*. Baden-Baden: Ergon-Verlag.

Toledo Velasquez, Patsil (2009): *Feminicidio: Consultoria para la oficina en México del alto comisionado de las Naciones Unidas para los Derechos Humanos.* México D.F.: Naciones Unidas para los Derechos Humanos.

Torres Heredia, Marcela (2020): Chronik der Verflechtungen: Auseinandersetzungen um symbolische Räume. *Malmoe.* Text abrufbar unter: https://www.malmoe.org/2020/10/11/dekolonialismus-denkmaeler-columbus/ (Zugriff am 16.6.2022).

Umrath, Barbara (2018): Leerstelle Geschlechterverhältnisse? – Eine feministische Betrachtung der älteren Kritischen Theorie und ihrer Rezeption. In: *Feministische Studien*, 36 (1), 49–58.

Vergès, Françoise (2021): *A Decolonial Feminism.* London: Pluto Press.

Walby, Sylvia / Towers, Jude / Francis, Brian (2016): Is Violent Crime Increasing or Decreasing? A New Methodology to Measure Repeat Attacks Making Visible the Significance of Gender and Domestic Relations. In: *The British Journal of Criminology*, 56 (6), 1203–1234.

Walklate, Sandra / Fitz Gibbon, Kate / McCulloch, Jude / Maher, Jane-Maree (2020): *Towards a Global Femicide Index: Counting the Costs.* Milton: Routledge.

Warner, Michael (1991): Introduction: Fear of a Queer Planet. In: *Social Text*, Duke University Press.

Warren, Mary Anne (1985): *Gendercide: The Implications of Sex Selection.* Totowa, N.J.: Rowman & Littlefield Publishers.

Widler, Yvonne (2022): *Heimat bist du toter Töchter. Warum Männer Frauen ermorden – und wir nicht mehr wegsehen dürfen.* Wien: Kremayr & Scheriau.

Wischnewski, Alex (2022): Verschiedene Kontexte – geteilte Erfahrung. Was bedeutet es, transnational anzuknüpfen? In: Dorsch, Tim / Flörchinger, Jana / Nehe, Börries (Hrsg.), *Geographie der Gewalt. Macht und Gegenmacht in Lateinamerika.* Wien, Berlin: mandelbaum, 162–172.

Wöhl, Stefanie / Lichtenberger, Hanna (2021): Die Covid-19-Pandemie und Wirtschaftskrisen: die Mehrfachbelastungen von Frauen in Privathaushalten. In: *Momentum Quaterly*, Innsbruck University Press, 119–129.

Wright, Melissa W. (2011): Necropolitics, Narcopolitics, and Femicide: Gendered Violence on the Mexico-U.S. Border. In: *Signs: Journal of Women in Culture and Society*, Chicago, IL: University of Chicago Press, 36 (3), 707–731.

Yazgan, Ayfer (2014): *Morde ohne Ehre: Der Ehrenmord in der modernen Türkei. Erklärungsansätze und Gegenstrategien*. Bielefeld: transcript.

Zafaroni, Eugenio Raúl (2009): El Discurso Feminista y El Poder Punitivo. In: Birgin, Haydee (Hrsg.), *Las trampas del poder punitivo. El género en el Derecho Penal*. Buenos Aires: Editorial Biblos, 19–38.

DAS AUTOR*INNENKOLLEKTIV

Das Autor*innen-Kollektiv BIWI KEFEMPOM (»Bis wir keinen einzigen Femi(ni)zid mehr politisieren müssen«) besteht aus Judith Goetz, Cari Maier, Kyra Schmied und Marcela Torres Heredia.

Judith Goetz ist Literatur- und Politikwissenschaftlerin, Gender-Forscherin, Rechtsextremismus-Expertin und Lehrbeauftragte an unterschiedlichen Universitäten, Mitglied der Forschungsgruppe Ideologien und Politiken der Ungleichheit (FIPU), der Europäischen feministischen Plattform und dem Autor*innenkollektiv Feministische Intervention (AK Fe.In). Ihre Interessensschwerpunkte liegen bei Frauen*/Gender und Rechtsextremismus sowie Antifeminismus. Zuletzt erschienen die von ihr mitherausgegebenen Sammelbände »Rechtsextremismus: Herausforderung für den Journalismus« (2021) und »Handlungsstrategien gegen Rechtsextremismus« (2022).

Cari Maier ist Politikwissenschaftler*in und Sozioökonom*in und beschäftigt sich mit feministischer Gesellschaftstheorie, insbesondere Sorge- und Carearbeit. Cari promoviert zu theoretischen Konzeptionen von Sorge und solidarischen Beziehungsweisen an der Goethe Universität Frankfurt am Main und lehrt aktuell am Fachbereich für Politische Theorie an der Universität Wien sowie im Fachbereich Soziale Arbeit an der FH Campus Wien. Cari ist Mitglied der Forschungsgruppe Ideologien und Politiken der Ungleichheit (FIPU), des Arbeitskreises Gender, Kinship, Sexuality am Institut für Sozialforschung in Frankfurt am Main und des feministischen Theoriekollektivs fe.ory in Wien.

Kyra Schmied studiert an der Universität Wien Politikwissenschaft und Gender Studies. Neben Auseinandersetzungen mit Fragen zu Raum, Körper und Öffentlichkeit beschäftigt sich Kyra derzeit mit einer feministischen Relektüre der Pariser Commune (1871) und damit zusammenhängend mit der Transgression vergeschlechtlichter gesellschaftlicher Strukturen und der Relevanz solidarischer Praxen.

Marcela Torres Heredia, MA MA (Bogotá, Kolumbien) ist Doktorandin und Stipendiatin der Österreichischen Akademie der Wissenschaften (DOC-team) am Institut Sozial- und Kulturanthropologie an der Universität Wien mit dem Projekt: The Socio-Ecological Crisis Up Close: Conflicts, Experiences and Alternatives in the Andean-Amazon Region. Marcela ist Mitherausgeberin der Sonderausgabe des Journals »Europa verrücken – Kämpfe zwischen Kolonialität und Dekolonisierung«.